알파레이디 리더십

ⓒ들녘 2012

초판 1쇄 발행일 2012년 1월 13일
초판 2쇄 발행일 2012년 1월 13일

지 은 이 경향신문 인터랙티브 팀
펴 낸 이 이정원

출판책임 박성규
편집책임 선우미정
디 자 인 김지연
편   집 김상진 · 이은
마 케 팅 석철호 · 나다연 · 도한나
경영지원 김은주 · 박혜정
제   작 이수현
관   리 구법모 · 엄철용

펴 낸 곳 도서출판 들녘
등록일자 1987년 12월 12일
등록번호 10-156
주   소 경기도 파주시 교하읍 문발리 출판문화정보산업단지 513-9
전   화 마케팅 031-955-7374   편집 031-955-7381
팩시밀리 031-955-7393
홈페이지 www.ddd21.co.kr

I S B N 978-89-7527-990-4(13320)

값은 뒤표지에 있습니다. 잘못된 책은 구입하신 곳에서 바꿔드립니다.

알파레이디 리더십

경향신문 인터랙티브 팀 **지음**
ALPHALADYLEADERSHIP

들녘

추천사 하나

잘 만들어진 지도 같은 삶을 사는 사람은 없다. 일단 앞으로 용감하게 나가라!

대학시절 내가 그리던 미래는 그리 거창하지 않았다. 대한민국 대표 방송사의 아나운서가 되어 만인의 사랑을 받는다거나 작가가 되어 내 책이 서점에 수북이 쌓이게 되는 것, 혹은 세계여행을 직업으로 삼는 것은 꿈도 꾸지 못한 일이다. 한국에서 태어나 성장한 사람은 누구나 마찬가지이겠지만 나 역시 책상머리에 앉아 시험공부만 하다 얼떨결에 대학에 갔고 주민등록증이 나왔다.

둥지 안에서 엄마 새가 가져다주는 벌레만 받아먹다 갑자기 세상 밖에 내던져진 기분이었다. 날갯짓하는 법을 제대로 배우지 못했고, 날 수 있다 해도 어디로 가야할지 모르는 것과 같았다. 확실한 것은 가슴 한구석에 그저 '행복하게 살고 싶다'는 막연하고 원초적인 소망이 숨 쉬고 있다는 사실뿐이었다. 당시 내 방황의 늪은 어둡고도 깊었다. '진정한 행복이란 어떤 것이며 어떻게 얻어지는 걸까?' '사랑을 통해서? 아니면 돈이나 권력을 바탕으로?' '진실한 사랑이란 어떤 것이며 어떻게 만나야 하는 것일까? 어떻게 그것을 알아볼 수 있을까?' '돈이나 권력이 아닌 열정으로 하는 일이란 어떤 것을 의미할까?' '내가 이 세상에 태어난 이유는 무엇일까?' '나는 과연 행복할 수 있을까?'

그렇게 20대의 어느 날 문득 '이건 옳지 않아. 내가 믿었던 것과 완전히 다르잖아!'라는 생각이 들었다. 고등학교 윤리시간에 10대가 질풍노도의 시기라고 배웠고, 그 말은 스무 살이 넘으면 불투명한 미래 때문에 느끼는 불안함이 사라진다는 뜻이라고 굳게 믿었다. 그러나 정작 마주하게 된 20대는 그와는 전혀 거리가 멀었다. 오히려 아무것도 모르던 10대 때보다 더 많은 고민과 갈등이 날마다 엄습했다. '청춘'은 기대했던 것만큼 무지갯빛도 아니었고, 손에 잡히는가 싶은 순간 짧고도 허무하게 내 손을 빠져 나갔다. 30대의 후반에 서 있는 지금 내가 보기에 내 인생은 아직도 '질풍노도의 시기'이다.

다만 한 가지 다른 점이 있다. 나는 더 이상 불안하지 않다. 세월과 함께 예전에는 미처 몰랐던 사실을 깨닫게 됐다. 안개가 낀 것처럼 모호한 상태의 미래로 향하는 길 앞에서 멈추어 서면 안 된다는 것, 일단 앞으로 용감하게 한 발씩 내딛다가 어느 순간 돌아보았을 때 눈에 들어오는 지난 길이 인생이란 것, 잘 만들어진 지도처럼 눈앞에 펼쳐진 삶을 사는 사람은 아무도 없다는 것이다. '청춘'의 아름다운 시기를 걷고 있는 그대는 이렇게 반문할지 모른다. "하지만 어떻게 그럴 수 있죠? 어디로 가야

할지도 모를 뿐더러 아무것도 보이지 않는 상황에서 앞으로 가는 것은 너무 두려운 걸요." 나라고 왜 그 마음을 모르겠는가. 힘들어하는 그대와 똑같이 나 역시 그 길을 걸어온 것을.

지난 해 나는 생애 첫 소설을 완성했다. 무언가 새로 시작하기에 늦은 나이라는 편견과 싸워 얻은 또 하나의 결과물. 그것을 품에 안고 한국을 다시 찾았을 때의 기쁨은 이루 말로 할 수가 없었는데 한 권의 책을 세상에 내놓는 일은 수많은 독자들과 직간접적으로 만나게 되는 것을 의미하기 때문이다. 글을 쓰면서 내 안의 나를 만나고 그것이 책으로 만들어지면 나는 그것을 매개로 세상을 만난다. 소설을 쓰면서 나는 한국의 젊은 여성들에 대해 가장 많이 생각했다. 주인공을 대필 작가로 설정한 것도 자신의 이야기를 하며 진짜 인생을 살고 싶은 욕망을 누르고 현실과 타협해야 했던 그녀가 우리 한국 여성들을 대변할 수 있다고 믿었기 때문이다. 2년 동안 해외에 머물며 30대 초반의 한국 여성을 주인공으로 소설을 집필하는 동안 나는 그녀가 얼마나 많은 현실적 문제에 부딪혀 힘들어하는지, 남모르는 열정과 가능성을 지니고 있는지, 뜨거운 사랑을 느끼면서도 여러 가지 이유로 그것을 억압하고 살아가는지를 가슴으로 느꼈다.

그러한 청춘들의 손을 잡고 이야기를 들어주고 싶어도 방법이 없어 고민하던 때 경향신문의 유인경 선배께서 연락을 주셨다. 그리고 나는 혈관주사를 맞아야 할 정도로 심각한 몸살에도 불구하고 '알파레이디 리더십 포럼'의 강사로 백여 명의 여성들을 만나러 갔다. 강단에서 열변을 토하며 내 몸은 좋은 컨디션을 되찾았다. 총기 어린 눈으로 변화를 꿈꾸며 귀를 쫑긋 세운 채 열심히 노트필기를 하던 그녀들! 아아, 좀 더 긴 시간 더 많은 이들에게 이야기를 나누어 줄 수 있었다면 얼마나 좋을까. 돌아서며 못내 아쉬워하던 소망이 이루어진 것일까? '알파레이디리더십 포럼'의 주옥같은 강의 내용이 책으로 엮여 나온다는 소식이 도착했다. 대한민국의 모든 알파레이디에게 기쁜 소식이 아닐 수 없다.

좋은 책과 여행은 한 사람의 인생을 바꾼다. 나보다 앞서 살아온 선배의 생생하고 현명한 조언도 마찬가지다. 전 세계를 다녀도 한국 여성처럼 강하고 똑똑하고 아름다운 여성은 드물다. 그러나 우리가 지고 가야 하는 사회적, 문화적 굴레는 너무나 가혹하다. 보다 당당하고 자유롭고 싶은 그대! 미처 다 말하지 못할 정도로 꿈이 많은 그대! 알파레이디

리더십 포럼을 통해 자신들의 열정을 나누어 준 선배 여성들의 이야기를 만나보길 권한다. 가슴 속의 뜨거움을 느끼면서도 어떻게 인생을 걸어 나갈지 몰라 갈등하는 모든 알파레이디들에게 이 책은 분명 나침반과 같은 역할을 해줄 것이다. 그대들의 찬란한 미래를 기원하면서…….

2012.1.1.
프랑스 파리에서
손미나

추천사 둘

여성 리더가 아니라 '리더'가 되자!

미래학자 존 나이스비트는 일찍이 자신의 저서『메가트렌드』(1982)에서 21세기의 중요한 키워드로 '3F'를 제시했습니다. 바로 'female'(여성), 'feeling'(감성), 'fiction'(상상력)입니다. 이는 성장과 개척 정신을 중시하는 20세기형 남성적 리더십과는 판이하게 다릅니다. 여러 미래학자들이 섬세한 감성과 배려심을 강조한 여성적 리더십이 21세기의 주류가 될 것이라는 전망을 내놓았습니다.

실제로 21세기 들어 여성이 두각을 나타내는 분야는 매우 다양해졌습니다. 남성들의 고유 영역에서조차 여성이 수석을 차지하는 현상은 이제 더 이상 새로운 일이 아닙니다. 금녀의 벽이 허물어진 육·해·공 3군 사관학교의 수석 입학·졸업을 여학생이 휩쓸고, 사법·행정·외무 고시 등 각종 국가고시에서도 '여풍'이 대단합니다. 남성들의 전유물이었던 정치·법조계는 물론 기업·언론·학계 등 각종 전문 분야에서도 여성의 진출이 활발해졌습니다. 심지어 세종대왕의 초상화가 그려진 1만 원 권 대신, 신사임당이 그려진 5만 원 권 지폐가 가장 고액권이 되었으니 '여성 상위 시대'의 상징이라는 우스갯소리도 나옵니다. 초·중·고교에 가 보면 1등이나 반장은 대부분 똘똘한 여학생입니다. 소위 미국 하버드대 댄 킨

들런 교수가 말한 '알파걸'의 시대가 본격화된 것입니다.

 1978년부터 직장생활을 해 온 저는 많은 직장 여성들을 보았습니다. 똑똑하고 멋진 알파걸들이 사회에 진출해 고군분투하며 자신의 커리어를 쌓아 나가는 모습을 지켜봤습니다. 하지만 학자들이 예견하고 언론이 주목한 것처럼, 21세기 여성들의 현실이 장밋빛이기만 한 것은 아닙니다. 많은 알파걸들이 위풍당당하게 사회에 진출했지만, 막상 사회에 뛰어든 뒤에는 유리천장에 가로막혀 최고위직까지 오르지 못한 채 도중에 포기하는 경우가 많았습니다. 알파걸이 '알파레이디'로 성장하기까지는 남자들보다 열 배, 스무 배의 노력이 필요한 것이 아직까지의 현실입니다.

 저는 이것이 현실이라면 현실을 직시하고 맞서라고 말하고 싶습니다. 꼭 남성과 경쟁해 짓밟고 이기라는 말만은 아닙니다. 로마에 가면 로마법을 따라야 하기 때문입니다. 내가 속한 이 사회, 이 조직에 적응하고 이곳에서 인정받는 것이 우선입니다. 나의 역할과 값어치는 스스로 만들어 가는 것입니다. 사회구조나 조직문화는 여러분이 차츰 바꾸어갈 수 있습니다.

 큰 그림을 그리십시오. 내 커리어만을 생각하지 말고, 회사와 조직을 위해 노력하십시오. 끈기와 노력을 보여 주십시오. 여성 리더가 아니라 '

리더'가 되십시오. 하지만 리더가 되기 위해 자신이 갖고 있는 긍정적 여성성을 최대한 발휘하시길 바랍니다. 여성 리더십이 주목받는 이유는 조직에 활력과 생산성을 가져다주기 때문입니다.

여러분은 알파걸에 그치지 않고 충분히 알파레이디로 성장할 수 있습니다. 경향신문에서 2011년 한 해 동안 진행해온 '알파레이디리더십포럼' 강연을 엮은 이 책은 여러분의 꿈에 한 발 더 다가갈 수 있게 돕는 나침반이 될 것입니다. 자신감을 갖고 끈기 있게 도전하세요. 키를 쥐고 있는 것은 바로 여러분 자신입니다.

2012.1.1
유앤파트너즈 대표이사
유순신

차례

추천사 하나_ 잘 만들어진 지도 같은 삶을 사는 사람은 없다. 일단 앞으로 용감하게 나가라! **5**

추천사 둘_ 여성 리더가 아니라 '리더'가 되자! **10**

아나운서에서 여행작가로 변신한 손미나_ '나'를 알고 변신하면 백전백승! **18**
TIP 길에서 인생을 찾다_ '여행작가 되는 법'

대중과 소통하는 과학자 정재승_ 대화하고 소통하는 뇌를 만들라 **44**
TIP 알아두면 좋은 뇌 이야기_ 여성의 뇌 vs. 남성의 뇌

전투병과 첫 여성 장군 송명순_ 남성중심 사회에서 여성들이 배워야 할 밀리터리 리더십 **68**
TIP 대한민국 여군 히스토리_ 군복 입는 여성들이 늘어난다

칼럼니스트 임경선_ 내 인생 내 연애 내가 리드한다 **90**
TIP 마음도 운동이 필요하다_ 연애 못하는 나, 혹시 '건어물녀'?

영화계 대모, 명필름 대표 심재명_ 열심히 일하는 사람보다 좋아서 일하는 사람으로! **112**
TIP 진취적이고 주체적으로 산다_ 명필름 영화 속에 나타난 여성들

에듀머니 대표이사 제윤경_ 삶을 즐기는 똑똑한 재테크 **140**
TIP 적은 돈 잘 쓰기_ 똑똑하고 행복하게 돈 쓰는 7가지 방법

첫 여성 헤드헌터 유순신_ 나만의 스토리텔링을 만드세요 **168**
TIP 내 회사라고 생각하고 일한다_ 성공하는 여성들을 위한 '유순신의 7계명'

CJ 인재원에서 글로벌 인재들 키우는 민희경_ 헝그리 정신이 경쟁력이다 **192**
TIP 유리천장(GlassCeiling)과 유리벽(GlassWall)_ 한국기업의 '유리천장'은 얼마나 두꺼울까?

MBC 대표 아나운서 최윤영_ 호감 가는 소통법과 이미지 연출 기술 **218**
TIP 아나운서 스타일은 아이콘이다_ 아나운서 신드롬

국내 최고 메이크업 아티스트 이경민_ 외모도 경쟁력이다 **244**
TIP 유행보다 개성_ 알파레이디 화장법의 핵심 포인트 7

모든 여성들의 멘토, 경향신문 선임기자 유인경_ 실수에서 배운다 **266**

후기_ 여성이여, 야망을 가져라! **286**

아나운서에서여행작가로변신한 · 손미나

'나'를 알고

변 신 하 면

백전백승!

손미나는 1997년 KBS 공채로 입사해 아나운서로 활동했고, 스페인 바르셀로나대학에서 언론학 석사과정을 마쳤습니다. 스페인에 머물 당시의 경험을 바탕으로 쓴 『스페인 너는 자유다』라는 책이 인기를 끌면서 베스트셀러 여행작가로 변신했습니다. 그동안 여러 권의 여행 에세이집을 펴냈고 최근에는 소설 『누가 미모자를 그렸나』를 출간했습니다. 현재 프랑스와 한국을 오가며 자유인으로 살고 있습니다.

    반갑습니다. 폭우와 폭염 속에서도 이렇게 찾아와 주셨네요. 저도 알아요. 강의 들으러 많이 다녀 봐서, 얼마나 시간을 들이고 애를 써서 오시는 건지 알고 있어요. 좋은 이야기 해 드리도록 노력하겠습니다.
    지독한 감기에 걸려 사경을 헤매다가 겨우 일어났어요. 원래 체력이 좋아서 2000대 1 경쟁률의 입사시험이 아니라 체력장으로 방송사에 들어오지 않았느냐는 의심도 받았는데, 세계를 떠돌아다니다 2년 만에 한국에 돌아왔더니 찾아 주시는 분이 많아서 힘들었나 봐요.
    생각해 봤어요. 저도 모르는 사이에, 한국에선 제게 '팔색조 보헤미안'이라는 별명이 붙었더군요. 줄곧 돌아다니니 보헤미안이고, 그러면서 또 변신을 하니 팔색조라는 뜻이겠지요. 아나운서도 하고 번역도 하고 소설도 쓰면서 열심히 달리다 보니 그렇게 된 것 같아요.
    회사를 때려치우고 나가는 것까지는 아니더라도, 어찌 보면 변신이나 변화는 저뿐만 아니라 모든 분들이 꿈꾸는 것일지 모르겠다는 생각이 들었어요. 인간에게 현실은 언제나 부족한 듯, 불안한 듯 느껴지는 법이거든요. 탈출하고 싶고, 나아지고 싶고, 한 단계 업그레이드된 생활을 하고 싶고, 여행도 하고 싶고……. 그런 생각은 누구나 할 텐데, 제게 좀 다른 점이 있었다면 용기를 내어 실천에 옮긴 것이죠.

제가 걸어온 길을 돌이켜 보면 꿈꿔왔던 것 중에 실제로 이룬 것이 적지 않습니다. 아나운서가 된 것도 그렇고, 아나운서 일을 하다가 10년차쯤 되면 그만두고 나가서 유학을 해야지, 하고 계획표에 적어뒀는데 실제로 그렇게 됐고요. 유학 시절 여행작가로 글 쓰시던 분이 특강을 하러 온 적이 있습니다. 나도 저런 일을 해 보고 싶다고 생각했는데, 그 일도 결국 하게 됐지요.

제 이야기를 듣고 '나도 해 봐야지' 하는 분들은 많지만, 실제로 모든 분들이 행동으로 옮기지는 못하죠. 그분들과 제가 다른 점이 있다면, 저는 주어진 기회를 잘 활용하면서 실천에 옮겼다는 겁니다. 거울삼아 들어 보세요.

일곱 살 사진 속에 '지금의 나'가 있었다

모든 변화의 시작은 '나'입니다. 여러분은 자기 자신에 대해 얼마나 자주, 깊게 생각하십니까? 아마 남의 이야기하기 바쁠 거예요. 만날 인터넷 들여다보고, SNS로 이야기를 주고받고, 나 자신이 없잖아요. 개인이 언론사처럼 다 바쁘잖아요. 그런데 모든 것의 출발은 '나'입니다.

내가 어떤 사람인지, 무엇을 원하는지, 무엇을 할 수 있는지에서 시작합니다. 제가 아나운서라는 직업을 택한 이유는 그게 천직이었기 때문이에요. 글 쓰는 것도 천직이고요. '나라는 사람'에 대한 탐구의 결과로 찾은 것이지요.

대학생 시절 제 고민은 뭐였을까요? 취업이죠. 어떻게 하면 사회에 나가서 잘 생활할까. 그런데 직장 고르는 것에서 시작하지 말고, 나 자신에서부터 고민을 시작해야 해요.

저는 고려대 서문학과를 다녔는데, 여학생 비율이 10%도 안 돼요. 상상이 가세요? 여자 화장실이 건물에 없어요. 그런 상황에서, 어떻게 하면 나는 이 속에서 강해질 수 있을까. 손미나 아니면 안 되는 일이 뭘까, 고민하게 됐어요.

고교 때는 가르쳐 주는 대로 공부했고, 대학 때도 어영부영 시간은 가고, 사회에 나가서 무슨 일을 해야 할지 모르겠는 거예요. 그래서 그걸 알아보려고 교환학생 시험을 봐서 호주에서 1년 동안 시간을 보냈어요. 현실을 떠나 보니, 남들이 말해 주던 것과 다른 내 모습을 보게 된다는 생각이 들었어요. 스페인에 1년간 가야겠다, 마음먹은 것도 그때랍니다. 그래서 호주 교환학생 생활 도중에 스페인으로 가는 프로그램을 준비해서, 기회를 얻어 스페인으로 옮겼습니다.

나에 대해 생각해 보자 싶었어요. 나의 장점이 뭔가, 나의 단점이 뭔가 철저히 알아야겠더라고요. 관찰해 보니 저는 굉장히 호기심이 많고, 남들 이야기 듣는 것을 좋아하고, 남들과 호흡하는 것을 좋아하는 사람이더군요. 빠르게 움직이는 세상에 적응하고, 남을 이해하고 살을 부대끼며 하는 일이 뭘까. 그래서 방송국 입사시험을 보기로 결심했어요. 기자와 아나운서를 놓고 고민하다가, 다양한 프로그램을 하고 싶다는 생각에서 아나운서 시험을 보게 됐습니다.

운 좋게 한 번에 붙었어요. 기자들은 저를 인터뷰할 때마다 항상 묻습니다. 원래 아나운서가 되려고 했느냐고요. 아니요. 저는 저에 대해 탐구하다가, 스페인에까지 가서 고심한 끝에 아나운서라는 일을 고른 거예요. 그래서 그런 질문을 받으면 저는 "운 좋게 아나운서가 됐다"고 대답해요.

아나운서가 되고 서너 해 지났을 때예요. 한 친구가 재미있는 다큐멘터리를 봤다면서 소개해 줬어요. 미국 다큐였는데, 제게는 그 내용이 충격이었습니다. 일곱 살쯤 된 아이들을 영상기자가 찍은 건데, 그냥 쭉 노는 모습만 나옵니다. 그리고 10년 쯤 뒤에 다시 찾아갑니다. 그렇게 열일곱 살, 스물일곱 살, 서른일곱 살의 모습들을 쭉 이어 보여 줍니다. 내레이션도 없고 자막도 없고 아무 음향효과도 없이, 오직 사람들의 모습만 나옵니다. 그걸 보고 친구는 뒤로 넘어졌대요. 사람 얼굴 하나하나에 모자이크 처리를 해도 일곱 살 A와 서른일곱 살 A의 짝을 맞출 수 있더라는 겁니다. 그래서 소름이 끼쳤다면서, 제게 "일곱 살 때는 어떤 아이였냐?"고 물었습니다.

먹고살기도 버거운데, 일곱 살 때 어땠는지, 그 시절 뭐하고 있었는지 생각하고 사는 분들은 별로 없겠지요. 저도 그 이야기를 듣기 전까지는 어릴 적 앨범 한 번 제대로 들여다보지 않았어요. 바쁘잖아요. 집에 가서 어머니께 여쭤 봤죠. "엄마 저는 어떤 아이였나요?" 그리고 앨범을 꺼내 아기 때 사진부터 쭉 훑었어요.

저야말로 '꽈당' 했습니다. 대학 4학년 때 저에 대해 탐구해서 운 좋게 아나운서가 됐다고 생각했는데, 제 어린 시절 사진들 중에는 아나운서가 된 이후의 사진들보다 마이크를 들고 있는 모습이 오히려 더 많았거든요. 유치원 때도 마이크를 들고 인사말을 했고, 초·중·고교 때에도 제가 다 사회를 보고 있는 거예요.

생각해 보니 그랬던 것 같아요. 친구들이 저더러, 앞에 나가서 떨지도 않고 말을 잘 한다고 했던 것 같아요. 제가 앨범만 제대로 봤어도 알았을 텐데, 먼 길을 돌아온 거죠. 그러니 자기 자신에게 모두 답이 있는 겁니다. 내가 어떤 길을 가야 하느냐, 자기 길을 찾아야 하는데 길을 찾는 열쇠는 바로 나 안에 있는 겁니다.

양을 버리고 떠나다

그런데 '나'라는 데에서 함정에 빠지면 안 됩니다. 어떤 경우에는 내 발목을 잡는 것도 나예요.

아나운서가 되어 〈가족오락관〉, 〈도전 골든벨〉 등 프로그램을 수도 없이 많이 했어요. 서울에 와서 짐 정리를 하다 보니 집에서 180분 분량의 VHS 녹화 테이프 980개가 나왔어요. 제가 출연한 프로그램을 전부 녹화한 것도 아닌데도 그렇게 많더군요. '그래, 그래' 하며 저를 쓰다듬어 주고 싶었어요. 그동안 참 열심히 일했구나.

사랑도 많이 받고 행복하기도 했지만, 고민도 많았습니다. 아나운서가 선망의 직업이라 하는데, 막상 그 안에서 경쟁하고 사랑받는 진행자로 살아남으려 애쓰면서 고민도 많았어요. 몸도 마음도 너무 힘들었어요. 주 7일 근무를 5년간 했어요. 떠나기 직전에는 '잠에서 깨어 직장에 가지 않아도 되는 날이 하루만 있었으면' 하고 밤마다 생각했을 정도였습니다.

새벽 3시 반에 일어나 아침 프로그램을 진행하다가, 몸이 적응할 만하면 새벽 3시에 퇴근하는 밤 프로그램으로 옮겨가는 생활이었습니다. 쉴 새 없이 저를 파내서 보여 주느라 에너지가 소진됐어요. 제가 오랫동안 〈밤을 잊은 그대에게〉라는 라디오 프로그램을 진행했어요. 밤 프로이니 주로 심란한 사연이 올라옵니다. "죽을 것 같다"는 청취자 이야기를 들으면 그 마음을 풀어 줘야 하니 저도 성심껏 "곧 헤쳐 나갈 거예요"

말해 주지요. 그런데, 나도 죽겠는데 누가 좀 위로해 줬으면 하는 생각이 들었어요. 이제 그만두어야 할 때가 됐구나, 쉬어야겠다 싶었지요.

나에게 휴가를 줘야겠다고 생각했어요. 그런데 떠나야겠다고 생각해 보니 제 자신이 어느새 약해져 있었습니다. 방송국에서는 도와주는 사람도 많고, 저 혼자 힘으로 해온 일은 없는 것 같고, 그래서 두려움도 많아지더라고요. 대학 시절 스페인에 갔을 때는 젊었던지라 겁이 없었는데, 그때는 여행조차 무서웠습니다.

'나 혼자' 할 수 있는지 테스트부터 해 보려고, 인도양 섬나라 몰디브로 여행을 떠났습니다. 신혼여행지로 유명한 몰디브에 왜 혼자 갔냐는 분들이 많았는데, 몰디브는 혼자 가지 말라는 법 있나요. 아름다운 섬을 보고 싶어서 그냥 갔어요. 가서 영국인 여성 의사 한 명을 만났습니다. 결혼할 사람이 한 번 다녀오라고 해서 혼자 여행 왔다더군요. 밋있죠? 그 사람과 너무나도 말이 잘 통하는 거예요. 정체를 모르는 누군가와 속 깊은 이야기를 하게 됐어요. 나는 이런 사람이고, 저는 어떤 사람이고……. 해 뜰 때부터 질 때까지 7박 8일을 이야기했습니다.

제가 방송사에서 일했던 이야기를 해 주었더니 그 친구가 듣고 있다가 "그래서, 행복하니(So are you happy?)"라고 묻는 거예요. 너무 정곡을 찌르는 말이었어요. 수영복 차림에 앞에는 인도양이 펼쳐져 있는데, 거짓말은 못 하겠더라고요. 죽어도 입에서 "Yes!"가 나오지 않는 거예요. 그래서 변화가 필요하다는 확신을 갖게 됐습니다.

한국에 돌아와 무라카미 하루키의 『상실의 시대』와 파울로 코엘료의 『연금술사』를 읽었어요. 그 두 권의 책이 시너지 효과를 낸 것 같아요. 『연금술사』에 나오는 목동은 키우던 양을 버릴 수 없다며 떠나지 못하다가 마침내 세상으로 나갑니다. 한참을 돌아 집으로 가 보니 '보석은

두고 온 그곳에 있었다'는 내용이죠.

　네가 지금 버리지 못하는 것은 욕심이다. 저는 저의 양을 버리지 못하고 있었던 겁니다. 떠나야 한다는 걸 너무 잘 알면서도 양을 붙들고 있었던 거예요.

　〈미스 사이공〉의 주인공 역으로 유명한 뮤지컬 배우 이소정 씨가 저의 절친한 친구예요. 커피를 마시면서 고민을 얘기했더니 그 친구가 어이없다는 듯 이렇게 말하더군요. "그럼, 가!"

　정신이 번쩍 들었어요. 아무도 가지 말라고 하는 사람이 없는데, 내가 나를 붙잡고 있었다는 걸 깨달았습니다. 나의 양만 버리면 되는 일인데, 그걸 두려워했다는 걸.

　결심을 하고 났더니 사람들이 큰일 난다, 갔다 오면 안 된다고 말리더군요. 하지만 물러서는 것이 지름길이 될 수도 있어요. 이 문을 닫으면 내 인생이 끝날 것 같지만, 다른 문이 열립니다. 마음속에 적어두세요. 내 인생의 변화는 나부터다, 내가 내 발목을 잡아서는 안 된다고.

　나를 파악해 보니 내 길을 알겠는데 그 다음엔 어떻게 해야 하느냐.

　가장 중요한 것은 치밀하게 계획을 세우고 철저히 준비하는 것입니다. 손미나가 훌훌 떠나 스페인에 가서 인생의 '터닝 포인트'를 찾았다고 이야기들 합니다. 사람들이 저를 충동적인 사람으로 아는데, 인생은 절대로 충동적으로 살 수 없습니다. 1년에 일주일 가는 휴가도 계획이 필요한데, 어떻게 인생이 계획 없이 꾸려지겠어요.

준비하는 자에겐 다른 문이 열린다

　저는 대학 때 별명이 '계획'이었어요. 항상 연말연시에는 컴퓨터 앞에 앉아 계획을 세웁니다. 1998년 2년차 시절 이래로 올해엔 무엇을 했고, PD는 누구였고, 기자는 누구였고, 나는 무엇이 부족했고, 이런 식으로 계획을 세우는 거죠. 치밀하게 '작전'을 짜야 합니다.

가장 좋은 예는 아나운서 시험입니다. 대학 4학년이 되었을 때 아나운서 시험을 보려고 마음먹었어요. 그런데 아나운서가 되는 데엔 나이 제한이 있었어요. 그해에 시험을 봐서 한 번에 붙지 않으면 아나운서가 될 수 없는 처지였죠. 제가 AB형인데 의심이 좀 많아요. 잘 알아보고, 안 되는 게임은 안 해요.

먼저 방송국에 들어간 사람을 수소문해서 다 물어 봤어요. 내가 원하는 것인가, 내가 원하는 생활인가. 모르고 들어가서 생각과 다르다는 걸 알게 되면 낭패니까요.

여기 저기 물어 보니 제가 원히는 일 같더라고요. 그래도 미덥지 않아서 어떻게 하면 확신을 얻을 수 있을까 궁리했습니다. 저희 학교 선배 중에 이계진 아나운서가 계셨어요. 그분을 좋아해서 조언을 듣고 싶어 고민을 했습니다.

저는 그저 평범한 학생이잖아요. 그렇지만 용기를 내야죠. 국문과 사무실에 가서 이계진 아나운서 전화번호를 달라고 했어요. 진짜 무모하죠. 당연히 안 주죠. 몇 번을 찾아가서 조르다가 퇴짜를 맞고, 학과장님을 찾아가서 사정을 이야기했어요. 꼭 한 번 도와달라고 열심히 설득해서, 저희 학과장님이 국문과에 연락해 이계진 아나운서의 연락처를 알려 줬어요. 휴대전화도 없던 시절 얘기랍니다.

너무 좋아하는 아나운서의 전화번호를 손에 넣다니! 믿어지지 않을 정도였어요. 일단 번호가 맞는지 확인하려고 전화를 해서 "이계진 선배님 댁이죠?"라고 했더니, 전화 받은 이가 곧바로 "아빠, 전화 왔어요"

하면서 바꿔 주는 거예요. 아무 준비가 안 돼 있던 차였지만 통화가 되었으니, '무대뽀 정신'으로 설득했어요. 서문과 누구누구인데 만나달라고. "안 됩니다. 바쁩니다." 저 같은 사람이 너무 많다며 거절하시더군요.

그러면서도 "『아나운서 되기』라는 책을 읽어보라"는 조언을 해 주셨습니다. 그 책은 이미 읽었다고 하자 한숨을 쉬시더니 "잠깐만, 학생, 아까는 나랑 얘기하고 싶어서 전화했는지 모르지만, 이제는 내가 학생을 만나서 어떻게 그렇게 당당한지 봐야겠다"고 하시는 거예요. 공개방송 날짜를 알려 주면서 찾아오라고 하셨죠. 무턱대고 찾아갔어요. 그랬더니 따뜻한 커피도 사 주시고, 1시간 넘게 이야기를 해 주셨어요. 돌아서는 길에, "지난 번 전화할 때도 그렇고 지금 눈빛을 보니까 되겠네"라고 이야기해 주시더군요. 그 한 마디 말씀이 저를 만든 것 같습니다.

적극적으로 찾지 않았다면 제게 기회가 오지 않았을 겁니다. 나를 끊임없이 탐구해서, 내가 어떤 사람이며 내가 아니면 안 되는 일이 뭔지 찾고, 철저하게 조사하세요. 그 다음에는, 주변의 손길과 도움을 구하는 걸 두려워하지 마세요. 우는 아이에게 젖 줍니다. 적극적으로 나서세요.

그리고 나만의 무기를 만드세요. 사람마다 다를 텐데, 저의 무기는 스페인어였어요. 그게 제 세상을 열었습니다. 언어를 배우는 건 하나의 우주를 갖는 것입니다. 두개, 세개 언어를 하면 두세개의 우주를 갖는 것과 같지요.

저는 대학에서 스페인어를 전공했지만, 회사를 그만두기 전까지, 스페인에 다시 가기 위해서 6개월 이상 준비를 했어요. 열심히 수소문해 마드리드의 한 방송사 연수프로그램을 알아내어 신청하고 합격했습니다. 그걸 번역해서 회사에 내는 절차를 밟아 연수 허가를 받았어요. 얼굴이 알려진 아나운서였지만 학원에 다니면서 스페인어 공부를 했습니다. 이왕이면 나가서 한국을 알리고 싶어, 업무가 끝나면 고려대 한국어강사 양성과정을 들으며 자격증도 땄습니다.

"손미나 씨는 대학 때 스페인어 공부도 하고, 운 좋아 외국도 가고, 아나운서도 됐잖아요." 이렇게 말하는 이들이 가장 많이 저지르는 오류가 있습니다. 1년은 과대평가하고 일생은 과소평가하는 겁니다. 저는 해마다 계획을 세웁니다. 김태희처럼 살도 빼고 토익시험에 학점에……1년에 그걸 다 어떻게 해요. 대학 때 '한 학기에 한 가지만 하자'고 했어요. 그러면 졸업할 때까지 여덟 가지는 할 수 있습니다.

스페인어 잘 했으면 좋겠다, 여행하고 싶다, 그런 분들께 "하세요"라고 하면 "저는 나이가 많아요", "외국어에 소질이 없어요"라고 합니다. 시작은 해 봤나요? 긴 인생을 놓고 보면, 시작할 때의 나이는 결코 많은 게 아닙니다. 어려서부터 뭔가를 한 사람은 많지 않습니다. 시행착오를 거쳐서 나중에야 되는 거지요. 일생을 과소평가하지 마세요.

계획을 어떻게 세우는 게 좋을까요? 제가 잘 쓰는 방법은 동그라미 계획표예요. 어릴 적 많이 그렸던 생활계획표죠. 인생의 비중을 그려 봅니다. 가족, 사랑, 명예, 부(富). 이런 식으로, 어디에 내 인생의 포인트를 주고 살지 정하는 겁니다. 똑같이 분배하기보다 중점을 두고 우선순위를 두면 빠르게 나아갈 수 있어요.

막대그래프를 그려서 20대·30대·40대, 아니면 더 짧게 나눠도 됩니다. 계획을 세우는 데 일주일, 한 달이 걸려도 됩니다. 꾸준히 생각해 보세요. 내가 하고 싶은 일이 뭔지. 20년·30년 후까지. 그중에서도 다가올 10년의 계획을 구체적으로 세우는 게 중요합니다. 지금 말씀드린 계획법은 아나운서 초년병 때 일본의 자수성가한 비즈니스맨에게서 힌트를 얻은 거예요. 그분 말씀을 듣고 따라해 봤지요.

10년 뒤 옛날 계획표를 꺼내 보니 거기 저의 목표들이 다 들어 있었어요. 자기 생활에 충실한 사람은 예측이 가능하거든요. 이쯤 되면 소진되겠다, 해외 유학가면 좋겠지, 서른 넘으면 내 이름으로 책을 하나 내면 좋겠다. 제 인생은 대부분 그렇게 됐어요. 계획을 쓰면서 제 영혼에 새긴 겁니다. 적어 본 사람과 적어 보지 않은 사람은 정말 큰 차이가 있습니다.

더 중요한 것은 일기를 쓰는 겁니다. 초등학교 때부터 지금까지 일기장을 다 가지고 있어요. 지금도 일기를 씁니다. 자기를 돌아보고 이야기하는 것은 굉장히 중요합니다.

변신하지 않는 삶이 더 두렵다

안정된 직장이고 선망하는 직업인데 왜 꼭 변신해야 하느냐. 그런 분에게 되묻습니다. 변신하지 않는 삶이야말로 정말 두렵지 않으세요? 나이가 서른이면 사회에서는 "벌써 서른 살인데 시집 안 가고 큰일이네" 하지요. 그런데 가만히 생각해 보면 인생이 생각보다 길어요. 할 일도 많아요. 이제 시작입니다. 대학생은 아직 걸음마도 안 한 겁니다.

저는 제 나이가 굉장히 많은 줄 알고 고민했어요. 부모님 밑에서 공부하다가, 사회에 나가 몇 년 있으면 금방 서른 살이 됩니다. 이 창창한 인생에서, 아무 변화도 없는 삶을 살아야 한다는 게 너무 끔찍했어요. 차라리 한 번 넘어지고 말지, 어떻게 변화하지 않을 수 있나요. 인생이 길기 때문입니다.

우리 모두는 다 하나의 씨앗과 같습니다. 어떻게 물을 주고, 햇볕에 쪼이고 몸부림을 치느냐에 따라 꽃이 피어날 수도, 안 피어날 수도 있습니다. 어떤 사람은 두 송이, 세 송이 막 피울 수 있습니다. 인간의 무한한 가능성은 놀랍다고 생각합니다. 끊임없이 변신할 수 있는 힘이 있는 거죠.

기회는 누구에게나 옵니다. 그런데 준비하지 않은 사람은 그게 보이지 않거나 잡을 수 없습니다. 늘 준비하던 사람에겐 기회가 보여요. 육감으로 압니다. 유명한 산악인을 만나 "산을 오르는 건 얼마나 위험한 일인가요? 어떻게 헤쳐 나가나요?" 물었더니 "나의 육감을 믿는다"고 하십니다. 과학적으로 대응할 것 같지만, 아니래요. 발을 디뎌야 하는데, '어 아닌 것 같은데?'라는 느낌이 들면 그건 밟으면 안 되는 땅이래요.

대학 후배가 회사를 그만둬야 할 것 같다고 얘기를 했어요. 좋은 직장을 왜 관두냐고 하니, 더 이상 안 되겠대요. 남들 보기에는 번듯한 직장이었거든요. "누나, 가슴이 뛰질 않아요." 그 한 마디에 할 말이 없어졌습니다. 후배는 '가슴 뛰는 일'을 찾아가서 지금 너무 잘 하고 있어요. 어느 순간 자기에게 오는 육감적 이끌림이 있어요. 그걸 꼭 붙잡으세요.

마음속 그 이끌림을 잡으려면 평소 나를 사랑해야 해요. 여러분은 나를 사랑하기 위해 어떻게 하세요? 이런 말을 하면 저를 우습다 생각하실지 모르겠지만, 아침에 로션 바를 때 '예뻐져라' 하면서 해요. 스트레스 받으면 왜 술들을 마실까 싶어요. 그건 나를 혹사시키는 거잖아요. 그 대신 나에게 맛있는 거 먹이고, 잘 재우고, 다독여야죠.

스스로를 잘 가꾸고 자기 자신을 생각하세요. 가끔 자신에게 선물을 주세요. 거울을 보고, 남들이 보기엔 고칠 데가 많다 해도 내가 보기엔 이렇게 아름다운 사람이 없구나 생각하세요. 그러려면 내면의 아름다움을 키워야겠죠. 거기서 나오는 눈빛에는 어느 누구도 반기를 들지 못합니다.

길에 서서 사람들을 보면 차림새, 표정 모두 너무 똑같습니다. 전 프랑스에 대한 로망은 없었습니다. 잘난 척하는 사람을 싫어하거든요. 스페인은 털털한 친구 같은 느낌인 반면 프랑스는 생긴 건 예쁘지만 까탈지고 잘난 척하는 느낌이 들어요. 그런데 프랑스에 가 보니 그들이 잘난 척할 만한 이유가 있더라고요. 그중 하나가 프랑스 여성이에요. 일상에 찌든 아줌마들도 자기만의 아름다움을 가꾸는 데 얼마나 열심이던지! 당당한 아름다움과 하모니, 그걸 갖춰 가기 위해서 노력해야 합니다.

실패를 두려워하면 안 돼요. 어릴 적으로 돌아가 보세요. 자전거, 스케이트 배울 때 안 넘어지고 배울 수 있던가요? 그런데 왜 인생에서는 안 넘어지고 가려 하나요.

제가 한동안 일이 잘 되지 않아 "왜 이렇게 안 될까요?" 했더니 친구 어머니께서 "네가 인생을 모르는구나, 뜻대로 되는 건 거의 없어"라고 하셨어요. 그걸 알면서도 노력하기 때문에 삶이 가치 있는 것이죠.

아르헨티나에 갔을 때의 일입니다. 그 사람들은 우리 기준으로 보면 불행하게 느껴야 마땅한데도 열정을 갖고 살아요. 다들 직업을 두 가지나 갖고요. 변호사이자 가수, 뭐 그런 식이죠. 우리는 왜 그렇게 살지 못할까요. 인생을 100%로 채우고 싶어 하기 때문에, 실패가 두려워 감히 시작을 하지 못하기 때문입니다. 넘어지면 실컷 울고 다시 일어나면 되는 것을.

그렇게 아르헨티나에서 몇 달을 보냈는데, 막판에 도둑이 제 가방을 통째로 가져갔어요. 컴퓨터와 카메라에 사진이 2만 장 들어 있었어요. 여행의 기록이 한꺼번에 다 날아간 겁니다.

어떻게 책을 쓸까 고민스럽고, 그 나라가 저주스러웠어요. 그런데 전화위복이 됐어요. '가우초'로 불리는 팜파스 초원의 목동 친구들이 저를 도와줬어요. 목장에서 지내는 사이에, "한국 저널리스트가 가방을 몽땅 도난 당하는 일이 생겼으니 아르헨티나의 수치다"라는 소문이 났고, 현지 토크쇼에까지 출연하게 됐습니다. 그렇긴 해도 화가 안 풀려 계속 부글부글하고 있었지요.

거기서 사귄 인디언 친구가 있어요. 이름이 인티, '태양'이라는 뜻이랍니다. 친구에게 말했어요. "너 보고 싶어서 왔는데 이렇게 도둑을 맞았어. 황당해." 친구도 듣고서 놀라긴 했지만 곧 이런 말을 했습니다. "음, 하지만 원래 네 것은 없잖아."

더 화가 났어요. 카메라는 그렇다 쳐도 사진들은 내가 찍은 것인데 누가 보상할 거냐고요. 그러자 친구가 "미나, 세상에 모든 일은 이유가 있어"라고 하는 거예요. "지금 너를 봐. 멀쩡하잖아. 두 다리로 다시 걸어. 그게 인생이야."

그러면서 인디언들이 마시는 차를 끓여 주더라고요. 그래, 다시 걸으면 되네. 우리는 주저앉으면 왜 거기 그냥 있어야 한다고 생각할까요? 다시 가면 되는데! 실패하면 다시 갈 수 있습니다. 한 번 엎어지면 더 좋은 일이 생깁니다. 안 좋은 일이 있으면 이제는 박수를 칩니다. 이야, 이제 좋은 일이 있겠네, 하고요.

인생은 1막짜리 연극이 아닙니다. 어떻게 하느냐에 따라 2막, 3막을 열 수 있어요. 인생은 마라톤입니다. 하지만 같은 코스를 뛰는 건 아니죠. 누구에게나 '나만의 코스'가 있어요.

저는 〈19 그리고 80〉이라는 연극을 좋아해요. 연극 속 여든 살 해롤드 할머니가 열아홉 살 청년 해롤드에게 해 준 이야기는 이렇습니다. "인생은 축구경기 같은 거야. 전반, 후반 최선을 다해서 뛰지 않은 선수가 라커룸에 와서 우승컵을 당당하게 안아 볼 수 있겠니?"

정말 최선을 다해 달리지 않는다면 여든 살이 됐을 때 얼마나 부끄러울까요. 이제 겨우 서른 살에 변화를 두려워해서 도전하지 못한다면, 여든 살에 얼마나 부끄럽고 한탄스러울까요. 여러분 자신을 믿고, 인생과 운명을 믿고 나아가시기 바랍니다.

■ '일곱 살 때의 나'를 보라고 했는데, 어릴 적 모습은 가정환경, 부모님에 의해 좌우되잖아요. 스스로의 모습을 만들어가는 것은 스무 살이 넘어야 가능할 것 같아요. 저는 소극적이고 말도 잘 못하는 제 어릴 적 모습이 마음에 들지 않습니다. 사람은 계속 변화한다고 하지만, 또 사람은 참 달라지지 않는다고 얘기하기도 하지요. 자신의 노력으로 사람이 과연 얼마나 달라질 수 있을까요?

얼마든지 변할 수 있습니다. 다만 자신이 간직한 그 무언가가 뭔지 궁금해질 때 일곱 살 적 모습을 한번 생각해 보라는 겁니다. 나도 언제나 진화하는 손미나이고 싶습니다. 환경의 영향이 있을 수 있지만, 질문한 내용에 답이 있지 않을까요. 스무 살 이후의 노력으로도, 얼마든지 달라질 수 있습니다.

■ '엄친딸'처럼 보여요. 동경의 대상이자 질투의 대상이었을 것 같기도 하고요. 심한 경쟁 속에서 어떻게 부담을 이겨내고 이미지를 컨트롤 했나요?

여학생 없는 학교에 다닌 탓에, 이화여대 축제 때 떼를 이뤄 여학생들을 괴롭히러 가는 남학생들을 따라간 적도 있어요. '계집애'란 소리 듣기 싫어서요. 남학생들이 돌아서서는 "왜 그렇게 여자가 대가 세냐"고 구박하는 소리도 많이 들었지요.

아나운서가 된 뒤, 특히 인터넷 시대가 된 뒤에는 그런 평들이 더 많았습니다. 인터넷에서 내가 나온 대학을 가지고 편입했다고 얘기하는 사람들도 있던데요. 저는 고교 때 외국에서 공부한 덕에 특별전형으로 입학을 할 수 있었는데도 내 힘으로 대학에 가겠다고 시험을 본 사람입니다. 그런데도 그런 근거 없는 소리를 들었어요.

사람들은 자기가 뚫어 놓은 구멍으로 상자 속을 들여다봅니다. 그런 이들의 시선은 중요하지 않아요. 어머니는 주부, 아버지는 지방대 교수였는데 평범한 집안이었습니다. 전 아르바이트해서 대학을 다녔어요. 지금의 나를 보고 '편하게 살았을 거야'라고들 생각하지만 교환학생으로 호주에 가서도 한국어 가르치는 아르바이트를 했습니다. 스페인에 교환학생으로 갈 때에는 아르바이트를 하며 열심히 돈을 모았고, 100만 원이나 싼 할인티켓을 애써 구했습니다. 알고 보니 그 티켓은 호주의 멜버른-시드니-태국 방콕-인도-아랍에미리트연합(UAE)의 살사-독일 프랑크푸르트-파리-마드리드로 가는 표였습니다. 기내식을 아홉 번 먹었고, 도착했을 무렵에는 목이 뻣뻣해져 못 움직이겠더라고요. 엄친아, 엄친딸도 다 자기가 만드는 겁니다.

■ **책을 쓰게 된 계기는. 여행지는 어떻게 정하나요.**

여행을 시작할 때부터 책을 쓰려고 했던 건 아닌데 스페인을 다녀와서 쓰게 됐어요. 내 사진과 이름을 표지에 넣지 않고, 내가 정말 쓰고 싶은 것을 쓰겠다고 해서 출판사와 계약했습니다. 쓰면서 너무 행복했죠. 내 마음속에 있는 걸 쏟아 놓은 작업이었습니다.

두 번째 책은 출판사와 미리 계약해서 일본을 여행지로 잡았습니다. 스페인에 비해 일본은 한국과 가까우면서 민감한 곳이죠. 아르헨티나의 경우는, 그곳이 나를 불렀습니다. 프랑스는 유럽의 중심이라 생각해서 골랐어요. 가고 싶은 나라 중 유럽국들이 많았거든요.

얼마 전 소설을 발표했지만 소설은 어디까지나 외도이고, 앞으로도 쭉 여행기를 쓸 겁니다. 인간으로서 계속 성장하지 않으면 달나라를 간들, 어디를 간들 똑같은 글이 나올 거예요. 나 스스로 성장하고 싶어 여행기를 쓰기 시작했습니다. 책을 쓰기 위해 10년 가까이 일했던 방송사를 그만둘 정도로 일을 가볍게 생각했던 것도 아니었고요. 출판사에서 저에게 함께 책을 내자고 했던 건, 손미나라는 사람이 보는 세상을 다른 이들에게 보여 주고 싶다는 취지겠죠. 언제 어디를 가든, 결정은 제가 해요.

■ **아나운서가 된 직후에 누군가 "행복한가요?" 하고 물었다면 아마 손미나 씨도 "행복하다"고 답하지 않았을까요. 아나운서 일을 하면서 그 안에서 행복을 찾을 수도 있었을 텐데 그러지 못했던 이유는 뭔가요.**

아나운서만이 가질 수 있는 스릴이 있어요. 뉴스에서의 긴장감도 있지만, 쇼 프로그램에서의 즐거움은 마약 같습니다. 힘든 줄 모르고 정신없이 신이 나서 진행했어요. 하지만 방송은 어디까지나 팀워크입니다. 기획에서 마무리까지 내 의견이 통할 수 있는 영역은 한정돼 있습니다. 더욱이 공영방송 아나운서였으니, 회사에서 직장인으로서 해야 하는 것들도 있었어요.

회사를 나와 지금 책을 쓰면서 살다 보니, 내가 나의 성장을 위해 어디로 여행할 것인지 선택하고, 내가 글을 쓰고, 제목을 짓습니다. 내가 모든 것을 디자인하니 그게 좋더라고요. 방송사에서도 10년간 후회 없이, 미련 없이 일했다는 생각이 듭니다. "그게 나의 천직이었어, 하지만 지금의 작가라는 것도 나의 천직이야"라고 말할 수 있습니다.

■ **스페인, 아르헨티나 여행기를 읽었는데 신기하게도 좋은 인연을 많이 맺으신 것 같습니다. 사람들에게 매력적으로 다가가는 힘, 낯선 여행지에서 좋은 인맥을 만드는 방법은 무엇인가요.**

외국어가 가장 큰 힘이었어요. 그 나라 말을 한 마디라도 하면 그들과 소통하고, 어깨동무하고, 가슴을 터놓게 됩니다. 스페인에서는 제 별명이 '자석'이었어요. 친구들 말로는, 내가 "듣는다"고 하더라고요. 누군가의 이야기를 들어 주기 때문에 사람들이 다가와 이야기를 한다는 거죠. 또 하나는 용기입니다. 낯선 곳에서는 항상 조심하고 신중해야 하지만, 인생에서 한번쯤은 누군가의 눈빛만 보고 믿어 줘야 할 때가 있습니다.

여행지를 떠나서도 친구관계를 유지하기 위한 방법은 '노력'입니다. 친구관계는 만날 만나서 술 먹는다고 이어지는 게 아니에요. 스스로를 현명하게 가꾸면서, 1년에 한 번 만나더라도 그를 위해 배려하고 필요한 존재가 되어 보세요.

■ '보헤미안'이라는 단어를 동경합니다. 그렇게 살아 보고 싶기도 하고요. 하지만 현실의 벽이 있습니다. 지금 프랑스에 살고 계신데, 생계는 어떻게 해결하나요.

어느 새 내가 낸 책이 여러 권이 됐더라고요. 지금도 일은 계속 합니다. 여기저기 기고도 하고요. 중요한 건 '어떻게 버느냐'가 아니라 '어떻게 쓰느냐'예요. 한국에 돌아와 보니 모두가 '돈(money) 오리엔티드(oriented)'된 삶을 살고 있더군요. 어떻게 돈 벌어 어떻게 집을 살 것인지만 생각하며 사는 사람들이 많습니다.

프랑스에서 캔버스화 한 켤레로 1년을 버티며 스무 살처럼 살았습니다. 돌아와 보니 모든 것이 '넌 마흔 살이야' '어떻게 살 거니'를 묻고 말하는 듯한 느낌이에요. 하지만 지금까지 혼자 돈 벌고 살아나가고 있습니다. 돈이 있어 여행하는 게 아닙니다. 여행을 다니다 보면 인맥도 쌓이고, 친구 집에도 가서 묵기도 하고, 다 살아갈 방법이 생깁니다.

■ 손 작가님 책 읽고 스페인 여행을 다녀왔고, 스페인어도 배우고 있습니다. 그런데 사람들이 스페인어 배우러 다닌다고 하면 낯설어 해요. 스페인어를 전공으로 선택한 이유는 뭔가요.

외국어 공부가 좋았어요. 중학교 1학년, 처음 영어를 배울 때, 영어선생님이 무서우면서도 멋있어 보였죠. 대학에 가면 외국어를 배워서 선생님처럼 문학의 세계로 가 봐야지 했더랬죠.

대학에 갈 무렵 스페인어와 러시아어를 놓고 고민했어요. 아버지가 스페인어를 추천해 주셨습니다. 그렇게 발을 들여 놓게 됐는데 적성에 맞고 즐거웠어요. 스페인어 공부는 낭만적이었죠. 언제나 운명적인 사랑 이야기로 가득하니까요. 교수님들도 모두 중남미에서 공부한 분들이셔서, 날씨가 좋으면 잔디밭으로 나가 술 마시며 사랑에 대해 토론하곤 했어요. 그러면서 라틴 문화에 빠져들었죠.

저도 스페인어권 나라들을 여행하며 친구들을 많이 사귀었어요. 아르헨티나 여행 뒤 쓴 책에 소개한 가우초들과는 지금도 늘 연락하고, 선물도 주고받으며 관계를 유지하고 있어요.

■ **20대의 손미나 씨는 대학생, 30대에는 아나운서, 그리고 지금은 여행작가가 되어 있습니다. 60대의 손미나 씨는 어떤 사람이 되어 있을까요.**

하고 싶은 게 두 가지 있어요. 하나는 시간과 돈과 건강에 구애받지 않고 온전히 내 재능을 남을 위해 쓰는 것이고요. 두 번째, 남들이 20대에 얻는 박사학위를 나는 50대에 받아서, 더 나이 먹은 뒤에는 젊은이들에게 '수업인지 옛날이야기인지 모르겠는' 강의를 해 주고 싶습니다.

워너비알파레이디 TIP

여행작가 되는 법

희한하게도, 1년 동안 열심히 일해 휴가철이면 훌훌 털고 해외여행을 떠나는 이들은 대개 여성들이다. 적어도 한국에선 그렇다. 한국여성들은 유독 세계의 다른 나라에 관심이 많은 것일까? 혹은 한국이라는 나라가 여성들이 자유롭게 여행하기엔 뭔가 '편치 않은' 데가 있는 것일까? 반면 한국의 남성들은 왜 한국에 살면서 휴가도 한국에서 보내는 것에 만족하는 것일까?

의문에 꼭 답을 할 필요는 없지만, 일해서 돈 벌며 자신을 위해 투자하고, 휴가 때면 배낭 하나 짊어지고 떠날 수 있는 여성들의 숫자는 점점 늘어간다. 이들이 꿈꾸는 것 중의 하나가 '여행작가'가 되는 것이다. 잘 나가는 아나운서 자리를 버리고 떠나 작가가 되어 돌아온 손미나 씨처럼. 그런 유명인이 아니더라도, 좋아하는 일을 하면서 돈을 벌 수 있다는 점에서 여행작가라는 직업에 매력을 느끼는 이들이 많다. 그런 이들을 위해 '여행작가 되는 법'을 안내해 주는 책과 블로그들도 많다.

여행작가가 되는 가장 '일반적인' 방법은 여행을 다니고, 여행 중에 느낀 것들과 정보를 세세하게 기록하고, 문장을 가다듬어 블로그에 올리는 것이다. 출판사 리더스하우스 편집장이자 여행작가인 구완회 씨는 "여행블로그가 넘쳐난다고 하지만, 아직은 블로그에 글을 써서 작가가 되는 것이 가장 유효한 방법"이라고 말한다. 블로그에 여행기를 올려 조금씩 입소문이 나면 출판사에서 제안을 하고, 그렇게 해서 자기 이름으로 된 여행 책 하나를 갖게 된 작가들이 많다는 것.

두 번째는 여행잡지에 기고하는 것이다. 일본 잡지의 라이선스로 발행되는 여행전문지 〈AB-ROAD〉, 1995년 창간돼 국내 여행잡지의 대표로 자

길에서 인생을 찾다

리 잡은 〈뚜르드몽드〉, 월간지로 발행되는 〈여행스케치〉 등에 찾아가거나 메일을 보내는 것도 하나의 방법이다. 여행 계획 혹은 여행기를 가지고 잡지사에 문의해 글을 실을 수 있는지 알아볼 것. 〈여행스케치〉는 시시때때로 블로거 기자단도 운영하고 있다.

블로그나 잡지에 쓴 글들이 어느 정도 모이면 출판사에 책 출간 제의를 해 볼 수 있다. 여행서적을 많이 내는 출판사로는 RHK(옛 랜덤하우스코리아), 시공사, 삼성출판사, 중앙북스, 테라(TERRA) 등이 있다.

사단법인 한국여행작가협회는 문화체육관광부나 한국관광공사와 연계해 국내여행 가이드북을 많이 펴낸다. 또 여행작가를 키우기 위한 강좌도 열고 있다. 이런 강좌를 들으며 다른 여행작가들과 '인맥'을 쌓는 것도 첫 걸음을 떼는 방법이 될 수 있다.

여행기를 잘 쓰는 방법을 비롯해 실질적인 기초정보가 필요하다면 여행작가가 되는 법을 소개한 책을 먼저 읽어 보는 것도 좋다. 위즈덤하우스에서 나온 『여행도 하고 돈도 버는 여행작가 한번 해 볼까?』는 여행작가 지망생들의 궁금증을 담은 질문 42개를 뽑아 문답형식으로 풀어쓴 책. 혼자서 해외여행을 하려면 영어를 잘해야 하나, 여행작가 지망생을 위한 교육기관이 따로 있나, 다른 직업과 병행할 수 있나, 책 외에 어떤 매체에 기고할 수 있나, 전업 여행작가의 월수입은 어느 정도인가, 기업체 등의 '협찬'으로 여행하는 방법, 여행기자가 되는 법, 블로그로 이름 알리는 법 같은 질문과 답변이 줄줄이 이어진다.

여행 짐정리 노하우와 여행노트 쓰는 법, 여행사진 노하우 등 실무적인 지식들도 소개해 주고 있어, 여행작가 지망생들에게 알찬 가이드가 된다. 저

아나운서에서 여행작가로 변신한 손미나

워너비알파레이디 TIP

자 채지형 씨는 세계일주 여행기 『지구별 워커홀릭』, 『까칠한 그녀의 STYLISH 세계여행』 등을 낸 작가. 함께 책을 쓴 김남경 씨는 여행기자로 시작해 지금은 여행 콘텐츠기획·제작·마케팅회사를 운영하고 있다.

시공사에서 나온 『슈퍼라이터』는 이지상, 정기범 씨 등 국내 유명 여행작가들의 노하우를 풀어놓은 책. 글 솜씨는 제법 있지만 사진 찍기에 애를 먹는 이들이 적지 않다. 이지상 씨는 내셔널지오그래픽 회원이자 스타 여행 블로거로, 이 책에서 감동적인 여행사진을 찍는 팁을 주고 있다. 사진 잘 찍는 법, 꼼꼼히 기록하는 법, 여행기에 생동감을 불어넣는 법 등이 소개돼 있다.

푸른숲에서 펴낸 『떠난다 쓴다 남긴다』는 루이스 퍼원 조벨 등 두명이 쓴 책으로 부제가 '여행 작가의 모든 것'이다. 여행 준비에서부터 글을 쓰고 출판을 하기까지, 전업 여행작가의 생활에 대해 꼼꼼히 소개하고 있다. 1984년 미국에서 초판이 발행된 '오래된 책'인데, 여행 글쓰기에 대한 최고의 책으로 꼽히니 읽어볼 만하다.

사람들이 가장 궁금해 하는 것은 "여행작가를 하면서 과연 먹고 살 수 있나" 하는 점이다.

터키대사관에서 일하다가 여행작가로 변신한 김남희 씨는 '도보여행가'다. 『여자 혼자 떠나는 여행』(1~4편), 『유럽의 걷고 싶은 길』, 『일본의 걷고 싶은 길』 등을 썼다. 2003년 사표를 내고 중국, 네팔, 인도, 파키스탄을 거쳐 아프리카까지 먼 길을 떠났다. 지금은 한비야 씨와 쌍벽을 이루는 유명 작가가 됐지만, 책을 팔아 인세로 버는 돈이 생각처럼 많지는 않다. 여행서적이 '대박'을 치는 데에는 한계가 있고, 저자에게 인세로 지불되는 돈은 유명저자라 해야 책 판매금액의 10%다. 그러니 여행서적을 써서 부자가 되는 것은 사실 불가

길에서 인생을 찾다

능하다. 하지만 책을 펴내 돈을 벌면 '다음번 여행의 비용이 생기기 때문에' 계속 여행할 수 있는 수입원이 된다. 김 씨는 책을 통해 "네팔과 인도에서 1년에 450만 원으로 생활했다"고 밝힌 바 있다. 저예산 여행을 하면서 '길에서 인생을 찾고자 하는' 이들이라면, 돈에 대한 두려움을 버리고 떠나라!

아나운서에서 여행작가로 변신한 손미나

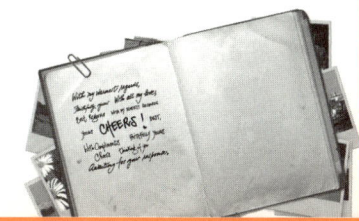

대중과 소통하는 과학자 · 정재승

대화하고
소통하는
뇌 를 만들라

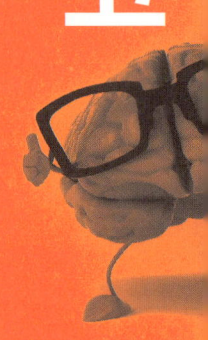

정재승은 카이스트에서 물리학을 전공했고, 이론신경과학 분야에서 박사학위를 받았습니다. 인문학과 사회과학, 예술 등 다양한 분야의 지식에 과학적 통찰력을 결합한 글들을 선보이며 저술가로도 활약하고 있습니다. 『정재승의 과학콘서트』, 『크로스』(공저), 『쿨하게 사과하라』(공저) 등 여러 책을 썼습니다. 현재 카이스트 바이오·뇌공학과 교수로 재직하고 있습니다.

안녕하세요. 저는 뇌를 연구하는 물리학자입니다. 뇌의 여러 기능 중에서도 '선택'이 어떻게 이뤄지는지, 의사결정이 뇌에서 어떻게 이뤄지는지를 연구하는 것이 제가 하는 일입니다.

오늘 이 자리에 오기 전에는 "남자의 뇌와 여자의 뇌가 어떻게 다르고, 여성의 뇌는 어떤 부분이 잘 발달했으니 혁신을 이끄는 데 활용하라"는 말씀을 드리고 싶었습니다. 그런데 생각해 보니 남녀 간 뇌의 차이는 크지 않더군요. 그래서 '여성의 뇌'를 강조하기보다 인간의 뇌의 특성과 그것을 이용해 문제를 해결하고 혁신으로 이끌어가는 방법, 그리고 리더십을 갖기 위해 키워야 할 능력 등을 신경과학의 관점에서 소개하고자 합니다.

뇌를 이야기하기 전에, 여성들이 간과하기 쉬운 과학기술계의 동향부터 전해 드릴게요.

최근 과학기술계에서 부상한 키워드를 두 가지 꼽으라 하면 첫 번째는

'유저인터페이스(UI)'에요. 아이폰, 갤럭시S 같은 스마트폰이 등장했죠. 기계와 나 사이의 상호작용이 얼마나 편리하게끔 장치가 만들어졌느냐, 즉 유저인터페이스를 기계 자체보다 중요하게 생각하게 된 거죠. 기업들도 이제 유저인터페이스가 성능보다 훨씬 중요한 요소라는 것을 깨달았습니다.

  초반 스마트폰 시장을 주도한 건 애플의 아이폰입니다. 그러나 후발주자였던 삼성의 갤럭시S도 성능 면에서는 결코 아이폰에 뒤지지 않습니다. 단말기를 분해해 보면, 냉정히 말해 아이폰이 더 낫다고 보기도 어렵습니다. 그런데도 사람들이 아이폰에 열광한 것은 디자인이 예쁘고, 손끝에 착 감기는 느낌이 들기 때문이었습니다. 또 아이폰 아이콘들의 반응이 갤럭시S보다 0.02초 더 빨랐다는 점도 한 몫 합니다. 그것이 사람들로 하여금, 하나는 '이 장치는 내 손끝에서 노는구나' 느끼게 만들고, 다른 하나는 '내가 움직여야 나중에 따라온다'고 느끼게 만드는 거죠. 아주 사소해 보이지만 사람들에게는 '0.02초에 불과한 차이'가 아니었던 셈입니다.

  이건 정말 중요한 화두입니다. 자동차 산업은 전통적으로 '하드인더스트리'의 대표주자입니다. 그중에서도 엔진사업부의 힘이 셉니다. 그런데 이제는 유저인터페이스를 강화하고 있어요. 렌트해서 처음 타 보더라도 매뉴얼 없이 직관적으로 운전할 수 있는, 누구에게나 인지적(認知的)으로 부담 없는 그런 자동차를 설계해야겠다는 프로젝트를 현대자동차도 시작했다더군요. 굉장히 큰 변화입니다. 사람들이 유저인터페이스가 얼마나 중요한지 깨닫게 된 거죠.

기계와 소통하고 경험을 공유하는 시대

단적인 예로 출판시장이 있습니다. 앞으로도 영원히, e북(book)의 선전 속에서도 종이책은 살아남을 거라고 생각하시는 분, 손 한 번 들어 보세요.

10년 전에 이런 질문을 받으면 다들 "종이책은 사라지지 않을 것"이라고 이야기했습니다. 지금 여기 계신 분들도 책을 많이 읽으니 종이책에 향수를 갖고 계시죠. 그러나 다음 세대에게는 다른 이야기입니다. 지금 교육과학부에서 교과서를 e북으로 만들 계획을 세우고 있습니다. 책가방 들고 학교에 갈 필요 없도록, 교과서와 학습참고서를 e북으로 만드는 거죠. 아이들도 책보다는 아이패드로 공부하고 싶어 하겠죠? 자기가 틀린 문제만 골라서 점검하게 해 주기도 하고, 문제은행에서 무작위로 뽑아 주기도 하고, 틀린 답을 쓰면 답들이 막 돌아다니고. 그럼 얼마나 재밌게 공부하겠어요?

그런 세대는 어려서부터 e북으로 공부를 하니 종이책에 대한 향수가 있을 리 만무합니다. 지금 나와 있는 e북 단말기들도 종이책이 갖고 있던 장점들을 충분히 구현합니다. 예를 들어 미국 온라인서점 아마존에서 만든 '킨들'은 전자잉크로 글씨를 썼다고 생각하면 됩니다. 발광(發光)하지 않기 때문에 눈의 피로감이 종이책 정도에 불과합니다. 한 번 충전하면 열흘 이상 쓸 수 있고, 무엇보다도 이 작은 패드는 3000~4000권 분량의 책을 저장할 수 있습니다. 아마도 얼마 지나면 아예 둘둘 말아 가지고 다닐 수 있는 단말기가 나올지도 모릅니다.

이런 상황에서도 사람들이 여전히 종이책을 좋아할까요? 의문이죠. 아이패드에 담긴 『이상한 나라의 앨리스』를 보세요. 글자들이 춤을 추다가 떨어지고, 앨리스의 목이 쭉 늘어납니다. 제 아이는 아이패드로 이 책을 서른 번 넘게 읽었습니다. 이런 유저인터페이스를 경험한 아이들이 과연 활자로 된 책을 볼까요?

좀 더 극단적인 미래의 책 형태를 소개하겠습니다. 아이디오(Ideo)라는 디자인 회사가 미래를 예상해 제안한 세가지 모델입니다. 세 가지 모두 각각 독특한 특징이 있는데, 아마도 종국에는 세 가지가 합쳐질 것으로 보입니다.

첫 번째는 '넬슨(Nelson)'입니다. 책이 독자들 사이에 네트워크를 제공해 줍니다. 내가 어떤 부분을 읽는데, 그 부분에 '나는 반대/찬성한다'하는 의견이 있으면 독자들끼리 논쟁할 수 있도록 책이 플랫폼을 제공하는 거죠. 두 번째는 '쿠플랜드(Coupland)'라는 겁니다. 사람들이 책을 고를 때 아주 유용한 정보를 제공해 줍니다. 예를 들면 그 저자의 다른 책을 추천 받는다던가, 책들 사이의 연관관계를 표현해 주거나 지금 현재 베스트셀러가 뭔지, 그런 정보를 책들이 준다는 거죠.

마지막은 '앨리스(Alice)'입니다. 추리소설을 읽는데 이야기 구조가 복잡하다면 어떤 식으로 이야기가 흘러가는지 스토리라인을 보여 줍니다. 뉴욕의 그랜드 센트럴(Grand Central)이란 전철역이 나온다고 쳐요. 글자를 클릭하면 이곳의 정보를 줍니다. 독자가 그 책을 깊이 있게 이해할 수 있게끔 다양한 정보를 멀티미디어 환경으로 제공한다는 거죠. 사건이 벌어진 공간의 궤적을 추적해 주기도 하고요. 스토리라인을 구조나 도표로 보여 주기도 하고, 사건이 벌어진 장소 등 다양한 정보를 줍니다.

'에스프레소 북 머신'이라는 것도 있습니다. 조그만 프린터 모양의 북 머신에 읽고 싶은 책 이름을 입력하면, 그 자리에서 종이에 인쇄하고 제본까지 해 줍니다.

지금 사람들이 생각하는 미래의 책의 모습입니다만, 제가 보기엔 이 정도로 그칠 것 같지 않습니다. 단언하건대 10년 안에 여러분이 목격하실 새로운 책은 유저인터페이스가 이보다도 훨씬 강화돼 있고, 종이책과

e북의 장점을 다 합친 그런 형태일 겁니다.

왜 이런 책이 나오느냐고요? 세상의 책 중 95%는 1쇄조차 다 팔리지 않습니다. 그 종이가 다 나무에서 온 거잖아요. 종이책을 읽는 것이 지구에 죄스러운 날이 곧 올 겁니다.

유저인터페이스에 이은 두 번째 키워드는 소셜네트워크서비스(SNS)입니다. 왜 사람들이 여기에 열광할까요. 비즈니스 환경이 예전과 완전히 달라졌기 때문입니다. 이제는 물건만 사고파는 시대가 아닙니다. 물건을 사서 소유하는 것으로 끝나는 게 아니라, 물건과 함께 '경험'을 파는 시대에 살고 있어요. 〈아바타〉란 영화는 그냥 '영화를 봤다'가 아니라 '〈아바타〉를 체험했다'고 느끼는 거죠.

아이폰도 마찬가지입니다. 사는 것만이 아니라, 산 사람들이 팬덤(fandom)을 형성하고 앱스토어에서 앱을 다운받고 액세서리를 사고 경험을 나눕니다. 제주도의 올레길은 그 자체가 하나의 경험이자 상품입니다.

SNS는 사람들이 돈을 써서 얻은 경험을 잘 풀어놓을 수 있게 해 놓은 도구입니다. 그래서 거기에 나날이 정보가 쌓여가는 겁니다. 미국에는 스마트폰의 원조 격인 '블랙베리(Blackberry)'와 강력한 마약 '크랙(crack)'을, 합쳐 만든 '크랙베리 신드롬(Crackberry Syndrome·무선단말기 중독증)이라는 말이 있습니다. 위기의 순간에서조차 휴대전화를 손에서 놓지 못하는 증상을 가리킵니다. 왜 그렇게 되느냐, 사회적 명성이나 경제적 지위와 상관없이 내가 얼마나 많은 경험을 했느냐를 놓고 경쟁할 수 있기 때문입니다. 거기서는 사회와 다른 나만의 명성(reputation)을 누릴 수 있는 거죠.

"미래에는 누구나 15분쯤은 세계적인 명성을 누릴 수 있을 것이다." 인터넷이 등장하기도 전에 미국 현대미술가 앤디 워홀(1928~1987)이 했던 말입니다. SNS가 하는 일이 바로 그거죠. 누구나 다 그 안에서 어떤 방식으로든 굉장히 큰 파장을 일으킬 수 있습니다. 2008년 미국 시사주간지 〈타임TIME〉이 그 해의 인물로 '우리 모두(YOU)'를 선정하지 않았습니까? 여러분은 이력서에 '2008년 올해의 인물'이라고 써도 됩니다(웃음).

여담입니다만 '정말로 15분일까' 궁금해 한 물리학자들도 있었어요. 그래서 실시간 검색어 1위의 수명이 얼마나 가나 계산해 봤더니, 평균 37분간 유지되더랍니다. 앤디 워홀의 말을 SNS 버전으로 바꾸면 "사람은 누구나 37분쯤은 세계적인 명성을 누릴 수 있다"가 되겠군요.

구글이 최고의 서치엔진을 갖고 있다지만, 이제는 SNS가 구글을 위협하고 있습니다. 부산에 가려는데 그곳 맛집이 궁금하다 하면 예전엔 포털사이트를 검색했습니다. 지금은 트위터나 페이스북에 묻습니다. 그러면 부산 가는 사이에 답글이 주르륵 올라오지요.

가치 있는 정보의 성격이 달라졌다는 이야기입니다. 예전엔 전문가가 권위를 갖고 잘 기술한 내용을 정보라고 불렀습니다. 브리태니커 백과사전이 그 상징입니다. 지금은 '위키피디아(Wikipedia)'의 시대입니다. 다수가 집단지성으로 만든 정보가 전문가의 정보보다 때로는 유익합니다.

그런데 이제 그 시대를 지나서 '나와 인간관계를 맺는 사람들, 나와 비슷한 취향을 가진 사람들이 주는 정보'가 가장 가치 있는 시대가 되었습니다. 이를 테면, 자동차를 사려는 사람에게 "볼보는 정말 좋은 차다"라고 하면서 통계자료를 건네줍니다. 지난 3년간 일어난 교통사고 중 볼보 운전자나 탑승자가 숨진 케이스는 한 명뿐이라는 자료입니다. 그 순간 옆에 있는 친구가 "우리 아빠 친구가 볼보 탔다가 죽었는데" 하면 그 사람은 볼보를 사지 않습니다. 수많은 통계보다 가까운 사람의 말에 기울어집니다. 그 한 명이 설령 지구상 유일한 한 명이었더라도, 그 사람이 '우리 아빠 친구'라면 그 차는 위험하게 느껴집니다. 이런 인간관계를 잘 이용하는, 즉 '소셜'한 사람이 마케팅에 성공합니다.

'느낌'을 마케팅하는 시대이기도 합니다. 생활용품 회사 P&G의 남성용 향수 '올드스파이스' 광고입니다. 트위터로 상품에 대한 질문을 받은 뒤, 광고모델이 직접 대답하는 동영상을 올립니다. "누구누구 씨 안녕하세요. 참 좋은 질문입니다. 올드스파이스에는 이런 성분이 들어 있습니다." 제품에 대해 궁금한 걸 물었더니 광고에 나온 배우 신민아 씨가 "아, 정재승 씨 좋은 질문하셨네요" 대답해 주고, 그게 유튜브와 트위터와 페이스북에 깔린다고 생각해 보세요. 여신이 내 이름을 불러 주다니! 감동인 거죠.

반대일 수도 있습니다. 고객 한 명에게 잘못을 했지만 그 한 명의 트위터 팔로어가 10만 명이라면, 기업은 그 순간 '10만 명에게 불친절한 기업'이 됩니다. 케빈 스미스라는 미국 영화감독이 사우스웨스트 항공 이코노미석을 탔습니다. 자리가 좁다고 불평하자, 항공사는 이 사람을 비행기에서 내리게 했습니다. 스미스는 곧 트위터에 올렸습니다. "내가 뚱뚱하다는 건 안다. 오늘 나는 비행기도 타지 못할 만큼 뚱뚱한 사람이 됐다." 이 멘션은 수없이 되풀이되면서 뚱뚱한 사람들의 공분을 샀습니다. 융단폭격을 받은 사우스웨스트 항공은 웹사이트를 폐쇄했습니다.

제가 처음 트위터에 올린 '10월의 하늘'이라는 글이 있습니다. 5년 전 서산의 조그만 도서관에 초대받아 강연하러 간 적이 있어요. 그곳 아이들은 과학자를 한 번도 본 적이 없었습니다. 그래서 저를 막 만져 보고, 그땐 제가 완전 '소녀시대'였습니다.

작은 도시의 도서관에서 과학자가 아이들과 만나는 일을 해 봐야지 해서 "같이 할 사람 있으면 해 봐요"라는 멘션을 트위터에 올렸더니 300여 명이 손을 드셨습니다. 그래서 2010년 10월의 마지막 토요일 하루 동안 전국 29개 도서관에서 과학자들이 '강연 기부'를 했습니다. 그러면서 사람들이 자기가 있는 곳의 하늘을 찍어서 올렸습니다. 그걸로 작품을 만들어 웹에 띄웠습니다. 전국 3500명의 아이들이 그날 하루 강연을 무료로 들었고, 많은 이들이 감동을 받았다고 합니다.

그런 게 가능한 이유는 제가 트위터로 오랫동안 대화해온 사람이기 때문입니다. 만일 경향신문이 생전 커뮤니케이션을 안 하다가 갑자기 이 포럼에 와 달라 했다면 여러분은 여기 오지 않았을 겁니다. 신뢰할 수 있고 인간적인 네트워크가 사람을 움직입니다.

고객의 마음 ≠ 기업의 마음

기업의 목표는 사람의 마음을 읽고 원하는 것을 제공하는 거죠. 그런데 고객들은 사람마다 다른 뇌를 갖고 있습니다.

사람의 뇌의 무게는 1.4kg. 우리 몸의 2%밖에 안 되지만 우리가 음식을 먹고 만드는 에너지의 25%를 사용합니다. 생각을 한다는 건 에너지를 그만큼 사용하는 프로세스라는 거죠. 여러분, 운동을 하는데 살이 찐다는 건 그만큼 생각 없이 산다는 뜻입니다(웃음).

뇌의 뒷부분 절반은 오감으로 얻은 정보를 처리하는 일종의 인풋(input) 시스템입니다. 여섯 살까지 엄청나게 발달합니다. 유치원 아이들에게 춤추고 그림을 그리게 하는 건 이 부분을 발달시키기 위해서입니다. 6~12살에는 언어와 기억력을 관장하는 가운뎃부분을 발달시킵니다. 특출한 재능을 가진 아이들은 이 영역이 발달한 겁니다. 벽에 붙인 단어를 한 번 보고 기억하는 아이들, 숫자 계산을 순식간에 하는 아이들은 그 영역이 아주 발달한 거죠.

다른 영역, 전전두엽이라는 영역은 인간을 인간답게 만드는 고차원적인 기능을 수행합니다. 추석이면 TV 쇼에 나오는 어린 신동들이 암산을 잘 하는 것은 봤어도, "저는 임마누엘 칸트의 『순수이성비판』을 이해했어요"라고 말하는 건 못 봤잖아요.

이 부분은 13~18세에 주로 발달하며 25세까지 발달이 진행됩니다. 상황을 파악하고 어떤 행동이 적절한지 결정하는 곳이 여기입니다. 책을 깊이 있게 이해하고 창의적 아이디어를 내는 것, 의사결정, 도덕적 판단이 다 여기서 벌어집니다. 연쇄살인범의 제일 큰 생물학적 특징이 바로 이 부분의 크기가 작고 활동이 적다는 거죠.

유머감각도 여기서 만들어집니다. 썰렁한 유머를 하는 사람, 상황파악 못 하고 계속 썰렁한 유머 던지는 사람, 전전두엽 장애입니다. 50명당 1명꼴로 있으니 여기도 계실 거예요. 어릴 때 박치기 많이 했던 아이 굉장히 위험합니다. 30년 뒤 의사결정도 잘 못하고 썰렁한 유머만 하게 됩니다. 상황파악 못하고 경우 없는 행동을 하는 사람도 전전두엽이 망가진 겁니다(웃음).

그럼 전전두엽은 어떻게 하면 발달하느냐. 사춘기 때 교과과정은 대개 이 부분을 활용하게끔 만들어져 있습니다. 그런데 사교육이나 과외 선생이 하는 일은, 전전두엽을 써가며 혼자 끙끙대고 풀어야 할 것을 뇌의 가운뎃부분을 써서 풀게 만드는 겁니다. 문제의 유형을 파악하고 절차적으로 해결하면서 전전두엽을 써야 하는데 공식을 외우게 하여 가운뎃부분 암기력만 쓰게 하는 거죠.

그렇게 해서 좋은 점수를 받아 좋은 대학에 갈 수는 있습니다. 그런데 그런 사람이 의사결정자가 되면 위험합니다. 전전두엽을 써서 제대로 된 의사결정을 해 본 적이 없기 때문에, 엉뚱한 결정을 할 가능성이 높거든요. 전전두엽이 발달하려면 선생님이 가르쳐 준 대로 외워서 빠르게 문제를 푸는 것보다, 혼자 낑낑거리면서 두 시간에 세 문제 푸는 게 훨씬 좋습니다.

저는 본의 아니게 그런 편이었어요. 성실하게 공부하는 타입이 아니어서 어떤 문제이든 볼 때마다 새로웠습니다. 예를 들면 2차함수 배울 때, '이건 2차함수로 푸는 건가?' 하다가 미적분을 배우고 나면 '어, 미적분으로 풀어도 되겠네' 하면서 풀었어요. 같은 문제를 어떤 때는 기하학으로, 어떤 때는 미적분으로 풀었던 거죠.

나중에 생각해 보니 '이런 문제는 이렇게 풀어야 해'라고 기계적으로 풀었던 것보다 시간은 오래 걸렸지만 오히려 더 여유로웠던 것 같습니다. 생전 처음 보는 문제가 나오더라도 어떤 방식으로든 답은 나온다는 것을 아니까요.

전전두엽을 발달시키는 또 다른 좋은 방법은 여행, 독서, 사람들과의 대화입니다. 이 세 가지가 다 경험을 확장시켜 줍니다. 직접적인 것이든 간접적인 것이든. 어떤 문제를 창의적으로 해결한다는 것은 남들과 다른 방식으로 보는 겁니다. 그러려면 남들과 다른 경험을 가져야 합니다. 생물학적으로 타고난 건 어쩔 수 없다 해도, 남과 다른 환경에서 다른 방법으로 사고하는 걸 어릴 때부터 자연스럽게 배우면 남과 다른 사람, 창의적인 사람이 됩니다. 그런 의미에서도 여행, 독서, 만남이 중요합니다.

그런데 여러분이 알아야 할 또 하나는, 머릿속의 기억 즉 경험이 굉장히 불안정하다는 사실입니다.

네덜란드의 심리학자 다우베 드라이스마(Douwe Draaisma)는 "기억은 내키는 곳에 드러눕는 개와 같다. 때론 과장되고 왜곡되며, 대부분은 잊힌다"고 했습니다.

그럼 여기서 뇌로 가 봅시다. 기억은 경험과 학습이 뇌 속에 남아 만들어지는 결과물입니다. 그것은 나의 생존에 굉장히 필요한 것들이기도 하고요. 그래서 학습의 기록인 기억을 뇌에 오랫동안 보존하기 위해 우리는 기억을 잘 하는 메커니즘을 발달시키는 방향으로 진화해야만 했지요.

그런데 3만 년간 진화를 했는데도 인간의 기억은 여전히 아주 불안정합니다. 왜 그럴까요. 그 이유는 무엇이었을까요. 도무지 답이 안 나왔는데, 2005년에 기억이 왜 이렇게 불완전한가에 대한 실마리를 주는 획기적인 논문 몇 편이 나왔습니다.

그중 하나를 보면, 기억상실증 환자에게 여러 태스크(task)를 주는 실험이 있어요. 이들이 왜 기억을 상실했는가에 관한 실험입니다. 특히 기억 중에서도 오래전에 입력된 장기기억은 남아 있는데, 비교적 최근에 입력된 단기기억은 쉽게 잊힙니다. 왜 그럴까요. 기록돼 있기는 한데 인출이 안 되는 건지, 아니면 뇌 속에 남아 있지도 않은 건지 연구해 봤습니다.

기억상실증 환자로 하여금, 뭔가 머리로 상상하고 이미지를 떠올리게 했습니다. "당신은 일요일 오후 어느 해변에 서 있습니다. 앞에 무엇이 보이는지 1분 30초 동안 상상해 보시오."

여러분은 뭐가 보이세요? 옆에 썬 베드가 있고 여성들이 누워 있습니다. 연인들이 뛰어다니고 멀리서는 사람들이 즐겁게 쇼핑을 합니다. 수영하는 사람도 있고요. 해가 지면서 수평선이 노랗게 물들고, 구름이 있고, 고래가 물을 뿜습니다. 상상을 하기엔 1분 30초로는 부족해요. 바다 밑에는 상어도 있고, 바다거북을 타고 놀기도 해야 하니까요.

그런데 기억상실증 환자들은 전혀 다른 방식으로 말합니다. "앞의 바다가 파래요. 하늘도 파래요. 온통 다 파래요. 내 앞은 다 파래요." 1분 30초 동안 '파랗다'는 단어만 36번 이야기했어요. 이들도 썬 베드, 연인, 노을, 쇼핑, 수평선, 고래, 다 압니다. 여기서 중요한 것은, 과거의 기억을 잃은 이들은 앞으로 다가올 무언가를 머릿속으로 그리고 상상하는 능력도 잃게 된다는 겁니다.

바꿔 말하면, 우리가 뭔가 떠올리고 상상하려면 과거에 직·간접적으로 보거나 경험한 것들을 사용할 수 있어야 한다는 거죠. 기억이란 과거의 사실을 머릿속에 정교하게 적어놓은 기록이 아니라, 지금 이 순간 나의 현재 혹은 앞으로 올 미래를 끊임없이 예측하고 상상하는 데 필요한 '경험의 질료'입니다.

지금의 내 상태가 좋으면 과거도 거기 맞춰 재정립되고, 내 상태가 좋지 않으면 거기 맞춰서 과거가 재구성됩니다. 지금 잘 나가면 '내가 옛날에 힘들었지만 그래도 공부만 해서 좋았다, 그때 많은 걸 배웠지' 생각합니다. 지금 형편이 좋지 않으면 '도대체 대학이 해 주는 게 뭐야, 교수는 뭐 하는 사람이야' 하면서 대학 때 기억 중 자신의 현재에 맞는 기억만 떠올립니다. 기억이 과장되고, 심지어 왜곡됩니다. 좋았던 기억은 잊히는 거죠.

과거는 현재와 미래를 위해 끊임없이 재구성되는, 사람들 머릿속의 따끈따끈하고 말랑말랑하고 매우 유동적인 경험의 질료입니다. 또 사실은 그럴 때에만 의미가 있는 것이고요.

더 극단적으로, 생존에 필요하다면 오늘과 내일을 위해서 뇌가 과거의 기억을 지우기도 합니다. 대표적인 예가 '부인(否認) 증후군(Betrayer Syndrome)'입니다. 11~12세 초등학생이 아버지에게 지속적으로 성폭행을 당한다면, 아이의 뇌에는 성폭행 기억 자체가 남아 있지 않습니다. 그 기억을 간직하면 다시 집으로 돌아갈 수 없으니까요.

모르는 척 부인하는 게 아니라, 진짜 기억에 남아 있지 않아요. 그렇지 않으면 죽으니까. 결국 그 집에서 부양을 받아야 하는데, 거기가 지옥이라면 지옥이라는 기억을 스스로 지우면서 생존하는 거죠. 우리 뇌는 그런 구조를 갖고 있습니다. 과거는 사실을 기록하는 게 아니라 오늘과 미래를 위해 존재하기 때문에 불안정합니다.

사람은 합리적이지 않다

고객이 내 마음 같으려니 하지만 사람들은 내 마음 같이 행동하지 않습니다. 사람들은 합리적이지 않아요. 아주 쓸데없는 이유로 어떤 주식을 사기도, 팔기도 하죠. 때로 다른 동물이 우리보다 합리적으로 느껴지기도 하죠.

'최후통첩 게임'이라는 게 있어요. 앞에 계신 분, 윤소정 씨는 제안자가 되시고, 이소영 씨는 응답자가 되십시오. 룰은 간단합니다. 제가 소정 씨에게 1만 원을 드릴 테니 나눠 가지세요. 단, 몇 대 몇으로 나눠가질지를 소정 씨가 정하는 거예요. 소영 씨는 그 제안을 받아들일 건지 아닌지만 정하세요. 받아들이면 그 비율대로 드리고요, 소영 씨가 안 받아들이면 소정 씨도 돈을 못 받아요. 돈은 제가 진짜로 드리는 겁니다.

소정 씨, 어떻게 나누시겠어요? 5대 5라고요? 소영 씨는? 아, 받아들이겠다는군요.

자, 그렇다면 1만 원을 한 번 더 드릴게요. 이번에는 '독재자 게임'입니다. 소영 씨에겐 선택의 여지가 없어요. 소정 씨가 소영 씨에게 얼마를 줄지 결정하기만 하면 됩니다. 이번엔 소정 씨가 7대 3으로 갖겠다고 하는군요. 그럼 2만 원 중 소정 씨는 5000원에 7000원을 더 해 1만2000원, 소영 씨는 5000원에 3000원을 더해 8000원을 갖게 됩니다.

여러분, 경제학자들은 인간이 '개인의 이익을 극대화하는 합리적 동물'이라고 보았죠. 그 전제대로라면, 합리적인 인간은 몇 대 몇으로 나눌까요? 최후통첩 게임에서 소영 씨 입장이라면, 무조건 받는 게 이득이죠. 소정 씨가 한 푼도 안 준다 했더라도, 받아들이는 게 이득입니다. 착해 보이니까요. 그렇게 되면 사회적 명성이 올라가지요. 굳이 안 받아들인다 해서 소정 씨까지 못 받게 한들 내가 득을 볼 건 없어요.

하지만 9:1, 99:1로 주겠다 할 경우에 그걸 수용한다는 사람은 5%가 안 돼요. 왜 그럴까. 과학자들이 인도네시아에서 1997년에 1000만 원을 실제로 걸고 실험을 했어요. 900만 원은 내가 갖고 100만 원은 네가 가져라, 하는 제안을 48%가 거절했어요. 얼마가 되든, 공짜로 받는 돈이니 수용하는 것이 이익일 텐데도, 응답자의 절반이 거절한 겁니다.

그런데 신기하게도, 옆 사람이 9를 가지면서 나더러 1을 가지라 하면 안 받는데, 컴퓨터가 랜덤으로 나눠 주면 받아요. 컴퓨터를 돌려 내 몫이 10중 1이 나오면 수용한다는 겁니다.

사람의 뇌에는 뇌섬엽(insula)이라는 부분이 있습니다. 길 가다 누가 토해 놓은 걸 보면 활성화되는 영역입니다. 더러움을 인지하는 곳이죠. 최후통첩 게임에서 '10중 1만 가져라' 하는 제안을 받으면 바로 이 영역이 활성화됩니다. '더럽고 치사하다'고 인식하는 겁니다. 반대로 아주 이성적인 뇌의 작용도 있습니다. '배외측 전전두피질(dorsolateral prefrontal cortex)'이라는 부분인데요. '아무것도 안 받느니 1000원이라도 받아 지하철비 하지' 하는 사람들은 이 부분이 발달해 있는 겁니다.

뇌섬엽은 공정함, 즉 내가 다른 이들과 공평하게 대우받는지 모니터링하는 영역입니다. 아주 어릴 때부터 발달해요. 그래서 세상의 모든 자식들은 자기가 부모에게 차별을 받았다고 느낍니다. 어려서부터 우리는 자동적으로 자신이 평등하게 대우받는지 모니터링하기 때문에, 조금이라도 그렇지 않은 상황이 닥치면 그 불쾌함을 오랫동안 간직해요. 아주 어릴 때부터 사람들은 '내 부모가 나에게 덜 투자하는 것은 아닌가'에 민감하게 반응한다는 뜻입니다. 똑똑한 사람일수록 더 민감해요.

어린 학생들이 자신들에게 닥칠 불이익을 알면서도 사회적 불의에 항거하는 건 바로 저 뇌섬엽이 발달됐기 때문입니다. 불공정한 걸 참지 못하고 자신의 이익을 포기하면서 행동하는 거죠.

반대로 서른다섯 살이 넘어가면 배외측 전전두피질이 발달합니다. 내 감정을 조금만 죽이면 결국은 그게 이득이다, 하면서 다양한 상황을 고민하게 됩니다. 상사가 내게 인간적 모멸감을 줄 때 사표를 던지는 순간 활성화되는 것은 뇌섬엽이고, '조금만 참자' 하는 것은 배외측 전전두피질입니다.

이 사실을 잘 기억해야 해요. 여러분의 지위가 올라가 나중에 리더가 되면, 부하들은 여러분보다 젊기 때문에 뇌섬엽이 훨씬 더 발달해 있는 상태입니다. 그 마음을 헤아릴 수 있어야 합니다. 아랫사람들을 여러분의 기준보다 훨씬 더 공평하게 대하려고 노력해야 사람들이 따르게 되는 겁니다.

다시 최후통첩 게임으로 돌아가 볼까요. 재미있는 것은, 이 실험을 세계 곳곳에서 해 보니 결과가 다르더라는 겁니다. 개인주의가 발달한 나라일수록 제안자가 응답자에게 돈을 조금 주려하고, 공동체 문화가 발달한 곳일수록 돈을 더 나눠 줍니다.

이 게임에서 주어지는 돈은 기본적으로 불로소득이죠. 예상 밖의 불로소득이 있을 때 나누어 갖는 문화가 발달한 곳일수록 5:5로 나누겠다 하는데, 그런 사람이 많은 조직일수록 조직의 신뢰수준이 높아지고 만족도가 높아집니다. 경제학자들이 비합리적이라고 보는 행동이 많은 곳이 사실은 더 행복한 조직이라는 뜻입니다. 사람들이 더 만족스러워하고 신뢰수준도 높으니까요.

다시 말해 이것이 훨씬 고도로 합리적인 행동일 수 있다는 겁니다. 그러니 '인간은 이익을 좇는 동물'이라는 경제학자들의 개념만으로는 복잡다단한 사람들의 속내와 결정과정을 이해할 수 없습니다. 그래서 사람의 마음을 헤아리는 것이 중요합니다.

한 가지 예를 말씀드리겠습니다. 뱅크 오브 아메리카(BoA)가 첫머리에 얘기한 아이디오라는 회사와 함께 사람들의 행동을 밀착 관찰했습니다. 그랬더니 어릴 땐 잔돈을 잘 쓰다가도 스무 살, 서른 살 넘어가면 잔돈을 쓰는 걸 꺼린다는 겁니다. 특히 남자들은 3200원짜리 커피를 마시면, 주머니에 동전이 있어도 지폐로 4000원을 내요. 거스름돈 800원을 대충 주머니에 넣은 뒤, 사무실이나 집에 오면 계속 어딘가에 담아요. 그게 쌓이는 걸 보며 흐뭇해 하다가 어느 정도 되면 한 번에 지폐로 바꿔요. 그래서 10만 원이 나오면 목돈 탄 것처럼 즐거워합니다.

그래서 BoA는 계좌를 만들었어요. 계좌를 개설하면 카드를 주는데, 3200원짜리 커피를 마시면서 4000원 지폐를 내면 거스름돈이 내게 오는 대신 계좌로 들어갑니다. 동전이 쌓이는 셈입니다. 돈이 어느 정도 쌓이면 월급 계좌로 이체해 줍니다. 그냥 내 돈이지만 목돈 생긴 느낌이 듭니다. 사람의 행동을 알고 상품을 만드니, 5년간 1400만 개의 신규계좌가 생겼어요. 이런 게 '인간 중심의 혁신(human-centered innovation)'입니다.

제가 몇 년 전부터 기업컨설팅을 하는데, 모든 회사들은 잘 나가든 아니든 문제점을 안고 있어요. 그런데 대개는 문제를 바깥에서 찾아요. 원인을 밖으로 돌려요. 그러면서 해결책은 내부 사람들끼리 찾으려 해요.

불행하게도 진실은 그 반대입니다. 대부분 문제는 안에 있는데, 문제를 가진 사람들이 모여서 해법을 찾는 식입니다. 비슷한 배경과 비슷한 경험, 비슷한 지식을 공유한 내부자들끼리는 좋은 해결책을 찾을 수 없습니다. 전임자가 했던 빤한 방식이 아닌 획기적인 해법은 밖에 있습니다.

여러분은 조직의 리더가 됐을 때 문제의 원인을 밖으로 돌리는 어리석음을 범하지 말고, 안에서 찾는 현명한 분이 되십시오. 그 대신 해결책은 항상 멀리서, 완전히 새로운 곳에서 찾기 바랍니다. 오늘 저는 그중의 한 곳으로, 여러분이 만족시켜야 할 뇌에서 솔루션을 찾으라고 제안했습니다.

사람 행동의 중추인 뇌를 알면 문제의 실마리를 찾을 수 있습니다. 사람의 머리를 알고 마음을 헤아리는 리더가 되길 바랍니다. 감사합니다.

■ **보통 '욱한다'고들 하지요. 욱하고 나면 자괴감을 느끼게 되지만 정작 욱할 때에는 조절이 되지 않습니다. 그런 감정조절은 어디서 하는 걸까요.**

삶이 묻어나는 질문이네요(웃음). 뇌 안쪽에 달팽이 같이 빨간 부분이 있어요. 이게 원시적인 뇌입니다. 다른 동물들은 대개 이것만 있어요. 생존에 필요한 기능만 모여 있는 거죠. 그 옆에 날개처럼 생긴 부위는 감정을 표상하는 곳입니다. 낯선 이를 보면 무서워하고, 공포를 느끼고, 화가 나고 분노를 느끼고 하는 감정들이 저기서 표상되지요. 대부분 생존과 관련된 겁니다.

욱하는 것도 화를 표현하는 겁니다. 난폭해서라기보다 스스로를 나약하다고 생각하는 사람이 욱합니다.

예를 들면, 호랑이와 치와와가 만났을 때 어느 쪽이 짖을까요? 호랑이는 화를 낼 이유가 없어요. 잡아먹으면 되는 거죠. 상황을 완전히 통제할 수 있는 사람은 화를 낼 이유가 없어요.

화를 내는 것은, 그것 외에는 할 수

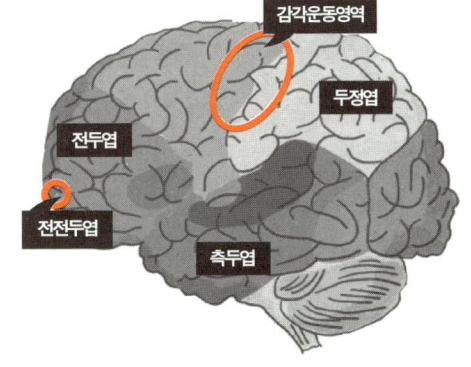

있는 게 없기 때문입니다. 화를 냄으로써 내가 가진 것 이상의 생존능력이 있는 것처럼 보이게 하려는 거예요. 평소 화를 잘 내는 남자들은 '찌질하다'고 보시면 됩니다. 사회적 지위가 낮거나 열등감 있는 사람들이 집에서 화를 냅니다. 강한 남자인 척하는 유일한 방법이기 때문에.

뇌의 가운뎃부분에는 쾌락의 중추가 있습니다. 그곳을 자극 받으면 오르가즘을 느낍니다. 초콜릿이나 사탕, 어른들의 경우 술이나 담배, 섹스, 마약이 모두 이곳을 자극합니다. 동물들은 이곳을 자극 받기 위해 삽니다.

뇌 앞부분 전전두엽에 고차원적인 '수퍼에고(super-ego)'가 있습니다. 이렇듯 뇌에는 도덕적, 합리적 판단을 내리는 영역이 있는가 하면, 욕망만을 표상하는 원시적인 영역이 있습니다. 둘 사이의 상호작용으로 사람의 이성과 감정이 발현됩니다.

■ 뇌는 25세까지 발달한다는데, 그 이후에는 전혀 발달하지 않는 건가요?

전전두엽이 발달하는 것은 25세 이전까지입니다. 그 이후부터는 죽어가는 뇌세포가 새로 만들어지는 뇌세포보다 훨씬 많습니다. 지구에 살고 있는 사람 수만큼의 뇌세포가 있는데, 매일 강남구민 정도의 숫자가 되는 뇌세포가 죽어간다고 보시면 되겠네요.

하지만 나이가 들어서도 뇌세포가 만들어지기는 합니다. 다만 그 수가 어릴 때에 비해 적다는 겁니다. 만들어지는 뇌세포 수는 신사동 동민 수 정도? 그러니까 죽어가는 뇌세포가 상대적으로 많은 거죠.

기억력 쪽의 뇌세포는 현저히 죽어가는 반면, 새롭게 만들어지는 건 전전두엽 쪽 세포입니다. 그러니까 나이가 들수록 깜박깜박 기억을 못하는 것은 자연스러운 일입니다. 기억력은 떨어지더라도 전전두엽이 발달하기 때문에, 전체를 보고 핵심을 짚고 의사결정을 하고 경험을 살리며 판단을 잘 할 수 있는 거죠. 리더들은 전전두엽을 굉장히 잘 활용하는 사람들입니다.

■ **남성들이 욱한다 하지만, 직장에서 감정조절을 잘 못하는 여성들도 많습니다. 일이 잘 안 풀리면 화내고, 히스테리컬하게 군다는 거죠. 여성이 남성보다 감정조절이 잘 안 되는 건가요?**

여성들이 화를 많이 내는 것은, 바꿔 말하면 관계를 더 중시하기 때문입니다.

화를 낼 때는 왜 소리를 지를까요? 사람들이 자기 말을 듣고 있지 않다고 생각하기 때문입니다. 메시지를 전하려는 마음에서 목소리를 크게 내는 겁니다. 그 사람 마음이 멀리 있다고 느껴지기 때문에 큰 소리로 말을 하는 거예요. 연인들은 아주 작은 목소리나 몸짓으로도 커뮤니케이션을 합니다. 반면 소리를 지르고 화를 잘 내는 사람도 있습니다. 그런 빈도가 높은 사람들은, 마음의 거리를 남보다 더 멀게 느끼는 사람일 가능성이 높습니다.

남자들은 마음의 거리를 잘 못 느껴요. 평소와 비슷하게 행동해도 여자들은 상대의 몸짓이나 말투의 미세한 차이로 자신과 상대의 마음의 거리를 재고 거기 맞춰 목소리를 키우곤 합니다. 그러니 남자들보다 감정적으로 보이는 거죠.

관계를 지향한다는 건 좋은 일입니다. 하지만 목소리가 높아진다고 마음의 메시지가 잘 전해지는 건 아닙니다. 그걸 깨닫는다면 목소리를 크게 하는 대신 마음의 거리가 가까워지도록 노력하겠죠. 톤을 오히려 낮추고 상대가 내 메시지를 들으려 다가오게 만드는 것. 그것이 커뮤니케이션입니다.

워너비알파레이디 TIP

여성의 뇌 vs. 남성의 뇌

『화성에서 온 남자 금성에서 온 여자』라는 책이 유행한 적 있었다. 남성과 여성은 타고난 성격과 취향이 '행성 간 차이'에 버금갈 정도로 크다는 얘기다. 정말 남녀는 날 때부터 다른 걸까? 그렇다면 남녀 간 생물학적 차이는 어떻게 시작될까? 또한 다르다면 얼마나 다른 걸까?

성별은 유전자와 호르몬의 조합으로 결정된다. 여기에 교육과 환경 등 사회적 조건이 더해져 사람의 성격과 인지능력이 결정된다. 이렇게 성별이 갈린 뇌는 호르몬 분비가 왕성한 사춘기를 거치면서 여성성과 남성성을 더해간다.

일반적으로 남성이 여성보다 뇌가 더 크고, 뇌의 신경세포 수도 많다. 18~19세기 유럽의 우생학자들은 '뇌의 크기'를 들어 남성이 여성보다 우월하다고 주장했다. 여성뿐 아니라 아프리카계(흑인), 동성애자, 중남미와 아시아의 '원주민'들은 뇌가 백인남성보다 작은 '열등한 존재'로 규정됐다. 그러나 뇌 크기가 사고능력과 행위능력을 결정하는 것은 아니다. 오늘날까지 저런 우생학적인 주장을 하는 학자는 없다.

남녀 간, 혹은 인종·민족 간의 차이보다는 뇌의 '개인적인 차이'가 훨씬 크기 때문에 특정 집단의 생물학적 특징을 말하는 것은 의미 없는 일이라고 과학자들은 말한다. 하지만 남녀의 생물학적 특성에서 나오는 '경향'은 존재한다. 남자는 이렇다, 여자는 저렇다는 것이 아니라 '남성들 중에는 이러한 사람이 많은 반면 여성의 경우엔 저러한 사람이 많다'는 의미의 경향성이다.

남성의 경우 여성보다 흔히 말하는 '언어·수리(數理)·이성적 영역'을 관장하는 좌뇌가 발달된 사람이 많다. 반면 여성은 감성적 영역을 관장하는 우뇌가 좌뇌와 비슷하게 발달하는 경향을 보인다. 통계적으로 봤을 때

알아두면 좋은 뇌 이야기

그렇다는 것이지 성별의 차이는 아니며, 환경에 따라 후천적으로 뇌의 역량이 달라진다. 여성 혹은 남성으로서의 경험이나 성역할에 따라 뇌가 활성화되는 패턴이 변화한다는 뜻이다.

사랑을 할 때나 사회생활을 할 때 여성은 남성에 비해 '관계'에 초점을 맞춘다. 여성의 뇌는 얼굴표정을 읽고 목소리 톤을 분석하여 사람들과의 관계를 조절하는 데에 탁월하다. 감정과 관련된 변연계가 크기 때문에 상대의 감정을 잘 느끼고, 그래서 남의 불행이나 슬픔, 기쁨에 쉽게 공감한다. 그래서 인간관계에 대해 조언·상담을 해 주는 데 유리하다. 육체적으로 강한 남성에 비해 여성들은 대화로 풀어가는 것이 이득이 되고, 거기에 유리한 방향으로 진화해 온 것이라고 할 수 있다.

남성은 여성보다 뇌가 크고 신경세포가 많다고 했지만, 좌뇌와 우뇌를 연결하는 신경섬유는 여성보다 적다. 그래서 정서에 관한 정보가 언어를 담당하는 좌뇌로 잘 전달되지 않는다. 남성들이 자신의 정서를 표현하는 데 어려움을 느끼곤 하는 것도 이 때문이다. 또 여성은 '멀티태스킹'이 가능한 반면, 남성은 한 번에 하나씩 일처리를 한다. 여성은 좌뇌와 우뇌를 연결하는 '정보의 다리'가 남성보다 넓기 때문에 친구와 수다를 떨면서 옆 테이블 사람들이 하는 말을 들을 수 있고, TV를 보면서 손으로는 다른 일을 할 수도 있다. 좌뇌와 우뇌의 연결이 원활하다는 것은, 그때그때의 상황을 미루어 알아내고 머릿속에서 주변상황과 과정을 체계적으로 그려내는 능력이 뛰어나다는 얘기다.

여성들이 일반적으로 갖고 있는 이런 강점을 직장에서 살린다면 뛰어난 성취를 보일 수 있다. 남성과 다른 방식의 소통, 격려, 자극을 통해 동료와 상사들에게 신뢰를 받고 후배들에게는 의지할 수 있는 리더가 될 수 있다.

전투병과 첫 여성장군 · 송명순

남성중심사회에서

여성들이배워야

할 밀리터리리더쉽

송명순은 1981년 여군 29기로 임관해 창군 60년 만에 최초로 전투병과 출신 여성 장군에 올랐습니다. 이후 특전사령부 여군 대장, 육군 정보학교 영어학 교관, 육군 여군대대장, 육군 여군담당관, 육군 훈련소 제25교육연대장, 제2작전사령부 민사심리전과장, 한·미연합사 민군작전계획과장, 합참 민군작전과장 등을 두루 거쳤습니다.

국방부 송명순 준장입니다. 포럼 제목이 '알파레이디 리더십'이잖아요. 저는 2008년에 '알파걸'이라는 용어를 처음 들어 봤습니다. 이번에 저를 강사로 초청한다고 경향신문에서 보내온 공문을 보니 '명성 있는 분이나 해당 분야 전문가를 모셔 세상살이의 지혜를 배우고자 한다'고 해서 조금 뜨끔했습니다. 명성, 전문성, 세상살이, 멘토(mentor). 사실 다 무거운 단어잖아요. 저에 대해서는 '진취적인 기상을 가진 훌륭한 여성의 롤 모델로서, 개척자 정신으로 쌓은 인생의 지혜를 나눠줄 것'이라고 쓰셨더라고요.

제 인생 30여 년을 뒤돌아보면서, 또 쉽게 접근하기 어려운 군 조직 문화에 대해 공유하자는 대목에서 조금 자신감이 생겼습니다. 제 경험을 나눠 줄 수 있겠다 싶었습니다. 저는 여기 오신 여러분들이 이미 알파레이디의 자격을 갖추고 있다고 생각합니다. 여러분이 이 사회, 국가의 젊은 리더들이라고 생각합니다.

전투병과 최초 여성 장군, 혼자 이룬 게 아니다

저는 올해 1월 1일 장군으로 진급했습니다. 전투병과에서 최초로 여성 장군이 된다는 게 큰 반향을 일으킬 줄 몰랐고, 진급한 날 10분 정도 언론과 인터뷰를 한 뒤 업무로 복귀했습니다. 승진을 전혀 기대하지 않았기 때문에 저를 진급시킨 군과 국가에 봉사하는 마음으로 인터뷰를 했는데, 다음날 신문을 보니 소설책이 한 권이더군요. 기사를 보고 앞으로 보은의 뜻으로 봉사해야겠다고 마음을 먹었습니다.

저는 58년 개띠에요. 그간 살아온 53년 중 22년을 바깥에서, 30년을 군에서 생활했는데 제가 갖고 있는 네트워크에 늘 감사하고 빚지고 있는 마음입니다. 항상 기다려 주고 격려해 주는 분들에게 은혜를 갚아야 하는데, 그걸 못 하고 여태까지 온 느낌이 들었어요. 승진하고 인터뷰 기사가 나오니 지인들에게 빚을 갚았다는 안도감이 먼저 들더군요. 잠시나마 그들을 행복하게 만들었다는 행복감을 느꼈습니다.

제일 첫 반응은 여군 선후배들에게서 나오더군요. 여군이 만들어진 것은 6·25 전쟁 때인데, 당시 주로 선생님들이 여군이 됐습니다. 그들이 가르친 제자들이 학도병으로, 군인으로 전쟁터에 나갔던 것이죠. 이제 그분들 연세가 여든이 넘었습니다. 그분들을 뵈면 지금도 차렷 자세를 하는데요. 경례도 쩌렁쩌렁합니다. 선배들께서 제게 "우리가 60년 기다려왔던 숙원을 풀어 줘서 정말 고맙다"고 격려해 주셨습니다.

여군이 지금 6000여 명이 넘는데요. 후배들은 제게 이런 메시지를 줬습니다.

"선배님, 저희들에게도 희망을 주셔서 감사합니다. 남자 위주의 집단에 끝이 보이지 않고 오리무중 같았는데 선배님이 저희에게 터닝 포인트를 마련해 주셨습니다. 일만 잘 하면 선배님처럼 될 수 있다는 희망을 주셔서 감사합니다."

지금부터 시작이라는 생각을 버리지 말고 역할모델로서 지표가 되어 달라는, 또 조직을 위해 어떤 역할을 할지 끊임없이 고민해 달라는 주문이 이어지더군요. 물론 늘 생각했던 것이기는 하지만 선후배들과 여성계에서 큰 반응을 보이니까 부담스럽기도 했습니다.

여성계는 남성 위주의 군 사회에서 성적으로 동등하게 인정받고, 완전한 한 명의 군인으로 자리매김한 것을 반기는 모습이었습니다. "우리 모두는 당신을 자랑스러워합니다"라고 하더군요.

또 마음으로 받아들이기 편한 반응은 시장, 슈퍼마켓, 사우나에서 만나는 아주머니들이에요. 헬스장에서 만나면 그분들이 "우리들의 꿈을 대신 이뤄 주어 고맙다"고 합니다. 그분들 중에는 좋은 학교를 나와 좋은 사람을 만나 결혼하고 아이를 키워가는 분들이 많습니다. 예전에 여군이 되고 싶었지만 많이 생경하던 때여서 감히 군대에 가려는 용기를 내지 못했다고, 그래서 생각만 하고 못 갔다고 말씀하시더라고요. 그런 이야기를 들으면서 저는 '뭔가 이루어냈구나' 하는 생각을 하게 됐죠.

남자들은 어떤 반응을 보였을까요. 사실 크기가 정해진 파이를 나눠 먹는 거잖아요. 제가 이걸 먹으면 남자들은 못 먹는 거죠. 그들에게는 제가 치열한 경쟁자임에도 불구하고, 역시나 축하와 격려를 많이 해 줬어요. "좀 늦은 감이 있다", "이제 정말 진정한 경쟁 구도 안에서 건전하게 게임을 해 볼 기회와 시기가 왔다"고 하더군요. "남성조직인 군 조직이 경쟁력 있게 바뀌려면 여군 조직이 성장해야 한다"고도 하고요.

그로부터 이제 6개월이 지났습니다. 저 나름대로 반성을 해 보는데요. 내가 군 조직의 새로운 가치를 창조하기 위해 뭘 하고 있는지 고민하게 됩니다.

더욱 넓어지는 여군의 세계

1981년에 군에 들어왔으니 이제 딱 30년이 됐습니다. 당시 여군이 900명 정도였어요. 장교 100명, 부사관이 800명쯤 됐었죠. 그때는 여군 장교를 보기가 힘들었어요. 저는 대구에서 대학을 졸업하고 여군 장교가 됐는데, 군복 구경도 못하고 왔어요. 뭐, 아무 생각 없이 군인이 된 거죠.

당시에는 군인이 국가적인 행사에 늘 동원됐어요. 군부가 집권한 때였으니까요. 저는 의전이나 경호 업무를 주로 담당했죠. 86~88년 우리나라가 선진국으로 도약하던 때에는 통역, 의전, 경호, 행정지원 등의 업무를 주로 했습니다. 군 홍보를 많이 한 셈입니다.

90년대에 국제화, 세계화가 화두가 되면서 "지구의 절반이 여성이니, 여성의 우수함을 적극 끌어내자"는 이야기가 많이 나왔습니다. 군도 그런 분위기에 힘입어 여군을 많이 받아들였습니다. 90년대부터 여군이 늘어나기 시작했어요. 제가 응시할 땐 2년에 한 번 20명을, 그러니까 1년에 7~12명 정도를 뽑았는데 90년대부터 연간 35명, 50명, 70명으로 점점 늘어나는 거예요. 90년대 후반에는 육·해·공군사관학교까지 보태지면서 점점 더 늘었죠. 경쟁력은 해병대가 제일 셉니다. 여자들이 해병대에 와서 견딜까 싶죠? 그런데 남자들보다 더 독합니다.

병과(兵科)가 6개 있는데, 2000년대 들어 전투병과에도 여군이 기하급수적으로 늘어나기 시작했습니다. 2010년부터는 여성들에게 학생군사교육단(학군단·ROTC)의 문도 개방했잖아요. 직업군인이 아닌 단기장교 양성이 법으로 정해져 있어요. 내년부터는 대학마다 할당량을 늘릴 겁니다. 획기적으로 변화할 거예요.

군에 들어와서 저의 주 업무는 의전, 기획계획, 작전교육, 교관, 한미연합훈련 연습장교 등이었습니다. 제가 점수를 많이 얻었던 분과는 민·군

작전 분과였어요. 민간을 위해서 군사작전을 하는 겁니다. 오늘 같이 비가 많이 오면 수해지역에 군 장병들이 나가잖아요. 폭설 때 무너진 비닐하우스를 세우고 구제역 방제해야 할 때 군이 나가는데 이게 다 '평시 민·군 작전'이에요. 전시(戰時)에 교전이 발생할 때 총을 들고 싸우는 전투부대는 적을 많이 살상하는 것이 목적입니다. 그런데 민·군 작전 부대는 교전기간 민간인들이 보호받을 수 있도록 의료지원을 해 주고, 불순분자들이 민간인들 사이에 섞이지 않도록 색출하고, 무기가 불법으로 유통되지 않게 회수하는 역할을 합니다.

얼마 전에는 북대서양조약기구(NATO·나토) 군이 이라크에 오폭을 했습니다. 그런 일이 생기지 않도록, 주민들이 밀집해 있는 지역은 전투지역에서 제외하도록 하는 것이 민·군 작전입니다. 교전 중 싸우는 것 이외의 모든 작전이 민·군 작전입니다. 지진이 일어난 아이티에 파견됐던 군대나 최근에 이라크에서 철수한 '자이툰 부대'도 민·군 작전을 하러 갔던 겁니다. 저는 레바논, 아랍에미리트연합(UAE) 등 조금 색다른 곳의 부대에서 일을 했는데 그것도 진급에 도움이 된 것 같습니다.

지금 저는 국방정보본부에서 해외작전을 담당하고 있습니다. 외교통상부나 국정원 등과 연계하면서 해외정보 파트를 맡고 있는데요. 주변국과 국제정세를 분석하고, 우리 무기체계와 관련해 미국·중국·러시아·일본 등 한반도 주변 4강의 정책을 분석합니다. 국방정책, 외교, 군수, 무기 거래, 해외 정보 지원 문제, 각국 대사관이나 군인 통제, 해외 대사관에 나가 있는 우리 군인을 지원하는 문제 등이 우리의 일입니다. 얼마 전 소말리아 해적에 납치된 한진 텐진 호를 우리 해군이 구출했는데, 소말리아 부근 아덴 만(灣)에서 벌이는 해적 소탕작전을 지원하는 일도 합니다.

사실 이런 일은 군이 전통적으로 해왔던 역할은 아닙니다. 군의 전통적 역할은 무조건 싸워 이기는 것이었습니다. 그런데 대(對) 테러 전쟁이 국지분쟁으로, 민주화 시위가 내전으로 바뀔 때가 있다 하더라도 지금 전면전으로 남의 나라를 점령하는 멍청한 전쟁은 거의 없습니다. 군이 전쟁을 준비하고 전쟁을 위해 훈련하는 조직이기는 하지만 지금은 군에도 사회적 역할이 새롭게 주어지고 있습니다. 그 한가운데에 여성들이 있습니다.

최초로 이라크에 파병을 하는데, 지역이 중동이잖아요. 이라크에 전투부대 위주로 보냈더니 작전을 수행할 수가 없는 겁니다. 전쟁의 가장 큰 피해자는 여성과 노약자입니다. 그들과 의사소통을 해야 하는데 남자들이 가니 그게 됩니까. 그래서 자이툰 부대에 여군 인력을 계속 늘렸더니, 민·군 작전을 성공적으로 수행했다는 평가를 받았습니다. 이후 저희들의 사례가 교본처럼 회자됐습니다.

군의 전통적 역할보다 이러한 '사회적 역할'이 필요해지다 보니 여성인력이 할 일이 많아지는 겁니다. 군 조직이 터프하고 메마른 건 사실입니다. '무력으로 싸워 이긴다'는 명제만 놓고 봤을 때에는 여성에게 어려워 보이지만, 현대의 전장 환경은 훨씬 정밀합니다. 또한 상상이 안 될 정도로 발전하고 있습니다. 지금은 원하는 시간과 장소에서 목표만을 살상합니다. 지하 벙커를 파괴할 때에도 벙커 안의 중심 시설을 골라 부술 수 있을 정도로 정밀합니다. 어디를 타격해야 시설이 무력해질 것인가, 그게 사람이든 시설이든 정밀하게 저격하는 것이 요즘의 전술이에요.

전부 다 머리싸움이죠. 정확하게 판단하고, 목표물을 정확하게 식별하고……. 그렇게 되다 보니, 남성들에겐 미안하지만, 여성들이 해야 할 역할이 많아지는 겁니다. 머리로 싸우는 것이기 때문에, 우리 여성들도 충분히 싸울 수 있는 거지요. 군이 남성 위주의 집단이기는 하지만, 여성의 섬세한 특성이 잘 반영될 수 있는 환경으로 변화하고 있습니다. 앞으로 여군을 확대하지 않으면 안 될 것이라 생각합니다.

여성특유의 리더십이 '남심'을 흔든다

30년간 군 생활을 했지만 '나의 리더십은 무엇이다', '이렇게 해야지' 하는 생각은 없었어요. 틈만 나면 제대하려고 했어요. '수틀리면 한 번 들이받고 그만두자, 내가 왜 이 고난의 길을 걷고 있나' 이런 생각을 했던 게 한두 번이 아닙니다. 야근이 있으면 애 맡길 곳이 없죠. 동료 군인인 남편도 챙겨야 하죠. 그럴 때마다 '누가 나를 붙잡는 것도 아닌데 왜 이 짓을 하나'라는 생각, 정말 많이 했습니다.

그런데 20년이 지나니까 조직에 대한 책임감이 생기는 겁니다. 출근하면 '앞으로는 지금보다 조금 더 행복해질 수 있겠구나'라는 생각이 드는 겁니다. 천직이라는 게 그런 것 같아요. 남들과 비교하지 않고 스스로 몰입하면 되는 것이죠.

리더십에 대해 처음엔 생각도 못했어요. 나를 간수하기도 힘든데 주변을 돌아보며 리더십을 발휘한다는 생각을 하기가 쉽나요. 그런데 학자들이 말하는 리더십에 딱 부합하진 않지만, 돌아보니 몇 가지 정도는 제가 비슷하게 실천하고 있더라고요. 그러니까 뭔가 의무감이 생기면서, 이게 바로 리더십이구나 하는 생각이 들었습니다.

우리 군이 65만 명인데 그중 10만 명이 직업군인이고 85%는 의무 복무하는 장정들이에요. 다들 신성한 병역의 의무를 다하기 위해 왔잖아요. 그런데 제가 임관해서 사무실에 가 보면 군대에서 두들겨 맞은 이야기, 먹을 것 못 먹은 이야기만 하더군요. 전투병들의 존재감이 없는 거예요. 저는 조직이 융합되려면 85%에 해당하는 전투 병력을 떠받들어야 한다고 생각했어요.

그런데 남자들이 사람 다루는 게 서툴러요. 일을 시킬 때도 그렇습니다. 다른 일을 시키면 좋은 구성원이 될 사람인데, 당장 시킨 일에 맞지 않는다면서 그들을 군에 반감 갖는 사람들로 만들죠. 하지만 우리 여성들은 특유의 감각이 있습니다. 그들을 친군(親軍) 세력으로 만들어야죠. 그게 조직을 융합시킬 수 있는 가장 큰 구심점이니까요. 그런 능력도 어떻게 보면 남이 가지지 못한 나의 리더십이라는 생각이 들었습니다.

여자들은 유연하게 상호작용하는 걸 중시하잖아요. 아들을 늦둥이로 낳아 지금 고등학교 1학년입니다. 아이가 말썽을 피운다고 쳐요. 이건 아이들의 정상적인 발달과정으로 보면 되는 겁니다. 그런데 아빠들은 체면을 먼저 생각해요. 혼부터 냅니다. "이 자식이 말이야. 그러려면 집에서 나가." 이런 식이죠. 엄마들은 달라요. 일단 소명할 기회를 주는 거예요. 그게 '경청 리더십'이에요. 아이의 이야기를 먼저 들어주고, 그 다음에 내가 말하는 겁니다. 소명할 기회를 주고, 품으로 돌아올 기회도 주는 겁니다.

제가 연대장을 할 때, 담벼락 하나를 사이에 두고 민간인에서 군인이 된 아이들이 들어옵니다. 엄마가 아침에 깨워야만 일어나는 애들, "엄마 밥 줘" 하던 애들입니다. 앞으로 어떤 미래가 펼쳐질지 모르니 불안한 상태로 군에 들어오죠. 눈만 돌려도 조교가 혼내지, 누구도 가까이 다가와서 따뜻하게 마음 다독여 주는 사람이 없어요. 그런데 여성들은 상호관계에 굉장히 강해요. 그래서 훈련병 교육기관에 여군들이 많이 배치돼 있어요.

사회에서 "여교사들이 많아서 남학생들이 나약해졌다"고 하는데 저는 그렇게 생각하지 않습니다. 여성들은 조직 구성원의 이야기를 잘 들어줍니다. 잘 들어준다는 것은 민주적 성향이 있다는 뜻입니다. 그 부분은 여성들이 훨씬 강합니다. 여성들은 퍼즐을 맞추듯 전체적인 상황을 보며, 융화력과 통합력이 뛰어납니다. 반면에 남자들은 임무가 주어지면 '완제품'을 먼저 머리로 그리는 걸 잘 합니다. 그리고 위기대응력이 좋죠.

여성 리더십, 어떻게 발휘해야 하나?

리더에게는 능력과 인격이 있어야 해요. 여성들은 여성 특유의 리더십을 충분히 살리는 것이 중요합니다.

첫째 '비전'이 있어야 합니다. 앞일을 볼 줄 아는 사고력이 있어야 하죠. 둘째, 비전을 구체화하고 현실화할 수 있는 '추진능력'이 있어야 합니다. 셋째 '문화적 이해력'이 있어야 해요. 서로 다른 것을 '틀렸다' 하지 말고 '다르다'고 이야기할 수 있어야 합니다. 남성과 여성, 조직과 조직, 국가와 국가의 다른 점을 이해하고 받아들이려고 노력해야 합니다.

넷째, 사회적 관계 속에서 소통하고 포용하고 배려하는 것이 중요합니다. 남자들은 '여성의 적은 여성이라더라' 하는 편견을 갖고 있더군요. 여성들은 후배를 키우지 않으려 한다, 이렇게들 생각하는데 사실이 아닙니다. 후배의 장점과 강점을 알아서 조직에서 잘 발휘할 수 있게 해 주고, 약점은 보완할 수 있도록 하는 능력이 있죠.

다섯째 '정체성'을 유지해야 합니다. 남성을 따라하는 것이 성공하는 것이라고 믿는 분들이 가끔 있어요. 넥타이에 바지, 아무 데나 앉아서 소리를 지르는 게 남성과의 경쟁에서 이기는 것이라고 믿는데, 그것은 스스로 정체성을 버리는 것입니다. 여성성은 남성과 '다른 것'이지 '틀린 것'이 아니죠.

여섯째 '인격'이 중요합니다. 더불어 사는 지혜가 필요해요. 혼자서는 못 살잖아요. 반듯하고 성실하게 살면서 용기와 겸손, 포용의 미덕을 갖춰야 합니다.

제가 조직 생활을 하면서 신조라고 생각해 왔던, 마음속에 놓지 않고 있는 게 있어요.

내가 여자이고, 조금만 일해도 인정받을 수 있다는 생각을 하던 때가 있었어요. 90년대까지는 그랬던 것 같아요. 하지만 '여자이기 때문에 이런 부분은 용서가 될 것'이라는 생각은 아예 하시면 안 됩니다. 내가 가진 능력을 최대로 발휘하고 나의 장점을 보태 성과를 최대화해야 합니다.

처음에 지금의 보직을 받았을 때는 6시간 동안 문서만 보니 눈이 빠질 듯했어요. 안경도 두 번이나 바꿨고요. 여러분이 '여자이니까'라는 생각을 하는 순간, 군 조직뿐 아니라 다른 어떤 조직에서도 살아남을 수 없어요.

또 하나 이야기하고 싶은 것은 가정생활입니다. 사람이 직업을 갖는 목적은 여러 가지죠. 군인은 경제적 목표만 생각해서는 버틸 수 없는 직업이에요. 저도 가정에서 저를 지원하고 지지해 주지 않았다면 여기까지 오지 못했겠죠. 사실 저는 아이들을 그냥 '버리고 다닌' 것이나 마찬가지입니다. 그래서 아이들이 엄마한테 오면 주말에 밤잠도 자지 않고 울었습니다. 그런 걸 보면서, 틈만 나면 군에서 도망갈 생각을 했습니다.

제가 이사를 스물세 번 했습니다. 어떤 때는 1년에 세 번도 했어요. 우리 애가 이제는 한 곳에서 1년만 지나면 "이사 안 해요? 다른 데로 갈 때가 된 것 같은데 안 가요?"라고 물어요. 그래도 사실 아이들이 큰 힘이 된 거예요. 틈만 나면 아이들과 소통하고, 자투리 시간이 날 때마다 아이들에게 최선을 다합니다. 이건 가슴속에 지니고 가시면 도움이 될 겁니다.

세상살이 선배로서, 인간적 멘토로서 조언하자면, 첫째 '초심'을 잃지 마세요. 나는 누구인가, 처음에 이 직장을 택했을 때 내 초심이 무엇이었나를 항상 생각하세요. 둘째는 가치창조예요. 내가 이 조직에 어떻게 기여할 것인가. '현재 이 조직에서 나는 무엇을 하고 있나' 스스로에게 늘 질문하세요.

셋째, 나의 '정체성'이 무엇인지 늘 생각하세요. 이 조직에서 내 위치는 무엇인가를 반추하지 않으면 그 다음 단계로 넘어갈 수가 없어요. 자기 자신을 충분히 생각하고, 늘 자신을 사랑하는 마음을 가지세요. 넷째, 늘 준비하는 사람이 되십시오. 그래야 기회가 주어져도 두렵지 않고, 내가 가진 걸 모두 쏟아 부을 수 있어요. 다섯째, 항상 겸손하세요. 다만 용기 없이 겸손하면 비굴해집니다. 자기 자신을 낮추되, 충분한 자신감을 갖고 낮추십시오. 그러면 조직이 여러분을 분명히 인정해 줄 겁니다.

'남성과의 경쟁에서 이기는 것이 성공하는 것'이라는 생각은 잘못된 것입니다. 내가 속한 조직에서 여성으로서의 장점을 드러내고 여성 리더십을 발휘하면서 일하는 것이 성공하는 길입니다. '알파걸'과 '베타보이'만 있으면 균형이 깨지면서 공멸합니다. 지구의 절반은 남자, 절반은 여자입니다. 공존하고 공생해야 해요. 알파레이디가 되려면, 알파맨도 키워야 합니다. 그러면 우리 사회가 확실히 건강해질 겁니다.

■ **사람들이 여군에 대해 갖고 있는 편견이 있잖아요. 이런 편견 때문에 억울했던 점, 사람들의 오해를 바로잡고 싶은 점은 없나요.**

소위 '계급장'을 달고 길에 나가면 모두가 "왜 군대를 갔느냐"고 물어옵니다. 아주 측은하다는 표정으로요. 하고 많은 직업 중에 왜 남자들만 득시글거리는 군에 갔냐고도 묻습니다.

대학교(영남대학교 정치외교학과) 4학년 때 처음으로 저희 과에 1학년 여학생이 들어왔습니다. 그 전까지 3년간 혼자서 '여왕 생활'을 한 거죠. 정외과 학생들은 그래도 법학과나 행정학과 학생들보다 융통성이 많았던 것 같습니다. 동기들은 저를 여학생이 아니라 동료로 봤습니다. 그러다 보니 '군에 남자들이 많다고는 해도 지금 나와 함께 공부하는 학생들 같은 정도라면 동등하게 경쟁해서 능력을 인정받는 것은 어렵지 않겠다'고 생각하고 군대에 갔습니다.

군인은 터프하고 무식하고 와일드하다고들 생각하죠. 그런데 저희 여군 동료들은 체구도 다 조그맣습니다. 군에서 여군을 홍보하는 분위기 자체가 조성이 안 돼서 이미지가 굳어진 거겠죠.

■ **여성 후배와 남성 후배의 차이가 있을 것 같아요. 군대 다녀온 남자들은 위계질서나 충성도가 강하잖아요. 여성의 단점은 무엇인가요?**

군은 충성도 면에서 훨씬 경직돼 있죠. 계급을 보고 충성하기 때문입니다. 하지만 남자들은 외형만 보고 충성하게 하지, 내면으로 들어가서 진심으로 충성하게 만드는 것을 잘 못해요. 여성 관리자들은 남성들에 비해 상대를 이해하고 충성심을 마음으로 우러나게 만드는 능력이 있습니다. 이런 면을 드러내기 위한 노력이 중요한 것 같습니다.

■ **여성적 리더십도 중요하지만 높은 자리까지 올라가기 위해 분투하는 여자 선배들의 이야기를 듣다 보면 '여성성을 극복해야만 성공할 수 있다'는 느낌도 받습니다. 어떻게 여성성을 발휘하고, 어떻게 여성으로서의 정체성을 지키며 그 자리에 올라갈 수 있었는지 궁금합니다.**

여성으로서의 정체성을 잃지 말라는 것은 언제나 똑같이 여성성을 드러내라는 말이 아닙니다. 훈련하거나 뛸 때는 남자보다 더 터프해야 합니다. 남자들과 똑같이 해야 부하들이 나를 따라오는 상황이라면 남자들과 똑같이 터프하게 해야 하는 거죠. 제가 병력을 관리할 때 '에프(f) 워드(욕설)'를 사용하진 않았지만, 고지로 끌어오려면 남성성을 발휘할 수밖에 없습니다.

전방의 군인들이 야외훈련을 가면 몸을 씻거나 화장실에 갈 수가 없습니다. 몇 킬로미터씩 군장을 메고 가는데 세수는 생각도 못하는 거죠. 볼일을 보려면 야전에서 똑같이 봐야 합니다. 그런데 차마 그것까지는 여군들이 할 수 없지요. 나는 장교이고 리더이니 부하들 앞에서 품위를 유지해야 합니다. 그래서 훈련 들어가기 보름 전부터 물을 안 먹습니다. 똑같이 훈련을 해야 하니 터프할 수밖에 없죠. 그런데 훈련이 다 끝나고 사무실에 돌아오면, 다른 동료들이 하지 못하는 배려로 여성성을 발휘해야 하죠. 제가 말하는 여성성은 똑같은 선상에서 조직을 관리할 때 남자들이 갖고 있지 않은 특성을 발휘하라는 뜻입니다. 항상 여성임을 강조하라는 게 아닙니다.

■ **사회생활을 하다 보면 나설 때와 나서지 말아야 할 때를 구분하기 힘듭니다. 회의에서 상사가 '기탄없이 말하라'고 했을 때 기탄없이 말했다가 장렬히 전사한 적도 있었습니다. 혹시 '이때는 잘 나섰다', '이때는 잘 안 나섰다'고 생각되는 대표적인 사례가 있나요?**
나서지 않기를 잘했다는 기억은 별로 없습니다. 나서기 잘했다고 느꼈던 적, 가장 보람 있던 때가 있습니다. 중령 때였는데, 여성 부사관들이 사무실에서 커피 심부름하고 타이프 치고 복사 심부름을 하고 있었습니다. 당시 군에 들어온 병사들은 모두 대학에 다니다 온 사람들이었습니다. 여군들은 거의 전문대 졸업 이상이었고요. 그러다 보니 여군들이 계급은 모두 하사관이면서 병장한테 인사를 못 받습니다. 부사관이 병장 심부름이나 해 주고 있는 거예요. 이걸 보고 저는 '여군 제자리 찾기'를 해야 한다고 생각했습니다.

물론 저항에 많이 부딪혔습니다. 결정권자들이 제게 얼마나 많은 시련을 줬는지 몰라요. 비근한 예로, 여군들이 내무생활을 하고 있었는데

"각자 자기 위치에서 제 역할을 하려면 숙소생활을 해서는 안 된다"고 상부에 건의했습니다. 그러자 "자네가 무슨 책임이 있고 권한이 있느냐. 250명을 시내에 다 풀어놓으면 나가서 무슨 짓 할지 모르는데 어떻게 할 거냐"고 하더라고요. 하지만 여기서 죽는 한이 있어도 "이것만은 안 된다"고 했습니다. 나이 스무 살 넘은 어른을 누가 어떻게 책임집니까. 나가서 문제가 생기면 각자 자기 책임이라고 대답했습니다.

군에 온 우수인력이 남자들 심부름하는 꼴을 못 보겠다고 말했습니다. "문제가 생기면 내가 책임지겠다"고 했습니다. 한 달 반 동안 싸웠죠. 그래서 남군 병사도 안 하는 점호를 했습니다. 싸움 끝에 얻은 것이, 밤 12시까지 숙소로 들어온 뒤 아침에 일어나면 육군본부로 나가는 것이었습니다. 그 후 1년 반 만에 그 내무부대는 없어지고 여군들도 전국 각지로 가게 됐습니다. 그러고도 3년 동안은 제게 전화해서 울며 하소연하는 후배들이 있었습니다. 편안하게 커피만 타면서 지낼 수 있었는데 왜 외진 골짜기로 나를 보냈느냐는 거였습니다.

지금은 모두들 고마워합니다. 그런 싸움을 거쳐서 지금 여군의 규모가 6000명이 된 겁니다. 그렇게 하지 않았으면 우리는 아직도 1000명에 그쳤을 것이고, 저는 대령에서 끝났을 겁니다. 그때 목소리를 높이고 나서기를 잘했다고 생각합니다. 참기를 잘 했다고 생각되는 일은 기억이 나지 않네요.

■ **여군에 지원하려는 학생입니다. 여군을 꿈꾸는 후배에게 필요하다고 생각되는 것을 조언해 주셨으면 좋겠습니다.**

일단 신념이 있어야 합니다. 사회 어느 조직을 가더라도 신념을 가져야 합니다. 신념을 갖고 나서야 하지만, 아무 때나 나서라는 건 아닙니다.

발톱을 숨길 줄도 알아야 합니다. 결정적 순간에 펼칠 수 있어야 합니다. 자신의 신념을 현실화하고 구체화할 수 있을 때, 의지대로 할 수 있게끔 만들어야 합니다.

또 도전정신을 가져야 합니다. 여군 장교가 되고픈 사람들은 한 번쯤은 도전의 병(病)을 앓아야 합니다. 7수를 해서 군에 들어온 사람도 있습니다. 저는 그런 사람을 아주 높이 평가합니다. 신념이 없으면 합격을 한다 해도 고된 훈련을 이겨낼 수 없습니다. 신념은 면접을 볼 때도 나타납니다. 아무 생각이 없는 지원자와 신념이 있는 지원자는 딱 보면 알 수 있습니다.

■ **아이가 젖먹이였을 때에는 군 생활을 하면서 어떻게 가정생활을 했는지요.**

지금은 모성보호법이 군에도 그대로 적용됩니다. 출산 휴가 3개월은 물론이고, 육아휴직도 다 할 수 있습니다. 국가 시책이 '아이 많이 낳기'입니다. 이를 보장 안 해 주면 나라가 망할 판이잖아요. 군에서도 적극적이니까 안심하고 들어오셔도 됩니다.

제 경우, 큰 아이와 둘째 아이의 터울을 생각하기도 했지만 척박한 환경 때문에 둘째를 낳지 않으려는 생각을 하기도 했어요. 그 시절에는 임신 9개월 반까지 매달 다섯 번씩 야간근무도 했거든요. 출산휴가로 보름밖에 쉬지 못했습니다. 물론 지금은 예전과는 다르지만, 적당한 선에서 내가 희생하고 가족이 희생한다는 생각이 없으면 이 일을 하기 힘든 것은 사실입니다.

■ **필승! 국방부 의정대대 하사입니다. 장군님의 개인적인 신념, 좌우명이 있다면 무엇인가요?**

정말 씩씩하네요! 저도 젊었을 때는 이랬습니다. 신념, 좌우명……. 이런 것을 이야기할 때 참 낯 뜨겁습니다. 한마디로 말씀 드리면 '참 군인'이 되어야겠다는 것입니다. 참 군인의 실체가 뭔지는 정확히 모르겠지만, 제가 존경하는 분이 안중근 의사입니다. 참 군인의 모습을 그대로 갖고 있으면서 죽음 앞에서도 꺾이지 않는 불굴의 의지를 지니셨지요. 나라 사랑, 자유와 정의, 평화를 구현하려고 했던 분입니다.

■ **올해 학사장교에 지원하는 성신여대 의류학과 재학생입니다. 여군 장교의 경우 장기복무를 하기 위해서도 남성 장교들과는 차별화된 노력을 해야 한다고 들었습니다. 그 자리에 오르기까지 어떤 노력을 기울였는지 들려주십시오.**

내 능력을 조직에서 인정받는 게 최우선 과제였습니다. 남자와 경쟁해서 한 치도 지면 안 된다고 생각했습니다. 군대에는 쪽지시험을 비롯해 평가시험이 많습니다. 교육기간에는 밤잠을 안 자고 공부해야 한다는 강박관념이 있었습니다. 성적표가 꼬리표처럼 따라다니기 때문이죠. 남자들은 군에서 얻은 지식이 있지만, 우리는 군의 다양한 경험이 없어서 답이 잘 나오지 않을 때가 있습니다. 그런 부분은 남성들이 유리한 것이죠. 하지만 공부를 하다가도 밤 12시만 되면 남자는 못 견뎌 하는 대신, 여자들은 독합니다. 제 답안지는 교재의 오타까지 그대로 똑같다는 이야기가 있었습니다. 경험이 부족해 이해가 되지 않을 때에는 통째로 외웠으니까요.

제가 가진 장점을 살리기 위해서 영어를 열심히 공부했습니다. 지금도 시간을 쪼개서 스페인어를 배우러 다닙니다. 더욱이 하루에 쏟아져 나오는 발간물의 양이 엄청나죠. 그걸 다 읽으려면 24시간이 모자랍니다. 그래도 시간 날 때마다 읽습니다. 늘 그런 노력을 해야만 성공적으로 직업군인 생활을 할 수 있습니다.

워너비알파레이디 TIP

군복 입는 여성들이 늘어난다

취업난이 심각해지면서, 여성들이 선호하는 '직장'으로 군대가 뜨고 있다. 여군 경쟁률이 높아진데다, 최근에는 여성 학생군사교육단(학군단·ROTC)이 만들어져 여대생들의 관심이 커졌다.

대한민국 여군부대는 1950년 8월 14일 학도호국단의 교관요원으로 배속되었던 여자장교들을 중심으로 육군 제1훈련소에서 창설됐다. 주로 행정·경리·통신 분야에서 복무했고, 일부는 전방전투사단에 배치돼 정보수집·수색활동·선무활동에 참가했다. 1974년부터는 여군 계급제도가 바뀌어, 장교와 하사관만 모집하고 있다. 또 1997년 공군사관학교를 시작으로 1998년 육군사관학교, 1999년 해군사관학교가 차례로 여성에게 문호를 개방했다.

1960년대엔 '미스 여군 선발대회'도

지금은 상상하기 힘든 일이지만, 한때 '미스 여군 선발대회'라는 것도 있었다. 1962년 5월 국방부는 '제1회 미스 여군 선발대회'를 육군본부 강당에서 열었다. 이 대회에는 육군 여군대대와 여군훈련소 등에서 서류심사 등을 통해 선발된 일곱 명이 출전했다. 여기서 뽑힌 미스 여군 진·선·미는 같은 해 6월 16일 열린 미스 서울 예선대회에 참가했다.

미스 여군 선발대회 절차는 야외복(드레스)과 수영복 심사 등 미스 코리아 선발대회와 비슷했다. 다만 군복 심사가 있었다는 것이 달랐다. 그 시절에는 일간지에도 미스 여군 선발대회의 결과가 실렸다.

그러나 미스 여군 선발대회가 미스 코리아 여군 예선처럼 운영되는 것에 대해 비판이 나오기 시작했다. 군 당국은 1968년 대회부터는 '용모와

워너비알파레이디 TIP

품행이 단정한 모범여군'을 선발하는 데 중점을 두겠다고 밝혔으나 결국 반대 여론에 밀려 미스 여군 선발대회는 1972년 폐지됐다(출처: 경향신문 안보전문기자 박성진 블로그 http://mustory.khan.kr).

군이 미스 여군 선발대회를 열었던 가장 큰 이유는 여군 모집을 위한 홍보가 필요했기 때문이었다. 당시만 해도 여군에 대한 인식이 지금과는 많이 달랐다.

현재 여군은 육·해·공군과 해병대에 총 6957명이 근무하고 있다. 군은 2020년까지 여군을 전체 병력의 5.6% 수준인 1만 1500명 규모로 늘릴 계획이다.

국방부는 여군 장교와 부사관을 계속 늘린다는 방침이다. 여군 장교는 2015년까지 전체 장교의 7%로, 여군 부사관은 2017년까지 전체 부사관의 5%로 확충한다는 계획을 발표했다. 또한 2012년부터 2014년에 걸쳐, 그동안 여군에게 문호를 열지 않았던 포병·기갑 등 12개 병과에 여군을 배치하는 방안을 추진할 예정이다.

여성 학군단, 높은 경쟁률을 기록하다

육군뿐 아니라 해군, 공군에서도 여성들의 진출이 두드러진다. 2011년 2월에는 항공과학고등학교에서 최초의 여군 부사관 13명이 배출됐다. 금녀(禁女)의 공간이었던 항공과학고에 여학생이 처음 들어간 것이 2008년. 당시 15명 모집에 766명이 몰려 무려 51대1의 높은 경쟁률을 기록한 바 있다. 그 시절의 신입생들이 졸업해 여군 부사관 탄생으로 이어졌다.

같은 해 5월에는 해군 최초로 여성 해상초계기(P-3) 파일럿이 탄생해

대한민국여군히스토리

화제가 됐다. 당시 26세였던 제6항공전단 이주연 중위(해군사관학교 63기)가 부조종사 교육을 마치고 첫 임무비행에 나서 당당히 자격을 인정받은 것. 해상비행은 조종사의 정확한 계기작동 능력과 고도의 집중력을 필요로 하기 때문에 남성들도 수료하기 힘든 과정으로 여긴 바 있다.

여군 장교가 처음으로 해군에 임관한 것은 지난 2001년. 역사가 길지는 않다. 2003년 5월 여군 전투함 근무자가 처음 나왔고, 2005년에는 해상작전헬기 조종사가 탄생했다. P-3 조종사까지 탄생하면서 해군 작전분야 최일선에 여군이 배치되는 셈이 됐다.

2010년에는 각 대학에 여성 학군단이 창설됐다. 학군단이 있던 대학 중 고려대, 명지대, 충남대, 전남대, 영남대, 강원대가 여성을 받기 시작했고, 여자대학으로는 유일하게 숙명여대에 학군단이 신설됐다. 여성 학군장교 지원서 접수결과, 첫 해인 이때 전체 60명 모집에 360명이 지원해 6대 1의 경쟁률을 기록했다. 높은 경쟁률을 뚫고 들어간 여성 장교 후보생들은 2013년 첫 여성 ROTC 장교로 임관하게 된다.

학군단에 대한 학생들의 관심이 늘자 대학들이 적극적으로 유치에 나서, 2011년에는 학군단이 있는 전국 109개 대학이 모두 여후보생 선발에 나섰다. 여대 중에는 숙명여대에 이어 성신여대에도 학군단이 생겼다.

칼럼니스트 임경선

내 인 생
내 연 애
내가 리드한다

임경선은 외교관인 아버지를 따라 남미와 일본 등지에서 어린 시절을 보내고 대학에서 정치학을 공부했습니다. 신문과 방송을 종횡무진 오가며 연애를 비롯한 인간관계와 삶을 살아가는 태도에 대해 글을 쓰고 말을 해왔습니다. 『대한민국에서 일하는 여자로 산다는 것』, 『러브 패러독스』 등에 이어 최근에는 연애소설 『어떤 날 그녀들이』를 펴냈습니다.

비가 엄청 많이 오는데도 이렇게 자리를 가득 메워 주셔서 감사합니다. 잘 들리나요? 마이크가 약간 어색해서요. 제 강연 제목은 '여자의 연애, 어떻게 할 것인가'입니다. 좀 그렇죠?(웃음)

1989년, 제가 대학교 1학년, 열일곱 살일 때 사진을 보여 드릴게요. 22년 전인데 이때가 제 '연애 전성기'였습니다. 무척 쑥스럽지만 읽어 보겠습니다. "지금 이 새벽달이 너보다 더 따뜻하게 와 닿은 적은 없었을 거라 고백한다." "내 스무 살은 너로 인해서 행복했고 또 너로 인해서 괴로웠다." "지금 나의 마음은……." 쑥스럽네요. 그 시절 받았던 편지들입니다. 한 명이 아니라 세 남자에게서 받은 겁니다.

저는 그 시절의 사랑이 참 순수했다고 생각해요. 돌아가신 엄마가 예전에 이런 얘기를 한 적이 있어요. "사랑은 10대에 하는 거야." 무슨 소리냐고 했더니 "10대가 유일하게 순수할 수 있을 때야"라고 하시더군요.

그때는 뭐 그냥 '그런가 보다' 했죠. 시간이 지나 마흔을 코앞에 두니 진짜 그런 생각이 들고, 천진난만했던 저 시절이 굉장히 그리워요.

제 엄마가 어떤 엄마였는지 아세요? 제가 대학 1학년 때 첫 키스를 했어요. 요즘 기준으로 볼 땐 늦은 건가요?(웃음)

첫 키스하고 돌아온 날 엄마가 저를 데리고 산책을 나갔어요. 아파트 담장을 한 바퀴 돌다가 "너 오늘 무슨 일 있었지?" 하시는 거예요. 엄마가 귀신같이 아는 걸 보고 깜짝 놀랐어요. 그래서 실토했더니 굉장히 좋아하시면서 "한 번 집에 데리고 오라"고 하시는 거예요.

그 이후로 줄줄이 남자친구를 집에 데리고 갔습니다. '우리 집은 남자친구를 데려와도 되는구나!' 전 그런 집에서 태어나 자랐습니다.

가슴이 아닌 머리로 하는 '헛똑똑이 연애'

10대 때가 왜 좋으냐면, 유치할 수 있기 때문이에요. 그것도 굉장히. 그리고 요령이 없어도 되지요. 본전 생각도 안 해도 되고요. 가장 중요한 것은 상처가 빨리 아문다는 점입니다.

10대에 하는 사랑은 아이들이 한창 클 때 하는 사랑이잖아요. 다 같이 크는 중이고 유치할 때죠. 그런데 여자 애들이 나이에 비해 조금 빨리 성숙하잖아요. 남자 애들은 항상 좀 늦는데, 자기네들이 조금 늦는 것에 짜증내고 화내요. 그렇게 앙탈 부리면서 성장해 가는 남자 애들을 보는 재미(?)도 있었던 것 같아요.

20대가 되면 연애가 쉽지 않아집니다. 제가 2001년부터 연애에 대한 에세이를 쓰기 시작해서 칼럼과 소설까지 쓰게 된 지 10년이 됐습니다. 그 사이 여러 가지 사연을 접하면서 크게 변했다고 피부로 느끼는 것이

한 가지 있어요. '우리가 참 똑똑해지는 것 같은데, 실은 헛똑똑이가 되어가는구나.'

10년 전이나 지금이나 연애하면서 힘든 마음을 토로하는 사연은 많아요. 흥미로운 것은 그때는 "(연인과) 자도 될까요?"라는 질문이 굉장히 많았다는 거죠. 순결에 대한 미련(?)이랄까요. 지금은 아무도 그러지 않아요. 좀 서운할 정도로.

요즘 보내오는 고민을 보면 한 가지 특징이 있어요. '머리로 연애한다'는 겁니다. 시쳇말에 "글로 연애한다"고 하죠. 이미 사람들의 머릿속에 연애 이론은 다 들어 있어요. 굉장히 세련되어졌습니다.

그런데 정작 자기 마음은 잘 몰라요. 그래서 머릿속 이론이 맞는지 계속 확인받고 싶어 하죠. 진짜 마음이 움직이는 게 아니라는 얘기입니다.

'헛똑똑이 딜레마'를 간단히 얘기하면 '똑똑한데, 똑똑한 것이 본인에게 아무런 도움이 안 되는 것'이라고 할 수 있겠네요. 이런 '헛똑똑이 딜레마'를 초·중·고급 편으로 나눠서 얘기해 보겠습니다.

헛똑똑이딜레마:초급 편
'안전한 연애', '정상적 연애'란 없다

초급 편은 연애를 통 하지 않거나 연애를 잘 못할 분들에 대한 얘기입니다.

제가 연애상담을 하면서 가장 많이 받는 질문이 이것입니다. "연애, 어떻게 해요?"

진짜 난감합니다. '어떻게(How)'를 묻는 건데, 전 연애기술은 젬병입니다. '밀고 당기기' 같은 것은 해 본 적이 없고, 할 줄도 몰라요. 좋아하면 그냥 먼저 전화 걸고 말 걸어요. 그러니 이런 질문은 번지수를 잘못 찾은 거죠.

심지어 연애를 놓고 무슨 '스펙'이나 회사의 프로젝트인 것처럼 "어떻게 하면 연애를 효율적, 효과적으로 잘할 수 있나요?", "어떻게 하면 상처받지 않고 최상의 남자가 최적의 방법으로 나한테 접근할까요?"라고 묻는 사람까지 있어요. 오 마이 갓(Oh, my God). 이건 뭐, 완전히 요람에서 무덤까지 완벽하게 안전한 코스로만 가려는 거죠.

누군가를 정말 좋아하게 되면 100% 상처받게 돼 있습니다. 그러니 이런 질문은 말이 안 되는 거예요. '아, 나 연애해야 되는데……'라고 머리로 생각하고 '어떻게 해야 돼요?'라고 기술을 물어 보면서 몸은 그대로예요. 그러면서 다른 사람 연애에 관심 갖고 참견하죠. '연애 못할 분들'의 특징입니다.

두 번째, 이런 질문도 많이 들어옵니다. "제 연애는 정상인가요?"

A4용지 넉 장 분량의 연애상담 편지를 받아 본 적도 있어요. 제게 보내 주시는 상담편지들, 다 읽어 보지는 못하지만 첫 문장과 마지막 문장만 보면 어떤 내용인지 대충 알아요. 남자 친구를 욕하는 내용을 죽 쓴 다음에 마지막에 "이거 괜찮은 건가요? 정상인가요?"라고 묻죠.

한 번은 제가 답장을 보냈어요. "이렇게 보내는 당신이 비정상이에요."

이건 정말 아니에요. 내 연애상황을 남들과 항상 비교하는 거니까요. 연애에도 상식과 기준이 있다고 생각하고 '이 정도는 해 줘야 연애라고 부를 수 있다'고 여기는 겁니다. '권장소비자가격'처럼 '권장연애'라는 것이 있다고 생각하나 봐요. 연애에도 기준이 있다고 생각하고, 그러니 자꾸 비교를 하게 되죠. 남에게 '보이기 위한 연애'를 하는 겁니다. '내가 어떻게 보일까', '나와 남자친구의 관계가 주변에 어떻게 보일까' 신경 쓰는 거죠.

모태솔로? 선을 긋지 말고 '나'를 돌아보세요

많은 분들이 사랑(Love)과 데이트를 착각합니다. 사랑은 감정을 말하는 것이고, 데이트는 누군가와 밖에 나가서 좋은 시간을 보내는 행동을 말하는 거죠. 그런데 사람들은 '연애는 데이트를 하는 것'이라고 착각합니다. 그러니 감정의 교류는 빠진 채 '연애행동'의 모범적인 수준만 따지게 됩니다.

또 하나, '저는 ○○살의 모태솔로 여자입니다'라는 표현이 가끔 나옵니다. 제발 자기 입으로 이런 얘기하지 말아 주세요. 모태솔로, 별로 예쁘지 않은 단어예요. 이런 분들은 연애를 하지 않는 이유로 '돈과 시간이 아깝다', '두렵다', '내 코가 석자인데 차라리 시간과 돈을 나에게 투자하겠다'고들 합니다. 감정을 소모하는 것조차 싫은 거예요.

이런 분들은 누군가와 사귀다가 갈등이 닥치면 넘어야 할 벽이 너무 높다며 곧바로 "이쯤에서 끝내자" 하죠. 그리고 연애를 두려워하다가, 새로운 사람을 만나도 넘어야 할 고비에서 또 멈춰요. 중요한 지점을 넘기지 못하는 겁니다.

갈등이 생겼을 때 나에게도 문제가 있다고 생각하지 않고 상대방에게만 혹독해지기 때문입니다. 나 자신의 문제는 보지 않고, 내가 상처 받을 것 같은 순간, 내 잘못도 같이 드러날 것 같은 순간에 딱 멈추고 "여기까지야. 나는 더 이상 나 자신을 드러내지 않겠어"라고 금을 긋는 것이죠. 좀 치사하지 않나요?

"연애비법을 알려 달라"고 질문할 필요 없어요. 연애기술 같은 건 다 필요 없다고 생각합니다. 하다못해 상품을 산다 해도, 마케팅이 아무리 뛰어난들 물건이 기본적으로 괜찮아야죠. 아무리 많은 사람을 만나고 나를 치장한다 해도 결국 자신의 인간적 깊이와 매력이 좌우합니다. 나는 늘 그대로이면서 상대에게는 굉장한 기준을 들이대고 '나를 있는 그대로 사랑해주는 남자를 만나고 말겠어'라고 하는 건 오만한 겁니다.

'연애하는 능력'은 기술이 아니라 소통하는 능력입니다. 많은 여자들이 연애를 하면 자기감정에만 몰입합니다. 기쁠 때는 연애에 마냥 도취됐다가 괴로운 일이 생기면 내 마음 힘든 것에만 신경 쓰죠. '내가 괴로워', '내가 기뻐' 하는 식입니다.

하지만 연애가 즐거운 이유는 남의 마음에 가장 많은 관심을 기울이는 것이기 때문입니다. 언제 그렇게 남 생각을 많이 해 보겠어요. 솔직히 부모님 생각도 그렇게 안 하잖아요. 연애할 때만큼은 상대에 대해 깊이 알려고 노력하기 때문에 연애를 하면서 성장하는 겁니다. 소통하는 능력이 생기죠.

'연애비법'을 알려달라는 것은 '보신주의'예요. 그 밑에는 불안감이 깔려 있죠. 하지만 불안감 때문에 오히려 그릇된 선택을 할 수 있습니다. '내 연애가 정상이냐, 비정상이냐', '연애가 무섭다'라는 얘기를 하기엔 시간이 아까워요. 우리가 살면서 연애를 해 봤자 10년+a입니다. 나이 들면 하고 싶어도 할 수가 없어요. 할 수 있을 때 하세요. 시간을 흘러 보내고 나면 '왜 내가 그동안 열심히 연애하지 못한 걸까', '도대체 뭐가 그렇게 두려웠을까' 후회할 겁니다.

연애는 나를 더 알게 되는 과정입니다. 두려움이나 장벽, 타인의 시선 따위는 모두 버리고 상대방에게 더 저돌적으로 다가가세요.

헛똑똑이 딜레마:중급 편

이런 연애, 좀 치사하다

중급 편은 연애를 하긴 하는데 자꾸 치사해지고 도망갈 구석을 찾는 여자들에 대한 얘기입니다.

대학생들로부터 데이트 비용을 어떻게 나눠 내야 하느냐는 질문을 많이 받아요. "남자가 얼마나 더 많이 내야 하는 건가요?" 저는 '돈 있는 사람이 더 많이 내면 된다'고 생각해요.

비밀번호 캐내기도 있습니다. 20대에 누구나 한번쯤 해 보던 것이죠. e메일이나 휴대전화의 비밀번호, 여자들은 대부분 다 눌러 보고 결국 알아냅니다. 저도 신혼 때 남편의 e메일 비밀번호를 캐 본 적이 있어요. 너무 쉽게도 제 이름이었거든요. 비밀번호를 캐내려 한 건 그게 처음이자 마지막이었습니다. 남자친구의 사적인 부분을 캐내려는 것, 여자들이 절대 해서는 안 되는 것입니다. 해 봤자 아무 도움이 되지 않고요.

사랑을 강요하는 경우가 있어요. '그 사람이 이걸 좋아할 거야'라며 뭔가 해 놓고 자기를 크게 희생한 것처럼 굽니다. "자, 내가 이렇게 했어. 그러니 날 더 사랑해." "내가 널 위해서 이렇게까지 했는데 넌 어떻게 날 안 좋아할 수 있니?"라고 하면서 상대에게 사랑을 자꾸 갖다 안기고 강요하는 겁니다. 많은 여자들의 해묵은 습관입니다. 결코 권장사항이 아닙니다.

특히 연애 경험이 별로 없는 분 중에 중간에 뭔가 껄끄러운 일이 생겼을 때 "나는 순수하고 약자인데 어떻게 나에게 이렇게 상처를 줄 수 있어?"라고 하면서 상대를 괴롭히는 분들이 있어요. 상대의 목을 조르는 거죠. "어떻게 나한테 그럴 수 있어?"라고. 그런데 사실은, 그럴 수 있는 거예요. 항상 나 자신을 약자로 취급하는 건 좋지 않아요.

기본적으로 전 '나쁜 남자'는 없다고 생각해요. 세간에서 말하는 '나쁜 남자'는 결국 '내가 좋아하는 것만큼 나를 좋아하지 않는 남자'일 뿐입니다.

그래도 굳이 '나쁜 남자'라는 유형을 들어 본다면, 여자보다는 일을 조금 더 좋아하고 여자를 자기 색깔로 물들이기를 원하는 남자들이라고 할 수 있을지 모르겠네요.

그런데 전 사실 이런 남자가 밉지 않아요. 오히려 여자가 남자를 '나쁜 남자'로 만드는 경우가 많습니다. 어떤 언행으로 그 남자의 가장 야비

하고 잔인한 부분을 건드리고, 평소 순하던 사람이 나에게 잔인하게 대하도록 만드는 겁니다. 만약 '다른 사람에게는 부드러운데 왜 나한테는 이렇게 상처를 주는 말을 할까?'라는 생각이 든다면 한번 생각해 보십시오. 그 남자가 나에게 서운해 하는 것이 아니라 내 안의 뭔가가 그를 '긁는' 것일 수 있어요.

그걸 찾아야 해요. 똑똑한 여자들이 가끔 "나쁜 남자에게 걸려들었다"고들 하는데, 이 똑똑한 여자들의 마음속에는 "내가 머리가 좋으니까 그를 좀 조련해 보겠어'하는 심리가 깔려 있었을지도 모릅니다.

반면, 남자가 굉장히 찌질한 짓을 해도 '그래도 난 그의 진짜 좋은 점을 알아' '그가 이러는 데는 분명 이유가 있을 거야'라면서 남자의 변호사를 자청하는 유형이 있습니다. 그런데 원래 똑똑한 여자들이다 보니 어느 순간 참지 못하고 '내가 속았다'며 분통을 터뜨리죠.

하지만 사실은 속은 게 아니라 처음부터 알고 있었어요. 알면서도 자기합리화를 계속해 온 것에 불과해요.

"언제 같이 자야 할까요?"

요새는 "자도 될까요?"라는 질문은 하지 않는 대신 이걸 묻습니다. "자긴 자는데 언제 자야 하나요?" '남자친구와 언제쯤 자야 쉬운 여자가 되지 않을까' 혹은 '내가 너무 팅기는 빡빡한 여자가 되지 않으려면 언제쯤 자야 할까'라는 얘기죠. 같은 맥락에서, 연애가 잘 안 풀린다 싶으면 '내가 너무 빨리 자서 그래'라고 생각해요.

그런데 원래 누구나 다 '정상적이라고 여기는 속도'보다 더 빨리 성관계를 가집니다. 자기만 뭔가 잘못했다고 느낄 필요 없습니다. '언제 자야 하느냐'고 묻는 분들은 자기 몸을 허락하는 것이 굉장히 귀중한 것이고 남자를 유인하는 무기라 생각하는 겁니다. 그러면 나중에는 정말 '몸만 버리는' 꼴이 됩니다. 사실 연애에서 몸은 별거 아니에요. 하룻밤 만에 잔 관계도 계속 갈 수 있고, 1년 동안 아꼈다가 잔 관계도 바로 깨질 수 있어요.

정말 중요한 건 '섹스 외에 어떤 것을 나눌 수 있느냐', '섹스 외에 어떤 인간적 매력이 있느냐'입니다. 내 몸의 문제로 지나치게 힘들어 할 필요 없어요. 분위기에 휩쓸려 피임하지 못하는 경우만 조심하면 되죠.

저는 '이기적으로 굴라'는 얘기를 많이 합니다. 내가 원하는 것이 뭔지 정확히 알라는 겁니다. 남자에게 무조건 맞추지 마세요. 쓸데없는 '착한 여자 콤플렉스'는 도움이 되지 않아요. '착한 여자'들은 관계에서 불편함을 느끼면 사랑이라는 이름 아래 비굴해집니다. 머릿속으로 '나는 똑똑하고 공정한 좋은 애인이 될 거야'라고 하면서 실은 갈등을 피하려고 좋게 지나가는 거죠.

중요한 것은 상대보다 나 자신에게 좋은 사람이 되는 겁니다. 오히려 그게 두 사람의 관계를 좋게 합니다. 자존감, 나를 사랑하는 마음이 없으면 상대방도 나를 편안하게 사랑할 수 없어요.

제가 제일 걱정하는 유형이 '노력파'예요. '사랑하면 노력한다'고 하죠. 말은 맞아요. 하지만 '노력'과 '무리'의 경계선을 잘 몰라요. 노력하다가 무리하게 되면 딱 멈춰야 되는데 그냥 슥 넘어가요. 무리하는 게 왜 좋지 않을까요? 무리는 대가를 요구하기 때문이에요. 세상에 일방적 희생이라는 건 없습니다. 무리한 여자는 '내가 이렇게 했으니까 보답이 돌아올 거야'라고 생각하면서 대가를 요구하고 받아 내려고 하게 됩니다. 대가가 끼어들면 관계는 무겁고 힘들어집니다.

연애와 이별은 한 세트

'나쁜 연애'도 한번 해보세요. 살면서 '나쁜 연애'처럼 재밌는 게 없어요. '나쁜 연애'도 하면서 아수라장을 겪어 봐야 성장하고, 마지막에 제대로 된 좋은 사람을 만나는 것 같습니다. '놀아 본 여자들이 시집 잘 간다'는 얘기도 있잖아요.

중요한 것이 또 있습니다. 남들이 '이 정도면 괜찮은 남자'라고 하니 사귀어도 괜찮을 것 같긴 한데 왠지 나와 뭔가 마음이 맞지 않는 것 같은 사람이 있지요. 그런데 그 괜찮은 남자가 나를 좋아해요. 어떻게 할까요. 객관적으로 좋은 남자여도 나와 안 맞으면 놔 줘야 하는데 그러지를 못합니다. 주변에서 자꾸 "야, 너희 정말 잘 어울린다"고 부추기니까요.

하지만 '좋은 남자'와 '좋은 여자'가 만났다고 해서 '좋은 연애'가 되지는 않습니다. 사람 사이에는 화학작용이 있어요. 이 남자 앞에서는 내 본연의 모습을 보일 수 있는데 저 남자 앞에서는 자꾸 꾸미게 되고, 이상하게 안 맞아요. 그렇다면 "이건 좀 아니다" 분명히 얘기해야 해요. 그 남자와 함께 있는 내 모습이 어색하고 아니다 싶으면 과감하게 잘라야 합니다.

"그 남자에게 복수하고 싶어요." 이런 사연도 굉장히 많이 들어옵니다. 저는 딱 한 번 복수해 본 적 있어요. 무단침입이었죠. 문을 따고 들어갔는데 그 뒤에 무슨 일이 일어났는지는 얘기하지 않겠습니다(웃음).

이별했을 때 이별을 받아들여야 하는데, 많은 사람들이 받아들이지 못합니다. 자기를 비하하거나 상대방을 원망하면서 웁니다. 그리고 '희망고문'을 하죠.

연애와 후회는 항상 한 세트예요. 연애와 상처도 한 세트죠. '이렇게 상처받았는데 난 다시는 연애 못해'라고 생각하는데 그렇지 않아요. 후회하고 상처 받을 걸 알면서도 또 다시 사랑에 빠질 수 있어야 합니다.

사실 연애해서 헤어지지 않으면 결혼밖에 없잖아요.

헤어지는 것은 연애와 늘 세트입니다. 그러니 '이별을 좋게 잘 해야겠다'고 생각할 것도 없습니다. 그냥 원하는 대로 투박하게, 좀 바보처럼 굴어도 상관없어요. 그게 인간적이잖아요.

"어떻게 해야 잘 이별하는 걸까요?" 이런 질문도 정말 난감합니다. 이별하는 것까지 모양 나게 해서 남들한테 "넌 참 성숙한 여자구나"라는 얘기를 듣고 싶다는 거잖아요. 그냥 하고 싶은 대로 하세요. 경찰이 들이닥칠 정도만 아니면 됩니다.

"행복해지고 싶어요." 이런 분들도 있어요. 연애는 기본적으로 '행복'이 아닙니다. 자꾸 혼동하는데, 연애는 완성품이 아닙니다. 연애 안에는 행복도, 슬픔도, 분노도, 모두 들어 있어요. 모든 감정이 섞여 있는 겁니다. 그걸 한 묶음으로 겪고 즐기는 거예요. 연애하면서 행복, 편안함, 따뜻함만 누리겠다고 하는 건 연애 자체를 부정하는 겁니다.

이별한 뒤 다시 만나는 경우가 있습니다. 그럴 때 '이번에는 그 남자의 우위에 서겠어'라고 다짐하는 분들이 있어요. 남녀관계도 역학관계, 권력관계입니다. 한 번 헤어진 다음에 다시 만나면 과거의 권력관계 그대로 가는 것 같아요. 그걸 씁쓸해할 필요 없어요. 내가 이 사람과의 관계에서 '을'이라고 해도 그걸 '내가 졌다'거나 '내가 약자야'라고 생각하지 마세요. 그냥 그 관계에서 자기 역할을 하는 것뿐입니다.

어떤 관계든 조금 더 사랑하는 사람과 조금 덜 사랑하는 사람이 생겨요. 그게 나쁜 게 아니라, 그냥 두 사람 관계가 그런 것일 뿐입니다. 내가 이 남자에게는 '을'일 수 있지만 또 다른 남자에게는 '갑'일 수도 있어요. 또 항상 내가 '갑'인 관계에서만 내 사랑이 온전하다고 할 수도 없고요. 관계에서 '을'의 역할이 맞는 사람도 있어요.

이런 얘길 하는 이유는 '연애는 이러해야 한다'는 당위성을 버리라는 겁니다. 나에게 맞는 스타일이 따로 있습니다.

헛똑똑이 딜레마:고급 편

'사랑파' vs '현실파'?

"사랑일까요, 현실일까요." 결혼 적령기 여성들이 가장 많이 하는 질문입니다. 이 질문 안에는 이런 심리가 있습니다. '남자가 최소한 나보다 조건이 나아야 한다.'

"생활수준을 맞춰야 행복하다"고 하시는 분들이 있습니다. 부모님들이 귀 아프게 하시는 말씀이죠. 일리 있어요. 그런데 그게 다는 아니에요. "부모님 얘기가 다 맞다", "너도 나중에 살아 봐라"고들 하는데 그것도 맞긴 맞지만 그 역시 전부가 아닙니다.

조건이 맞지 않다는 생각이 들면 결혼을 의식하기 시작할 때쯤 "넌 내 상대가 아니니까 이제 헤어지자"면서 남자A를 정리합니다. 그러고선 "이만하면 괜찮을 거예요"라며 다른 남자B를 데려와요.

남자B는 정리한 남자A에게 부족한 한 가지를 갖춘 남자죠. A는 자상하고 따뜻하고 나를 많이 사랑해 주는데 좀 더 좋은 대학을 나오고 좀 더 좋은 직장에 다녔으면 얼마나 좋을까 하는 아쉬운 사람. B는 좋은 대학을 나와 좋은 직장에 다닙니다만 '좀 더 키 크고 말을 재밌게 하면 얼마나 좋을까' 하는 생각이 들죠.

그러면서 제3자에게 "그래도 이만하면 괜찮겠죠?"라며 검사받으려고 해요. 솔직히 괜찮다는 기준이 뭔가요? 객관적으로 '이 정도면 괜찮다'는 기준은 없거든요. '내게 괜찮은 건 대체 뭔가' '내게 뭐가 필요한 건가'라고 반문해야죠. 막상 물어 보면 답은 이렇습니다. "……" 이걸 몰라요.

스물여덟 살이 되니 저도 마음이 조급해지더군요. 왠지 20대를 넘기기 전에 결혼해야 할 것 같은 기분이 들었어요. 소개팅이 들어와서 명문대를 나오고 유명한 회사에서 컨설턴트를 하는 잘나가는 남자를 사귀게 됐어요. 그땐 '아, 이러다 그냥 결혼하는구나. 다들 이렇게 결혼하는구나' 싶었어요.

그런데 그 남자의 미국 대학 동창회에 함께 가게 됐어요. 제가 좀 편하게 입는 편인데 제게 예쁜 원피스를 사 주더라고요. 그걸 입고 오라는 거죠. 약간 고마우면서 또 약간 찝찝했어요. 그런데 거기 온 사람들과 인사하면서 자상하게 저를 소개해 주는데 "OOO 씨예요" 하더니 그게 모든 대화의 끝이에요. 그리고 남자들이 얘기하는 걸 옆에서 여자들은 듣고 있어야 하는 거죠.

저는 그게 너무 싫고 미쳐버릴 것 같았어요. 존재를 무시당하는데 끼어들면 안 되는 분위기 말입니다. 남자들만의 대화에 절대로 끼어들지 말라는 걸 가장 신사다운 방식으로 강요하고 있었어요. 분위기가 신사적일수록 더 폭력적으로 느껴졌습니다. 열 받아서 벽에 붙어 가만히 상황을 보고 있다가 깨달았어요. '나에게 이건 정말 아니다.'

생각해 보니 나와 만나는 남자인데 그간 단 한 번도 그 사람의 회사나 일에 대해 얘기한 적이 없었어요. 물론 "오늘 우리 과장이 이랬어." "아, 이 회사 때려치울 거야" 등등 시시콜콜한 얘기를 하는 남자가 좋다는 뜻은 아닙니다. 하지만 그 남자의 삶의 큰 부분인 일에 대해 사귀는 몇 달 동안 한 마디도 안 했다는 걸 그때야 안 거예요. 그저 내가 얘기하면 "그래, 그래"라거나 "참 귀여워"라는 식이었죠.

전 그 소외감을 견딜 수 없었어요. 그때 처음 깨달았어요. '내게 괜찮은 건 객관적인 조건보다 모든 걸 공유하고 편하게 소통할 수 있는 거구나.'

내 마음에 예민해져라

이런 걸 깨달은 순간에 '내가 괜히 예민하게 트집 잡는 걸 거야'라면서 물러서지 마세요. '이건 좀 아닌데'라는 생각이 들 때 내 마음에 예민해질 필요가 있습니다.

내 인생의 우선순위를 아세요? 저는 항상 얘기하는 것이 있어요. "돈을 밝히거나 남자의 능력을 따지는 것은 나쁜 게 아냐. 내가 뭘 원하는지 모르는 게 가장 나쁜 거야." 어떤 가치가 나를 행복하게 해 주는지 모르면 주변 사람 여럿을 바보로 만들 수 있어요. '사랑파', '현실파' 모두 다 나쁜 것이 아니라 정확한 내 입장이 뭔지 모른다는 것이 나쁜 겁니다.

내 인생의 우선순위를 알려면 평소 내 마음의 소리를 듣는 훈련을 해야 합니다. '남들이 늘 얘기하니 이게 옳은 길이야.' 이런 건 하지 마세요. 주변의 얘기를 비판 없이 듣다 보면 정작 내 마음의 소리를 못 듣습니다. 내 마음의 소리를 듣는 훈련이 안 돼 있으면 마음속에 남의 소리만 점점 커집니다.

'사랑파'와 '현실파' 사이에 애매한 사람들이 있습니다. 나이는 찼고 결혼을 해야겠고 선은 들어오는데 왠지 100% 맘에 들지는 않아요. 그래도 타협을 해야겠다 싶어 좋아하는 마음도 한 80% 정도고 객관적인 조건도 '이 정도면 무난하다' 싶은 사람과 결혼해요. 그래놓고 불같은 사랑으로 결혼한 친구들을 부러워하고, '사모님'으로 불리는 친구를 또 부러워해요. 이도저도 아닌 타협을 하면 공허해지기 쉽습니다.

애매한 분들보다 더 가슴 아픈 경우가 있습니다. "사랑밖에 난 몰라" 하면서 눈에 콩깍지가 씌워 결혼했어요. 그런 다음 확 돌변합니다. "사랑이 전부가 아니더라"면서 후회해요. 사우나에서 이런 분들 많이 봤어요. "결혼하고 남편이 바뀌었어"라고 하지만 제가 볼 때 아내도 같이 바

꾄 거예요.

그렇기 때문에 자기의 색깔을 확실히 밝히는 게 좋습니다. "난 사랑을 택하겠다" 혹은 "난 조건을 따지겠다" 하는 사람들이 나을 수 있어요. 적어도 자기가 원하는 게 뭔지는 분명히 아는 거잖아요. 그러면 그걸 얻을 확률도 높아져요. 이런 분들은 가치관도 잘 변하지 않습니다.

저는 낭만주의자는 아닙니다만, 차라리 사랑을 택하는 게 낫다고 보는 편입니다. 돈은 나중에라도 어떻게 벌 수 있지만 사랑에는 유효기간이 있는 것 같거든요. 사랑은 '그때'에만 할 수 있는 것 같습니다. 사랑도 나중에 할 수 있을지 모르겠지만, 젊어서 할 수 있을 때 해 본 사람들이 나중에도 또 할 수 있다고 봐요.

인생을 80년으로 보면 대부분의 시간은 그냥 살아내잖아요. 누군가를 뜨겁게 사랑했던 기억은 정말 소중하게 가슴 속에 남습니다. 그런 추억을 포기하기엔 너무 아깝지 않나요.

'어른 여자'의 '어른스러운 연애'를 하자

10대의 순수한 사랑이 지나가고 난 다음, '어른 여자'가 되서 연애할 때는 좀 여유를 보일 수 있다고 봐요. 보통 자기가 가진 게 별로 없으면 남자에게 "좀 나에게 자상했으면 좋겠어", "좀 더 능력이 있었으면 좋겠어" 하고 바라는 게 많잖아요.

정신적·경제적으로 자립한 '어른 여자'가 되면 내가 먼저 포용력을 보일 수도 있는 거고 내가 먼저 그 사람을 이해하려는 '대인배' 마음을 가질 수도 있어요. 때로는 경제적인 문제도 내가 감당할 수 있는 것은 감당해야 됩니다. 넉넉한 마음일 때 정말 순수한 사랑이 생길 것 같습니다.

'진짜 어른 여자'는 스스로에게 이것만 물어요. '내가 정말 이 남자를 사랑하나?' '예스(Yes)'라는 답이 나오면 나머지는 문제가 되지 않는 거예요. 나머지는 자기가 감당할 수 있기 때문에.

전 '어른 여자'의 '어른스러운 연애'가 양성평등과 다르지 않다고 생각합니다. '어떻게든 좋은 남자를 만나서 결혼을 잘해야지'라고 생각하지 않아야 오히려 내게 맞는 사람을 만날 수 있습니다. 내가 하는 일과 내 삶의 모든 것이 안정돼야 남자로부터 자유로워지지 않을까요.

남자는 의존의 대상이 아닙니다. 하지만 생각보다 여자들의 머릿속에 뿌리 깊이 박힌 인식입니다. 예전에는 내가 자립적이고 진보적인 여자인 줄 알았는데 앞에 결혼 문제만 놓이면 갑자기 보수적이고 어리광을 부리는 여자가 돼 버리는 겁니다. 그런 모습을 볼 때 참 속상해요. 남자는 의존할 대상이 아니고 사랑할 대상이에요. 너그러운 마음으로 사랑해 줬으면 합니다.

흔히 "넌 혼자서도 참 잘 살 거야"라고 얘기하잖아요. '나는 혼자서도 잘 살 수 있는 여자니까 더 큰 사랑을 할 수 있는 여자야'라고 스스로 다짐해 보면 어떨까요.

내 인생, 내 연애는 내가 리드하자

제 책의 표지를 이렇게 그려달라고 주문했습니다. 남자와 여자가 잠을 잤습니다. 그날 밤 남자와 갈등이 좀 있었는데, 다음날 아침에 일어나 보니 남자는 없어졌죠. 그래도 여자는 혼자 일어나 머리를 질끈 묶으면서 출근 준비를 하는 모습이죠. '앞으로 어떤 일이 일어나든 내 힘으로 한 발자국씩 인생을 걸어 나가자!'는 뜻입니다.

연애에 대한 저의 생각은 딱 이것입니다. 내 인생에서 내 연애를 리드하는 것은 나 자신입니다. 그러려면 자발적으로 내게 맞는 인간관계를 선택해서 밀고 나갈 수 있는 힘이 있어야 합니다.

  다른 사람의 시선이나 잣대, 상대 남자에 의해 흔들리지 마세요. 왜냐면 우리는 사랑하는 사람들과 오래오래 살아야 하거든요. 자칫 빠지기 쉬운 '헛똑똑이 딜레마'를 피해, 행복하고 좋은 연애를 하세요.

워너비알파레이디 TIP

연애 못하는 나, 혹시 '건어물녀'?

'건어물녀'는 일본 니혼TV의 인기드라마 〈호타루의 빛〉에 나온 여주인공 호타루가 탄생시킨 신조어지요. 호타루는 직장에서는 능력 있고 당당한 여성이지만 집에만 돌아오면 질끈 묶은 머리에, 다 늘어난 트레이닝복을 입고, 맥주와 오징어를 벗 삼아 애완동물과 뒹굽니다. '건어물녀'란 호타루처럼 사람과 감정을 나누는 일에 무감해져 마음도, 애정도 건어물처럼 말라버린 여성을 뜻합니다.

'귀찮다', '내 코가 석자다', '돈과 시간이 아깝다'는 이유를 들며 연애를 하지 않겠다는 여성들이 종종 있습니다. 정말 그저 귀찮은 걸까요? 혹시나 상처받기를 두려워해 감정적 소모를 거부하는 것이 아닐까요.

물론, 연애는 극심한 '감정 노동'을 수반합니다. 연애가 잘 되든, 잘 안 되든 사람의 기운을 쏙 빼가죠. 하지만 연애는 동시에 사람을 단기간에 초고속으로 쑥쑥 성장시키기도 합니다. 내가 누구인지, 상대는 어떤 사람이며 어떤 감정을 갖고 있는지 치열하게 고민하고 직시하게 만드니까요.

결과가 두려워 '감정 노동'을 거부하다 보면 정말 모든 일에 감정 쓰는 일을 귀찮아하는 '건어물녀'가 될지도 모릅니다. 마음도 몸처럼 운동이 필요합니다. 마음의 근육도 단련돼야 잘 움직이는 법입니다. 너무 오래 감정을 쓰지 않으면 마음도 녹슬어 감정 쓰는 법을 잊어버리기 마련입니다.

나의 건어물녀 지수는 얼마나 되는지 한 번 체크해 보세요.

마음도 운동이 필요하다

■ **건어물녀 테스트**

☐ 집에 돌아오면 '추리닝(트레이닝복)' 차림이다.

☐ 쉬는 날에는 노 메이크업에 노 브라가 기본이다.

☐ "귀찮아." "대충 하지 뭐." "상관없잖아." 이런 말을 입에 달고 산다.

☐ 술에 취한 다음날 아침엔 정체 모를 뭔가가 방 안에 있다(필름이 또 끊겼다).

☐ 제모는 여름에만 하면 되는 거지.

☐ 잊어버리고 나온 물건이 있으면 구두를 신은 채 까치발로 들어가 가지고 온다.

☐ 메일의 답신은 짧게, 늦게 보낸다.

☐ TV를 보면서 혼잣말을 자주 한다.

☐ 냉장고 안에 제대로 된 먹을거리가 없다.

☐ 라면은 냄비 채로 먹을 때가 많다.

☐ 방에 널어놓은 세탁물은 개켜 넣기도 전에 그냥 입는다.

☐ 최근 들어 가슴이 두근거린 건 계단을 오를 때가 전부다.

☐ 그러고 보니 최근 한 달 새, 일 때문에 접하는 사람이나 가족이 아닌 이성과 만나거나 10분 이상 얘기한 적이 없다.

☐ 솔직히 이걸 체크하는 것도 귀찮다.

☐ 체크하면서도, 결과에는 별로 신경이 쓰이지 않는다.

0개: 당신은 멋진 여성 ● **1~3개**: 건어물녀 위험은 없음 ● **4~7개**: 당신은 예비 건어물녀 ● **8~11개**: 건어물녀로 인정 ● **12개 이상**: 완전 건어물녀

(출처: 일본 니혼TV 〈호타루의 빛〉 홈페이지 http://www.ntv.co.jp/himono/check/index.html)

영화계대모, 명필름대표 · 심재명

열심히 일하는

사람보다

좋아서 일하는

사람으로!

심재명은 동덕여대 국어국문학과를 졸업하고, 1988년 당시 여성들에겐 불모지와 같았던 영화계에 입문했습니다. 이후 영화기획사 '명기획'과 '명필름'을 설립, 약 30편의 작품을 선보이며 한국 영화사에 굵직한 기록들을 남겼습니다. 2010년에는 애니메이션 〈마당을 나온 암탉〉을 성공시켜 '2011 올해의 여성문화인 상(賞)'을 수상한 영화계를 대표하는 여성리더입니다.

유인경 선임기자의 제안을 거절하지 못해 이 자리에 나왔습니다. 제가 남의 말을 잘 듣는 편이거든요. 아, 하지 않는다고 할 걸(웃음). 긴장도 되고 막막하기도 하네요. 이제 한 달만 지나면 쉰 살이 되는데요. 그때는 무조건 거절을 잘 하리라 결심했습니다.

제 강의의 주제는 '여성들이여, 야망을 가져라(Girls, be ambitious)'입니다만, 저는 사실 예전에도 야망이 없었고 지금도 없어요. 성공해야겠다고 생각해 본 적도 없었습니다.

어제 삼성그룹, NHN, 제일기획에서 하는 강연에 갔습니다. 저와 삼성전자의 여성 전무, 유명한 프리랜서 아나운서가 나와 강의를 했습니다. 다른 분들 강연을 보니 저는 정말 준비 없이 나온 것이더라고요. '내가 막연하게 사는구나'라는 생각이 들었습니다. 영화를 만들 때도 그랬던 것 같아요. 그렇게 '빡빡하면서도 편하게' 영화를 만들었던 과정을 말씀드릴게요.

남들이 가지 않은 길을 가라

'명필름'이라는 회사를 아세요? 요즘 20대는 잘 모르더라고요. 이 회사를 만든 지 16년 정도 됐고, 제 이름으로 영화를 30편 정도 제작했습니다. 제작자는 앞에 나서서 유명해지는 것보다 영화 덕분에 얻은 유명세로 이런 자리에 나오는 것 같습니다.

〈시라노: 연애조작단〉(2010), 〈접속〉(1997), 〈와이키키 브라더스〉(2001) 등을 만들었습니다. 최근 제작한 〈마당을 나온 암탉〉이라는 영화를 220만 명 넘는 관객들이 보았는데요. 사실 요즘에는 1000만 명이 넘게 보는 영화도 비일비재합니다. 그런데 220만 명을 동원하고도 인구에 회자되고, 언론에도 많이 나오고, 상도 여러 개 받았습니다.

애니메이션은 여태까지 한 번도 관객이 100만 명을 넘은 적이 없었고, 실패와 좌절을 거듭해 왔죠. 이런 열악한 상황 속에서 애니메이션으로 돈 벌고 경향신문 등 여러 매체에 소개됐습니다. 이런 점을 격려해 주셔서, 문화체육관광부에서 주는 '2011 올해의 여성문화인 상'도 받았습니다.

여태까지 실사영화는 30편을 만들었는데 애니메이션을 만든 건 처음이에요. 실사영화를 잘 만드는 것도 어려운데 왜 애니메이션을 만들려 하느냐는 질문이 많았고 투자 받기도 어려웠습니다. 투자를 전문적으로 하는 사람은 선례라든가, 전작의 성과를 놓고 다음 작품에 투자할지 평가합니다. 투자자들은 "원작도 훌륭하고 명필름이 영화를 잘 만드는 것도 아는데……"라면서도 정작 선뜻 투자하려 하지 않았습니다. "우리나라에서 애니메이션이 성공한 적이 한 번도 없으니 이번에도 힘들지 않겠느냐?"는 거였죠.

하지만 〈시라노: 연애조작단〉으로 번 돈을 다 투자해서, '하이 리스크, 하이 리턴(high risk, high return)'이라는 생각으로 만들었습니다.

〈마당을 나온 암탉〉을 만드는 데 6년이 걸렸습니다. 영화는 몇 년, 심지어 몇 십 년 동안 여러 사람이 머리를 맞대어 만들어내는 '집적 생산물'이거든요.

'그걸 왜 하느냐'고 주변에서 많이 물었습니다. 저는 아이를 키우는 엄마로서 영화를 보러 다닐 때도 많습니다. 미국 월트 디즈니 사나 일본 지브리 스튜디오의 좋은 애니메이션도 많지만, 제 아이를 비롯한 한국 아이들이 가족과 함께 볼 수 있는 만족스러운 애니메이션이 있었으면 좋겠다고 생각했지요. '아이와 같이 볼 수 있는 애니메이션을 만들어 보고 싶다'는 것이 저의 소망이었습니다.

하지만 모두가 말리는 일을 한다는 것은 처절한 경험이었습니다. 어떤 영화보다 처절하고 치열하게 만들었습니다. 6년간 온갖 시행착오를 겪었고, 경제적 어려움을 극복해 나가면서 개봉했습니다. 다행히 성공해서 가슴을 쓸어내렸죠.

여러 영화를 만들었는데 왜 그중 애니메이션 이야기를 왜 꺼냈냐고요?

제가 다른 건 특별할 게 없는데 어려서부터 고집이 좀 셌어요. 엄마가 "이리로 가라"고 하면 꼭 저리로 가서 속을 썩이는 스타일이었습니다. 영화를 만들 때도 '남들이 가지 않는 길을 가야 기회가 온다'고 생각했어요. 남들이 만든 로맨틱 코미디 영화가 성공했다고 해서 뒤따라 만들면 그건 두 번째, 세 번째가 되잖아요. 그렇게 되면 관객들의 선택에서도 후순위가 됩니다. 남들이 가지 않는 길에 도전할 때 큰 기회가 온다는 것이 제 영화 철학이고, 제작의 가치 기준입니다.

명필름이 만든 영화 30편 중 가장 크게 성공한 것은 모두 남들이 말렸던 영화들입니다. 〈공동경비구역 JSA〉는 제가 자긍심을 갖고 있는 영화이기도 하고, 박찬욱 감독의 이름을 알리는 계기도 됐는데요. 그 영화도 주변에서 굉장히 많이 말렸습니다.

선배 제작자 한 분은 "재명아, 내가 이 영화가 안 될 수밖에 없는 세 가지 이유를 얘기해 주마"라면서 말리더라고요. 물론 그분은 후배를 아끼는 마음이셨죠. 첫째, '군대 얘기라 안 된다'는 거예요. 그 전에는 군대가 배경인 한국 영화가 성공한 적이 별로 없었어요.

둘째, '남북 분단의 트라우마나 아픔을 다룬 주제는 너무 어렵고 민감하고 딱딱하다'는 겁니다. 셋째는 '박찬욱 감독이어서 안 된다'는 거였어요. 박찬욱 감독이 그 전에 흥행에 성공한 적이 없었거든요. 그리고 지금은 전혀 그렇지 않지만, 한때는 배우 이병헌 씨나 이영애 씨가 영화에 나오면 100% 실패한다는 징크스가 있던 시절이 있었어요. 그렇게 '영화가 실패할 수밖에 없는 여러 가지 요인들'을 들면서 포기하는 편이 낫지 않겠냐고 하더군요.

그런데 그런 말을 들으니 저는 거꾸로 오기가 생겼습니다. '남들이 저렇게 말하기 때문에 오히려 기회인 것'이라고 생각했습니다. 결국 그런 편견을 깨고 보기 좋게 성공했어요. 물론 저 혼자 영화를 만든 것은 아니고 100명 이상의 수많은 사람이 함께 만들어 낸 것이지요.

'한국적 스포츠영화'라는 장르를 만든 〈우생순〉

〈우리 생애 최고의 순간(우생순)〉을 만들 때도 정말 반대가 심했어요. 너무 심하니까 외롭다는 마음까지 들더라고요.

어느 날 2004년 아테네 올림픽 여자 핸드볼 경기 결승전을 보게 됐어요. 전반전, 후반전이 지나도 경기가 끝나지 않고 연장, 연장, 연장까지 이어져서 127분이나 경기를 한 끝에 결국에는 승부던지기로 얻은 은메달이었죠. 그해 올림픽의 명승부로 꼽힐 정도로 감동적인 경기였고, 저는 그걸 보면서 '영화로 만들어야겠다'고 생각했습니다.

선수들은 분명히 금메달이 목표였을 텐데, 그렇게 피눈물과 땀을 흘리면서 은메달을 땄는데도 모두 환하게 웃고 있는 거예요. 경기에 승복하고 과정에 대해 자랑스러워하는 모습이었죠.

핸드볼은 올림픽에서는 메달을 따는 효자종목이지만 평상시에는 비인기종목이잖아요. 자조적으로 '한데볼'이라고도 표현한다는데, 다른 스포츠 선수들보다 핸드볼 선수들은 훨씬 열악한 상황에서 경기를 합니다. 예를 들면 결승전에서 맞붙은 덴마크에는 핸드볼 프로클럽이 50개인데 우리나라는 5개뿐이죠. 이건 정말이지 다윗과 골리앗의 싸움이었고, 그만큼 선수들의 투혼이 감동적이었어요. '이런 얘기가 아니면 도대체 어떤 얘기가 영화로 만들어질 수 있단 말인가' 하고 생각했습니다.

그런데 회사 내부에서 반대가 심했습니다. 당시까지만 해도 한국에서 스포츠영화가 성공한 적이 없었거든요. 배우 장동건 씨나 원빈 씨 같은 꽃미남 배우가 나오는 영화도 관객들이 티켓을 살까, 말까 하는데 '아줌마들'이 무더기로 출연하는 영화를 누가 보냐는 거죠.

올림픽 경기를 재현하는 영화이다 보니 제작비도 만만치 않았습니다. 그래서 직원들이 충정으로 말리더군요. 배급 팀장이 "이 영화에 관객이 70만 명 이상 들면 장을 지진다"고 하더라고요. 그 말에 또 오기가 생겼습니다.

하지만 결국 성공했고, 〈우생순〉 이후에 〈국가대표〉 등 스포츠 영화가 여러 편 나왔습니다. 처음 도전하는 사람은 변화의 흐름을 주도했다는 데에 자긍심을 느낍니다. 〈우생순〉은 흥행에 성공하기도 했지만, 영화 장르의 저변을 확대했다는 점에서 자긍심을 가질 수 있는 작품이었습니다.

물론 지금에 와서 하는 말일 뿐이고, 만드는 과정에서는 굉장히 힘들었어요. 우리는 할리우드처럼 영화 제작 시스템이 정교하지 않습니다. 그래서 배우들이 핸드볼 훈련을 하고 경기를 재연하는 과정이 정말 지난했습니다. 멜로드라마나 규모가 작은 영화에 비하면 배우나 제작진이 준비할 게 굉장히 많거든요.

〈우생순〉의 배우들은 육체적으로 너무나 힘든 훈련과정을 3개월 동안 묵묵히 견뎠어요. 배우들이 서로 몸으로 부딪히다 보니, 한두 번 만나서 토론하고 영화를 찍을 때와 비교해 촬영에 들어가기도 전부터 배우들 사이에 끈끈한 정이 생겼습니다. 만약 영화 속에서 우정이나 연대 같은 끈끈함이 느껴졌다면 그건 아마 배우들이 영화를 준비하면서 그 끈끈함을 깨달았기 때문일 겁니다. 그런 과정을 거쳐서 〈우생순〉도 성공을 거뒀죠.

〈우생순〉을 연출한 분이 임순례 감독입니다. 한국의 대표적인 여성감독이죠. 저희 명필름과는 〈와이키키 브라더스〉를 같이 했어요. 그 영화는 비주류 인생의 아픔을 돌아보는 얘기잖아요. 투자자들이 보기에 임 감독은 상업영화를 잘 만들 수 있는 능력이 입증되지 않은 상황이었죠. 투자자들 사이에서는 '다른 상업영화 감독을 선택하라'는 의견도 있었어요.

하지만 저는 생각이 달랐습니다. 상업영화를 잘 만드는 것도 중요하지만 〈우생순〉이 하려는 얘기, '여성끼리의 연대'라는 얘기를 여성적인 시각으로 정말 잘 만들 사람이라는 믿음이 있었습니다. 그리고 임 감독은 〈우생순〉으로 '흥행감독'이 되셨죠.

공감하고 소통하라, '마이너'의 말을 들어라

제가 영화를 만든 이야기를 했던 건, 그 모든 것이 소통과 공감의 과정이었다는 말씀을 드리고 싶어서입니다. 강의 맨 처음에 제가 '얘기를 하는 것보다 듣는 것을 잘하는 사람'이라고 말씀드렸지요.

영화는 모든 사람의 열의를 모아서 시너지를 내는 일입니다. 그걸 위해서 제작자는 창작자와 자본, 기술 사이의 거간꾼 역할을 하는 것이고요. 그러려면 창작능력이 있는 사람의 재능을 판단하고, 기술 책임자의 능력을 판단하고, 영화의 주제를 잘 구현해 낼 감독의 세계관이나 가치관 등을 잘 파악하는 게 중요합니다.

제작자가 꼭 리더십이 있고 통솔력이 뛰어나야 하는 건 아닙니다. 사람들의 재능과 열의와 노력을 최대한 뽑아내려면 그들의 마음을 이해하고 감정을 파악하는 공감능력이 어떤 능력이나 지식보다 더 필요합니다.

앞으로는 이런 공감능력이 더욱 중요해질 겁니다. 여러분이 어느 조직의 리더이든 신입사원이든, 공감할 수 있는 힘이 중요합니다. 신입사원이라면 상사가 나에게서 뭘 끌어내려고 하는지, 상사가 어떤 의도로 말하는지 파악하세요. '스펙'도 인재의 자질일 수 있겠지만 공감능력이 앞으로의 사회에서는 어떤 기능이나 기술보다 중요한 능력이 될 겁니다.

김난도 서울대 교수의 『2012년 코리아 트렌드』라는 책을 보니 '미래에는 공감과 소통능력이 인재의 요건 중 하나'라고 하더군요. 기술이나 기능은 훈련과 연마를 하면 일정 수준에 올라가지만 공감능력은 그 우위에 있는 것이기 때문에 미래사회에는 훨씬 더 중요한 능력이라는 겁니다. 그 글을 보면서, 내가 살아오면서 몸으로 느낀 것이 이거로구나 생각했어요.

소통은 '상호교류'입니다. 소통은 남의 말을 경청하는 데서 출발합니다. 소통과 공감능력이 있으면 조직의 막내부터 단계를 밟아 성장할 수 있게 될 거예요.

영화나 드라마에는 재벌이라든가, 엄청난 배경을 가진 주인공들이 많이 나옵니다. 하지만 제가 만드는 영화의 주인공은 대부분 비주류의 삶을 사는 '마이너'들입니다. 그런 사람들이 보여 주는 진정성이 누군가에게는 영화를 넘어서는 위로와 감동과 힘을 줬기 때문에 영화가 성공할 수 있었던 것 같습니다.

〈마당을 나온 암탉〉이나 〈우생순〉의 주인공들은 보잘 것 없는 존재에요. 〈마당을 나온 암탉〉의 암탉은 양계장에서 평생 알만 낳다가 쓰러지는 존재입니다. 비주류, '마이너'죠. 그런데 이 암탉은 양계장에서 탈출해 스스로 알을 품어 엄마가 되고 싶다는 소망을 가져요. 말도 안 되잖아요. 하지만 양계장에서 알만 낳는 암탉이 대자연에 나가 청둥오리의 알을 대신 품어서 멋진 파수꾼으로 키워냅니다. 그런 '엄마'의 모습이 감동적이죠.

〈우생순〉의 주인공도 이혼녀, 남편의 사업이 실패한 여자, 불임 여성 등입니다. 이런 '아줌마 선수'들이 연대하면서 최선을 다하는 모습이 소중하다는 얘기를 그렸죠. 사람 사이의 소통과 공감이 중요하다는 말씀을 다시 한 번 드리고 싶어요.

돈보다 '좋아하는것'을 향해 여기까지왔다

흔히 '도전과 용기' 이런 얘기를 많이 하지만 저는 솔직히 '성공해야지'라고 생각한 적도, '돈을 벌어야지'라고 생각한 적도 없습니다. 제가 지금 성공했는지도 잘 모르겠습니다. 하지만 다행히도 제가 원하던 일을 업으로 삼고 있고, 그것에 감사하고 있습니다.

저의 청춘을 뒤돌아보면 한마디로 한심했어요. 가난한 집에서 자라고, 평범한 학교를 나오고, 보시다시피 키도 작고, 아주 평범하게 생겼죠. 가진 게 별로 없었습니다.

지금의 한국사회는 20대를 착취하고 있어요. 저는 기성세대가 20대에게 미안해해야 한다고 생각해요. 저는 20대 때 굉장히 잘 놀았어요. 스펙 따위 생각하지 않아도 됐던 시절이었으니까요. 제가 좋아하는 영화를 미친 듯이 보고, 미술을 좋아해서 미술 관련 취미생활도 했습니다.

광고 카피라이터가 되고 싶어서 광고와 관련한 경험을 하거나 공부를 하기도 했죠. 그냥 제가 좋아하는 것을 열심히 즐기고 배우고 살았는데 그게 지금의 제 '스펙'이 된 것 같습니다.

집이 가난했지만 나중에 돈을 많이 벌어야겠다는 생각 없이 그냥 제가 절실히 바라는 것을 향해서 걸었습니다. 운 좋게도 제가 소망하는 것과 맞닿은 일을 하게 돼 여기까지 오게 됐는데요. 여러분도 자기가 정말 좋아하는 게 뭔지 잘 들여다보십시오. 정말 그 일을 하고 싶은지 자기 스스로에게 솔직하지 못한 분들이 많습니다. 자기는 하고 싶다고 하지만 주변에서 보기에 잘 맞지 않거나 다른 일을 한 게 낫겠다는 생각이 드는 경우들도 있어요.

차분하고 고요한 상태에서 자신이 절실하게 하고 싶은 게 뭔지 들여다보세요. '남들이 하라고 하니까' 또는 '해야 될 것 같으니까'라는 식은 안 됩니다. 그저 열심히 하는 사람은 좋아하는 일을 하는 사람을 당해낼 수 없습니다.

물론 사람이 좋아하는 일만 하면서 살 수는 없지요. 하기 싫은 일, 해야 되는 일을 모두 하면서 사는 게 우리 인생이니까요. 그럼에도 자기 정체성을 찾기 위해서 내면을 잘 들여다보고, 내가 정말 무엇을 하고 싶은지 스스로에게 물어 보세요. 여전히 '그 일'을 하고 싶다면, 그때는 최선을 다하면 됩니다.

한국은 자살률도 높고 행복지수가 상대적으로 낮습니다. 남과 비교를 많이 하기 때문에 스스로 불행해지는 것 같아요. 나 스스로 만족하면 될 텐데 지금의 위치를 다른 이들과 비교하면 삶이 불행해져요. 자기 의지와 주관을 갖고 '이 정도면 행복하다', '자랑스럽다', '목표는 달성하지 못했지만 과정에 최선을 다했기 때문에 괜찮다'고 생각하는 옹골찬 자존심을 가졌으면 좋겠습니다.

'과정'이 보람된 일을 하라

결과보다는 과정을 중요하게 생각하세요. 저는 '돈을 많이 벌어야겠다'고 생각해 본 적이 없다고 했죠. 그것을 강조하는 이유가 있습니다.

저는 영화를 만들 때 스스로에게 가장 먼저 '이게 정말 내가 사람들에게 하고 싶은 얘기인가?'라고 물어 봅니다. 영화 한 편을 만드는 데 몇 년씩 걸리는데 하고 싶은 얘기가 아니라면 왜 보람도 없이 하겠어요. 돈을 벌기 위해서? 그러면 돈도 안 벌려요. 돈을 생각하면 돈이 오지 않습니다. 거꾸로 돈을 생각하지 않아야 돈이 옵니다. 스스로에게 여러 번 물어 보고 '이 얘기를 정말 하고 싶다', '영화를 만드는 시간이 보람이 있겠다'고 생각될 때 만듭니다.

그렇다고 무모하게 할 수는 없지요. 영화는 수많은 사람의 시간과 노력이 따라야 하고 수십억 원의 돈이 들어가야 하는 냉정한 비즈니스니까요. 내가 하고 싶다고 마음대로 할 수는 없습니다.

그래서 전 두 번째로 '사람들도 이 얘기를 보고 싶을까?'라는 질문을 스스로에게 던집니다. 나만 보고 싶어 하는 얘기면 안 되잖아요. 시장조사도 하고, 관객분석도 하고, 영화가 완성됐을 때의 시대 분위기를 예측하면서 객관적인 검증을 합니다.

영화는 예술이자 문화이면서, 비즈니스를 위한 상품이기도 합니다. 그래서 세 번째로 '손해 보지는 않을 까?'라고 미리 그려 봅니다. 중요한 것은 '돈을 벌 것인가'가 아니고 '어떻게 하면 손해 보지 않을 것인가'만 생각한다는 점입니다.

홍상수 감독의 〈하하하〉 같은 예술영화든, 제작비만 몇 백 억이 들어간 블록버스터 영화든, 손해를 보지 않는 것이 제작자로서 절체절명의 의무입니다. A라는 얘기는 1억을 들여 만들고 B라는 얘기는 100억을 들여 만들어야 한다면 그에 맞게 제작비를 산정하고 세부사항을 짜고 나서 제작합니다. 예술영화에 들어간 돈을 손해 보지 않아야 예술영화가 계속 만들어질 수 있잖아요. 손익분기점을 목표로 삼는 것이 제작자의 역할이고, 수익은 그 다음 문제입니다.

이런 세 가지 질문을 스스로에게 하고, 같이 일하는 사람들에게도 합니다. 서로 고민하고 답을 구하고 나서 제작을 결정합니다.

목표를 우선시하고 성공을 지상과제로 삼다 보면 그 과정이 힘들어지고, 보람도 가치도 없는 것이 됩니다. 하고 싶은 일을 하는 과정 속에서 스스로 질문하고 답하고 실행하고 노력하는 겁니다. 그래도 결과가 생각했던 것보다 좋지 못하다면 아쉽지만 어쩔 수 없는 것이고요. 그때는 깨끗이 승복하면 되는 겁니다.

사람마다 꽃 피는 시기가 다르다

사람은 꽃과 같아서 피는 시기가 다르대요. 중·고교 때는 공부를 잘했는데 사회생활이 잘 안 풀리는 사람도 있고, 늦깎이인 사람도 있죠. 외모와 재능, 가능성이 다 달라서 꽃피우는 시기도 달라져요. 사람마다 외모가 다르듯 가능성도 다르다는 것을 인정했으면 좋겠습니다.

저도 키가 작고 남편도 작기 때문에 제 딸의 키가 작지 않을까 고민했어요. 요즘은 외모보다 키가 더 중요하다던데 아이가 어릴 때 통 자라지 않는 거예요. 병원에 가서 엄마, 아빠의 키를 가지고 예상 키를 계산해 보니 저보다도 작게 나왔어요. 병원에서는 성장호르몬 주사를 맞히라고 하죠. 약을 먹게 해야 하나, 비싼 돈을 내고 운동을 시켜야 하나 초조했어요.

한두 번 한약을 먹이긴 했지만 지금 아이가 중3인데 놀랍게도 키가 많이 컸어요. 아무 생각 없이 잘 먹고 잘 잤더니 유전적 요인을 뛰어넘어서 많이 컸어요.

10년 전 한국인의 평균키와 지금의 평균키는 1~2센티미터밖에 차이가 나지 않습니다. 다만 요새는 성장 속도가 굉장히 빠르다는 점이 달라졌을 뿐이죠. 그런데 결과적으로 보면 한국인의 평균키는 성장속도만큼 차이가 나지 않아요. 결국에는 다 자라게 마련이니 아이가 클 때까지 기다리면 되는 건데, 그 사이 다른 아이와 비교하면서 부모들이 초조해 하고 그것으로 돈을 버는 사람들이 있는 거죠.

그때 큰 돈 안 쓰고 기다리길 잘 했다고 생각해요. 사람마다 꽃피는 시기가 다르다고 생각하면 좀 더 삶에 여유가 있을 거예요.

지금까지 '소통과 공감', '도전과 용기' 이런 얘기를 했습니다만 사실 제가 능력이 있었다기보다는 운도 많이 따랐다고 생각합니다. 제작자 중에 꽤 많이 알려져 있고, 계속 영화를 만들고 있고, 칭찬도 많이 받고 있는 편입니다.

저는 국어국문과를 나왔고 82학번입니다. 처음에는 연극영화과에 간절히 가고 싶었어요. 중학교 때부터 영화를 굉장히 좋아했거든요. 그런데 제가 대학에 갈 때만 해도 영화는 '이상한 사람들이 하는 것' 혹은 '아무나 안 하거나 또는 못 하는 것'이었어요. 그래서 차마 부모님에게 영화를 하고 싶다는 말씀을 드리지 못했습니다. 영화 말고도 다른 좋아하는 일이 있었고요. 학력고사 점수도 별로 높지 않아서 이것저것 고려하다가 아버지께서 "너는 그나마 국어를 잘 하지 않냐?"고 하셨어요. 그래서 국문과에 들어갔습니다.

요즘은 멘토와 만남이나 토크 콘서트 같은 것들이 많지만 저는 멘토가 없던 시절을 살았어요. 그래도 학창시절에 누구나 한 번은 좋은 선생님을 만나게 되죠. 저도 훌륭한 선생님을 두 분 만났습니다. 저는 학교에서 야단도 많이 맞고, 집에서는 골칫덩어리라고 하는 그런 학생이었어요. 학교에 가면 매일 반성문을 쓰고 지각하던 학생이었는데 저를 관심 있게 봐 준 선생님이 계셨습니다.

저는 강퍅한 청춘시절을 보냈지만 요즘에는 멘토를 통해 내가 갈 길을 내다 볼 수 있는 시대에요. 삶에 조언을 줄 수 있는 멘토를 만드세요. 앞서 경험하신 분의 이야기를 듣고 시행착오를 줄일 수 있다면 효율적이죠. 정신적으로 위로가 되기도 하고요. 멘토가 사람이 아니어도 됩니다. 영화든, 책이든, 어떤 명제이든, 무엇이든 됩니다. 목표를 향해 나아가면서 힘들 때마다 기댈 수 있는 멘토를 정해두세요.

지속적이고 일관된 영화인이 되고 싶다

한국영화는 조로(早老)하고 세대교체가 빠른 경향이 있습니다. 한국 사회가 워낙 역동적이잖아요. 매일매일 사건사고가 일어나고, 역사적 변화가 생기죠. 그런 면에서 한국영화도 아주 역동적입니다. 영화계에서 금방 사라지는 사람도 참 많습니다.

지난해 소박하게 명필름 15주년 영화제를 했어요. 명필름 20주년 영화제도 하고 싶은 것이 지금의 꿈입니다. 지금까지 30편 정도 만들었는데 20주년에는 40편으로 늘어났으면 하고요. 그리고 앞으로 만들어질 영화들은 이전에 만든 것들과는 달랐으면 좋겠습니다.

또 하나, 가슴에 가지고 있는 것이 있어요. 저는 평생 한 편의 천재적인 걸작을 만드는 사람보다 일관되게 꾸준히 좋은 작품을 만드는 사람이 훨씬 더 훌륭하다고 생각해요. 일관성 있게 영화를 만들고 그때마다 조금씩 성장하면서 나아갔으면 합니다. 제가 다음 달에는 쉰 살이 됩니다. 믿어지지 않지만 어쩌겠어요. 단계를 하나씩 밟아나가면서 영화 일을 하려고 합니다.

오늘 같은 날은 좋은 영화를 보거나 친구들과 얘기를 나누는 게 더 좋을 수도 있는데 제 평범한 얘기를 들어 주셔서 감사합니다. 저 역시 여러분들에게 좋은 에너지를 받고 돌아갑니다.

■ **처음부터 영화 제작자는 아니셨잖아요. 영화사에서 일명 '심양', '미스 심'으로 불리면서 직원으로 일했고, 밑바닥에서부터 성장하신 걸로 알고 있습니다. 그때는 영화사의 환경이 지금보다도 훨씬 열악했는데 그 시절을 어떻게 견디셨나요.**

열악한 환경이라는 생각은 안 했습니다. 돈을 벌 수 있어서 너무 좋았어요. 대학 다닐 때 여름방학마다 아르바이트를 했는데, 우리 세대 때만 해도 금융권에서 두 달 정도 일하면 등록금을 마련했거든요. 이런 얘기를 하니 요즘 20대한테 다시 한 번 미안하다는 생각이 드네요. 요즘은 한 달 꼬박 아르바이트를 해도 등록금의 몇 %밖에 안 되잖아요.

제가 대학 다닐 때는 경제수준이 그리 높았던 것도 아닌데 아르바이트를 하는 대학생이 별로 없었어요. 저는 등록금을 제 손으로 마련해야 한다고 생각해서 꼬박꼬박 아르바이트를 했었죠. 사회생활을 할 때는 내가 좋아하는 일을 하면서 돈까지 버니까 좋더라고요. 정말 힘든 것도 많았지만 '견뎌낸다', '더러워도 참는다'고 생각해 본 적은 없습니다. 솔직히 말씀드리면 잘리지 않으려고 성실하게 노력했습니다. 저한테 주어진 일이 너무 좋았습니다. 좀 더 잘해서 칭찬받았으면 좋겠다, 월급도 조금 더 오르면 좋겠다고 생각했죠. 그래서 힘든 걸 몰랐어요.

■ **직장생활을 하다가 독립해서 자기 이름을 건 회사를 차리려면 큰 용기가 필요할 것 같습니다. '언젠가 회사를 떠나야지' 하면서도 20년 넘게 용기가 없어서 못하는 사람도 많습니다. 내 사업을 하고 싶은 피가 끓는 직장인, 학생들에게 해주고 싶은 충고는.**

아무래도 저는 이 자리에 잘못 온 것 같아요. 저는 창업하고 싶은 생각이 없었거든요. 회사가 자르지 않으면 계속 다니려고 했어요(웃음). 회사가 비전을 제시하는 한 계속 있을 생각이었죠.

제가 영화사 신입사원으로 시작해 기획실장까지 맡았습니다. 그 이상의 위치에 올라가면서 영화사에서 만드는 영화에 자긍심을 느끼고 조직 안에서 정체성을 찾을 수 있었다면 그만두지 않았을 거예요. 어쩌다 상황이 이렇게 돼서 나왔지, 제가 창업하겠다고 작정하고 나온 건 아니었습니다.

저는 이 일을 23년 동안 하면서 한 달 이상 쉬어 본 적이 없는데 직장생활은 4년밖에 하지 않았으니 짧게 한 거죠. 한 달 동안 유럽 배낭여행을 다녀온 뒤에, 누가 하자고 해서 영화 홍보마케팅을 시작하게 됐고 명기획이라는 마케팅 회사를 만들었습니다. 하지만 남편은 늘 저보고 수세적이고 개척정신도 별로 없다고 해요. 저는 주어진 상황에 불만을 품거나 원망하기보다는 받아들이는 편이었습니다. 자존감이 상대적으로 낮은 거죠. 다만 주어진 상황을 어리석지 않게 이용하거나 활용하고 적응합니다. 사실은 그래서 후회도 많아요. 〈마당을 나온 암탉〉에 '규칙은 왜 지켜야 하나, '질서는 뭔가'라는 대사가 나옵니다. 영화 속 암탉은 '왕따'를 당하면서도 현실에 안주하지 않고 질문을 던지죠. 그런데 전 제가 하는 일에는 창의성을 발휘하고 재미있게 일하면서도 저를 둘러싼 사회나 현실에는 순응하는 편이었어요. 스스로 용감하게 무언가 한 적이 없었습니다. 성격도 내성적이고 수줍음이 많아 이 일을 하면서도 어려운 경우가 많았습니다. 그 대신 조용히 듣고 설득하고, '아닌 척하면서 손해 보지 않는 사람' 있잖아요. 손해를 보는 것 같은데 그렇지 않은 사람. 저는 그런 정도였던 것 같아요. 개척정신이나 저돌적인 추진력은 없었어요. 그저 기회가 왔을 때 놓치지 않고 만들어갔을 뿐이에요.

■ **사람마다 성격이 다릅니다. 모두가 소통과 공감능력을 갖고 싶어 하지만 그렇지 못한 사람도 있어요. 노력을 하면서 매번 실패하기도 하고요. 소통과 공감을 잘 하게 해 주는 훈련법이나 팁이 있다면 무엇일까요?**

딱히 비결은 없어요. 제 자랑을 굳이 하자면 호기심이 많고, 관찰력이 있어요. 어릴 때 책을 많이 보고 영화를 많이 봐서 그런 것 같습니다. 저는 한 시간 동안 거리에 앉아서 지나가는 사람들을 구경하는 게 참 재미있어요. 청룡영화제처럼 관객이 1000명 이상 있는 무대에 올라가 인사할 때가 가끔 있어요. 그럴 때 저는 멀리 있는 사람들의 표정도 다 보여요. 호기심 어린 눈으로 관찰하죠.

그러다 보니 제가 배우 캐스팅을 잘 해요. 톱스타 캐스팅은 잘 못하지만, 잘 될 가능성이 있는 배우를 잘 찾습니다. 전도연 씨가 〈접속〉으로 톱배우가 됐죠. 조승우 씨, 박해미 씨, 류승범 씨, 황정민 씨도 신인배우 시절 저희 영화에 출연했어요. 〈시라노: 연애조작단〉의 이민정 씨나 최다니엘 씨도 신인 축에 속하는 배우였고요.

최근 개봉된 영화 〈머니 볼〉의 주인공 빌리 빈(브래드 피트)은 남들이 발견하지 못한 재능 있는 선수를 찾아 싼값에 영입하는 사람입니다. '저비용 고효율'로 선수를 영입하려면 남을 세심하게 관찰하는 것이 필수입니다. 사람들은 대개 선입견을 갖고 있어요. "그 사람은 공 던지는 모양이 이상해", "사생활이 문란해" 이런 식으로요. 그러다 보면 그 사람의 진정한 재능을 보지 못한 채 이미 검증된 비싼 선수만 데려오잖아요. 상대방을 관찰하는 일은 노력하면 됩니다. 어떤 사람은 자기 이야기만 하느라 상대방이 어떤 생각을 하는지 몰라요. 자기 앞에 있는 사람과 주위를 세심하게 관찰하고 호기심 어린 눈으로 바라보면 공감능력이 올라갈 수 있습니다.

소통은 사람의 성격이나 인품인 것 같아요. 사이코패스는 상대방의 고통을 인지하지 못하는 사람이잖아요. 상대의 고통과 아픔을 배려하고 역지사지의 심정이 되는 것이 중요합니다. 이건 어떻게 보면 우리네 엄마들의 모습인 것 같습니다.

■ **육아 등 가족 내의 문제 때문에 재능을 발휘하지 못하고 사장시키는 여성이 많습니다. 그것을 원치 않는 여성들이 늘면서부터는 저출산이 사회적 문제가 되고 있고요. 영화를 만들면서 '엄마의 자리'를 어떻게 지켜왔나요. 미혼여성들에게는 어떤 충고를 해 주고 싶으신지.**

이 사회가 여성들이 아이를 낳고 싶게 하는 사회는 아니잖아요. 육아를 공공 차원에서 책임져야 하는데 여성의 희생을 강요하고 있죠. 특히 영화계의 출산율은 한국 평균 출산율보다 더 낮습니다. 여성 1명이 0.6명을 낳는 꼴입니다. 주위의 여성영화인들도 결혼을 안 했거나 아이가 없는 분들이 많습니다.

저 역시도 거기에서 자유롭지 못했고, 친정어머니의 희생으로 아이를 키웠습니다. 다행스러운 게 있었다면, 제가 고용되어 일하는 게 아니라 나름 회사의 오너라서 출퇴근이 자유로왔다는 점입니다. 하지만 영화일이 워낙 변화무쌍해서 아이에게 제대로 신경 써 주지 못한 적이 많습니다. 아이를 낳는 일이 참 보람차고 의미 있는 일인데……. 안타까워요. 저는 아이를 낳은 후 영화에 대한 가치관도 많이 달라졌어요. 출산의 경험은 책으로 보거나 들어서 되는 것이 아닙니다. 온전히 육체와 감정으로 경험해서 얻어지는 것이죠. 제 인생에서 아이를 낳은 것이 제일 잘 한 일입니다. 아이를 통해서, 엄마로서의 삶을 통해서 저의 가치관이 변화하고 성숙했어요. 그런 점에서 남편이 굉장히 얄밉습니다. 남편과 같이 일을 하는데 왜 저는 시간을 쪼개서 육아를 책임져야 하는지……. 결혼 초기에는 많이 다투기도 했는데, 지금은 포기했습니다. 저는 포기했지만, 여러분은 그냥 받아들이지 마세요. 싸워서 쟁취하세요(웃음). 여성들이 연대해서 목소리를 내야 합니다.

〈우생순〉이나 〈마당을 나온 암탉〉을 만드는 과정에서 아이뿐 아니라 친정엄마의 영향도 컸습니다. 특히 〈우생순〉을 만들 때 엄마가 많이 편찮으셨습니다. 필름 마지막에 '감사한 분'들 속에 살짝 이름을 넣기도 했죠. 저는 엄마의 삶을 보면서 여성의 고달픈 삶에 관심을 기울이게 됐고, 그걸 영화로 만들어야겠다는 용기를 얻었습니다.

제 가정생활은 평범해요. 부부가 같이 영화 일을 하다 보니, 영화가 제 가족의 운명을 책임지는 셈이 되네요. 아이는 착하게도 바쁜 엄마아빠를 많이 이해하고 있어요. 공부하라고 잔소리를 하지 않으니까 잘 자고 잘 먹어서 키는 많이 컸어요. 평범하고 착한 아이로 크고 있고, 참 감사해요. '내가 가진 것에 비해 너무 소중한 존재가 내게 왔구나'라고 생각합니다.

■ **심 대표님은 일반 기업에서 요구하는 것과는 조금 다른 인재를 원하실 것 같아요. 소통이나 공감능력, 관찰력을 말씀하셨는데, 그 밖에 심 대표님이 생각하는 인재상은 어떤 건가요.**

대기업들은 대개 일하는 시스템이 잘 갖춰져 있어서 조직원들이 제 역할만 하면 결과가 나오는 구조입니다. 반면 영화는 의사결정권자인 영화사 대표나 감독의 역량이 중요해요. 저는 사실 얌전한 척하지만 고집도 굉장히 세고 무뚝뚝해서 회사 식구들이 저를 좋아하는지 모르겠네요. 유머감각도 없고, 리더십도 별로 없고요.

하지만 '심 대표가 만드는 영화는 자긍심을 갖게 한다', '이 회사에서 일한 경력이나 내가 참여한 영화들이 다른 곳으로 갔을 때 도움이 될 것 같다'는 신뢰는 얻고 있는 것 같습니다.

저는 사람을 뽑을 때 '천재적인 능력'보다 성실함과 인간적 면모를 많이 봅니다. 가끔 '스펙'이 월등한 사람들이 영화계에 오기도 합니다. 유학파라거나 대단한 스펙을 가진 사람은 면접을 볼 때도 좀 조심스러워져요. 저는 스펙보다 성실한 사람을 채용해요. 얼마나 오랫동안 일할 사람인지 보죠. 성실함이 우선이고, 능력은 그 다음에 발휘되는 것 같아요. 어느 학교를 나왔느냐는 것보다 '얼마나 구체적으로 영화를 준비했느냐'를 봅니다. 영화 쪽 일은 전공한 사람이 아니어도 할 수 있습니다. 하지만 단순히 '영화가 좋아요' 이런 식으로 접근해서는 안 됩니다. 저는 영화를 전공하지 않았지만, 영화 이론서도 읽었고 동아리 활동도 했어요. 자기가 하고자 하는 분야를 구체적으로 준비하십시오.

■ **아무리 좋아하는 일을 해도 슬럼프가 오기 마련입니다. 열정을 유지하는 게 쉬운 일이 아닌데, 슬럼프나 위기를 어떻게 이겨내셨는지요.**

누가 그런 말을 했어요. "성공이 가장 큰 적이다." 〈공동경비구역 JSA〉가 크게 성공하자 그 뒤에 만든 영화들이 줄줄이 실패했어요. 성공을 하면 착각이나 자만심에 빠질 수 있습니다. 그렇게 되면 다른 작품에도 성공작의 기준을 그대로 적용하는 오류를 범하게 됩니다. 저도 실패를 몇 번 거듭하면서 성공이 곧 적일 수 있다는 것을 되새기게 됐습니다.

슬럼프에 빠질 때는 그 이유를 밖으로 돌리거나 타자화하지 않으려고 합니다. 왜 슬럼프에 빠졌는지, 왜 실패했는지 내 안에서 찾아보려고 노력합니다.

감히 말씀드리면, 좋아하는 일을 하는 사람은 내키지 않는 일을 하는 사람에 비해 슬럼프에 빠지는 일이 적은 것 같습니다. 저는 영화에 대한 사랑이 너무 너무 커요. 영화라는 매체에 대한 존경과 경외심, 그런 것이 있어요. 영화는 그저 영화이고, 우리 삶에서 아무 것도 아닐 수 있죠. 그런데 저는 필요 이상이라 할 정도로 영화에 대한 경외심과 사랑이 옅어지지 않아서, 상대적으로 덜 지치는 것 같아요.

■ **영화의 어떤 점이 그렇게 좋은가요.**

어떤 영화는 오락적 기능을 충실히 하고, 어떤 영화는 사람의 인생을 바꿔 놓고, 또 어떤 영화는 사회에 필요한 메시지를 던집니다. 영화마다 색깔, 개성, 목적이 다릅니다.

제 생각엔 '가장 짧은 시간 동안 많은 것을 경험할 수 있다는 것'이 영화의 매력입니다. 예를 들면 어린 시절 〈로마의 휴일〉을 보면서, '로마가 저런 곳이야?'라고 알게 되잖아요. 어떤 영화는 인생을 바꿔 놓기도 합니다. 저는 영화 한 편을 보고 삶의 목표가 달라졌습니다. 중학교 1학년 때 후기 인상파 화가 모딜리아니의 전기를 그린 〈몽파르나스의 연인〉이라는 영화를 봤어요. 저 대단한 화가의 삶을 한 편에 담아 놓은 걸 보면서, 영화를 만드는 사람들이 멋지다고 생각했어요. 비단 그 한 편만은 아니었지만, 제가 지금의 직업을 택하는 데 큰 영향을 미쳤습니다.

영화는 짧은 시간 안에 많은 것을 강렬하게 전달하는 매력이 있습니다. 물론 두 시간을 쓸데없이 보내게 하는 영화도 있죠. 그렇기 때문에 제작자는 '하고 싶은 얘기'를 늘 고민해야 하는 것이죠.

■ **많은 사람들, 특히 남성들과 함께 일하면서 어떻게 소통하고 공감하는지 궁금합니다. 여성의 부드러움이 필요하다고 하지만 때로는 격렬히 싸워야 할 때도 있을 텐데요.**

미혼일 때는 솔직히 제가 미혼여성이라는 점을 많이 활용했어요(웃음). 여성이 많지 않은 일터인데 미혼여성에게 침 뱉고 욕하겠어요? 여성적인 척하고, 유화적인 방법을 많이 썼죠. 애인이 있는데 없는 척하기도 하고요. 젠더(여성성)를 적극 활용하는 편이었습니다.

결혼 뒤에는 남편과 같이 일하고 있는데, 가족끼리 함께 하는 것이 큰 힘이 됩니다. 제가 힘에 부칠 때 남편이 많은 역할을 해 줬고 서로 부족한 부분을 보완해 줍니다. 얼마 전까지는 여동생도 같이 일했어요.

일하면서 격렬하게 토론하고 싸움 직전까지 갈 수도 있습니다. 하지만 '반드시 이겨야겠다'는 생각만 하지 않으면 됩니다. 설득당하는 것도 어쩔 수 없는 일이잖아요. 단지 '이것만은 꼭 지켜야겠다' 싶은 것이 있으면 끈질기게 포기하지 않고 설득합니다.

남을 설득하려면 스스로 준비가 되어 있어야 합니다. 제작자지만 감독보다 영화를 보는 안목이 떨어지면 안 됩니다. 최소한 비슷한 수준이라도 되어야죠. 논리도, 내용도 없이 감독에게 "편집이 후지다"고 하면 되겠어요. 설득을 하려면 상대보다 더 견고한 논리가 있어야죠. 설사 논리적이지 못

하더라도 '저 사람이 나보다 안목이 높고 지식이 많다'고 생각하게 만들어야 합니다. 조용히 설득하되, 내가 먼저 준비하는 것이 중요합니다.

제작자는 중요한 순간에 판단을 하고 책임을 져야 합니다. 사람을 설득하지 못해서 일어나는 실패나 오류도 책임져야 합니다. 그럴 때는 '1시간 안에 못하면 일주일이 걸려도 설득하겠다'고 생각하면서 일합니다.

■ **회사에서 인정받으려면 전문적인 능력도 필요하지만 인간관계의 기술, 즉 갈등을 해결하는 기술이 중요한 것 같습니다. 회사의 대표로서 여러 사람들을 만나면서 갈등을 빚을 때도 많을 텐데, 어떻게 극복하는지요.**

저는 갈등을 중재하거나 해결하는 능력이 탁월하지는 않습니다. 제가 영화계에서 가장 존경하는 분 중 한 명이 안성기 씨입니다. 그분은 연기 인생 55년을 보내면서 '국민배우'라 불리며 언제나 중요한 역할을 맡습니다. 그런데 그분은 믿을 수 없이 인간적이고, 믿을 수 없이 훌륭하세요. '어떻게 저렇게 책임감이 남다르고, 성실하고, 섬세하고, 남을 배려하고, 이해심이 넓을까' 궁금할 정도예요.

그분이 영화계에서 오랫동안 변함없는 위치에 계신 것은 변하지 않는 인간적 풍모 때문인 것 같아요. 약속은 꼭 지키고, 자기보다 낮은 자리에 있는 사람을 더 많이 배려하고 신경 쓰는 거죠.

저는 갈등을 해결하는 능력 대신 다른 것을 말씀드리고 싶어요. 어느 날 갑자기 톱스타가 되는 배우들이 있죠. 그러다가 한순간에 사라지는 사람들도 있고요. 배우의 외모, 키, 연기력도 중요하지만 제일 중요한 건 인격입니다. 성품이 훌륭한 분이 오랫동안 연기하더라고요. 성격이 좋지 않은 배우가 영화에서 착한 역할을 맡은들, 관객 여러분도 다 알지 않나요? 변함없는 모습을 보여주는 것, 인간적인 모습을 보여주는 것이 굉장히 중요합니다.

워너비알파레이디 TIP

명필름 영화 속에 나타난 여성들

명필름의 심재명 대표가 만들어 낸 영화를 관통하는 키워드 중 하나는 '여성'이다.

'명필름'이 세상에 내보낸 첫 작품 〈코르셋〉은 정면으로 여성을 말하는 작품이다. 〈코르셋〉의 주인공은 29살의 뚱뚱한 여성속옷 디자이너 공선주. 허리를 조여 날씬하게 보이게 하는 보정속옷인 '코르셋'은 여성을 억압하는 '여성의 아름다움'을 상징한다. 공선주는 살이 쪘다는 이유로 상사에게 무시당하고 짝사랑하던 남자에게 버림받지만 '왼손잡이' 회 뜨는 남자와 사랑하게 되면서 자신의 몸을 사랑하게 되고, 당찬 직장 여성동료와 의기투합해 새 길을 찾는다. 영화는 공선주를 통해 여성이 몸과의 전쟁과 구속에서 벗어나 자아를 되찾는 과정을 그리고 있다.

특히 명필름의 영화에서 눈에 띄는 것은 스스로의 욕망에 솔직하고 낭당한 여성들이다. 〈해피엔드〉의 최보라는 5개월 된 딸을 둔 유부녀이지만 자신의 욕망에 충실해 옛 애인과 불륜을 저지르다 남편에게 살해당한다. 영화는 애 딸린 유부녀의 불륜을 비난하지도, 옹호하지도 않은 채 건조하게 보여 준다.

〈바람난 가족〉의 호정은 외도하는 남편을 둔, 고등학생과 바람난 아줌마다. 호정은 옆집 고등학생과 데이트를 하고 관계를 가지며 남편에게서 느끼지 못한 삶의 활력을 되찾는다. 호정이 고등학생과 관계를 갖다가 끝내 울분을 토해내는 장면이 인상적이다. 호정은 불륜 끝에 돌아오려는 남편에게 "당신은 아웃이야"라고 거침없이 선언한다.

〈바람난 가족〉의 바람난 시어머니도 욕망에 충실한 여성이다. 며느리의 불륜을 알고 난 뒤 호정에게 "몸이 원하는 대로 사는 게 맞지. 인생 솔직하

워너비알파레이디 TIP

게 살아도 되는 거더라"고 일갈한다. 〈여교수의 은밀한 매력〉에서는 주변 남성들과 자유로운 성 행각을 벌이는 여교수 조은숙이 주인공으로 나온다.

〈우리 생애 최고의 순간(우생순)〉은 심재명 식 여성영화의 정점이라 할 수 있다. 여성제작자가 여성감독과 함께 여성의 이야기를 말하는 영화다. 엘리트 감독 김혜경은 일본에서 감독생활을 하다 한국 여자 핸드볼 국가대표팀 감독을 맡게 됐지만 해임을 당한 뒤 선수로 뛰게 된다. 그의 발목을 잡아 감독 자리에서 밀려나게 만든 것은 '이혼'이다. 핸드볼협회장이 감독직 해임을 통보하면서 "왜 이혼한 걸 말하지 않았느냐"고 따지자, 혜경은 "그게 무슨 상관이 있느냐"고 맞선다.

대표팀의 '에이스'였던 한미숙은 생활고에 시달리는 아줌마다. 사업을 하던 남편이 사기를 당해 잠적해버리자 생계를 위해 대형마트에서 직원으로 일한다. 김혜경의 설득 끝에 대표팀에 합류할 때도 아이를 봐 줄 곳이 없어 아이를 경기장에 데려와야 했다. 한미숙이 뛰었던 실업팀이 해체되면서 선수들이 회사의 일반 직원이 되어야 하는 상황이 벌어진다. 그 소식에 분노하는 동료와 달리 한미숙은 "직원이면 정직원이겠죠?"라고 묻는다. 송정란은 자신을 아껴주는 착실한 남편과 살고 있지만 아이를 갖지 못하는 아픔을 갖고 있다. 젊은 시절 주전 경쟁에서 밀릴까 생리주기를 조절하다가 불임이 됐고, 기량이 절정에 오르니 불행하게도 은퇴할 때가 됐다.

〈우생순〉은 이 시대 '아줌마'들을 대변한다. 나이와 이혼 경력, 생활고에 치이고 밀린 아줌마들은 연대를 통해 다시 일어선다. 〈우생순〉이 그린 아줌마는 뻔뻔하고 무례하고 이기적인 존재가 아니라, 타인의 아픔을 배려하고 연대할 줄 아는 존재다.

진취적이고 주체적으로 산다

명필름이 가장 최근에 내놓은 애니메이션 〈마당을 나온 암탉〉은 '어머니'를 이야기한다. 양계장의 암탉 '잎싹'은 낳을 수 있지만 키울 수 없는 운명이다. 하지만 잎싹은 양계장에서 평생 알만 낳아야 하는 자신의 운명을 거스르고 '마당'으로 나가 아이를 품어 키우는 꿈을 꾼다.

며칠을 굶어 죽은 척 한 끝에 양계장을 탈출한 잎싹은 청둥오리 '나그네'의 알을 대신 품어 준다. 잎싹은 자신이 낳지도 않았고 종(種)도 다른 청둥오리 아기 '초록'을 품어 친자식처럼 키우며 자신을 새롭게 발견한다. 잎싹은 꿈과 자유, 삶에 대한 의지, 숭고한 희생정신을 지닌 세상의 모든 '어머니'를 말하고 있다. 심 대표는 한 언론 인터뷰에서 '잎싹'을 "지금껏 만든 영화의 등장인물 중 가장 진취적이고 주체적인 여성 캐릭터"라고 표현했다.

에듀머니대표이사 · 제윤경

139

제윤경은 사회적 기업 '에듀머니'의 대표이사로, 돈에 휘둘리지 않고 돈의 주인이 되는 똑똑한 재테크에 관심을 갖고 있는 재정 컨설팅·교육 전문가입니다. '경향신문' '한겨레신문' 등 매체에서 칼럼니스트로도 활동하고 있습니다. 책 『아버지의 가계부』, 『불행한 재테크, 행복한 가계부』, 『착한 소비의 시작, 굿바이 신용카드』 등을 펴냈습니다.

반갑습니다. 황금 같은 저녁시간에 배우겠다고 오신 분들이니 좋은 내용을 전해 드려야 할 것 같아서 부담도 됩니다. 돈에 대한 얘기를 하면서 여러분과 소통하고, 여러분의 삶에 돈과 관련된 지혜가 한 뼘이라도 자랄 수 있는 시간이 됐으면 합니다.

돈 버는 방법, '재테크'를 얘기할 거라고 기대하시는 분들은 실망하실 것 같습니다. 제가 운영하는 회사는 '어떻게 하면 돈을 잘 벌까'를 얘기하는 회사가 아닙니다. 번 돈을 어떻게 지혜롭게 쓸까 고민하고, 돈에 대한 불안감의 정체를 밝히면서 사실은 별거 아니라고, 마음 놓을 수 있도록 소통하는 사회적 기업이에요. 돈과 경제에 밝아지고 희망을 가질 수 있도록 교육하는 일을 하고 있습니다.

돈 걱정 많으시죠? 요즘 많이 우울한 시기잖아요. 경제는 어디로 튈지 알 수 없고, 국민 모두가 빚더미에 앉아 있죠. 그중 서울이 전체 가계부채의 30%를 차지합니다. 가계부채 총액이 1000조 원쯤 되는데, 서울시민들이 200조 넘는 빚을 갖고 있습니다. 그렇다고 서울시민의 소득이 전국 평균보다 낮은 편은 아닙니다. 소득이 제일 높은 울산과 비교했을 때, 서울시민이 울산시민이 갖고 있는 빚의 2배 정도를 지고 있습니다. 겉으로는 화려한 도시지만 품격 높은 삶이 보장되는지 생각해 보면 답답한 것이 사실입니다. 서울뿐 아니라 전국 어디서나 가계부채 문제가 심각하지요. '빚이 많아서 살기 힘들다'는 정도를 넘어, 가계부채 때문에 경제 전체가 무너질지 모른다는 위기감이 커지고 있습니다.

부동산 투자, 돈 될 것 같으세요? 지금은 투자 기대심리가 문제가 아니라, '거품(버블) 꺼지는 건 아닐까', '부동산이 폭락하는 건 아닐까'라는 우려가 큽니다. 들려오는 뉴스들이 밝지 않아서 마음이 울적한 분들이 많을 겁니다.

하지만 제 이야기를 끝까지 들으시면, 희망이 생길 거예요. 마음이 씁쓸하거나 불쾌하거나 하진 않을 겁니다. 제가 처음에 쓴 약을 많이 먹이거든요.

당신의 빚은 얼마입니까

선진국은 부동산 담보대출이 대부분인데, 한국은 부동산 대출보다 '마이너스 통장' 등 신용대출 비율이 더 높습니다. 담보대출에, 마이너스 통장에, 신용카드 대금 결제에……. 그러니 월급날 기분이 좋기는커녕 오히려 우울한 거죠. 가계부채가 심각하다는 얘기가 나오기 시작한 것이 2004년이고, 2006년에 우려가 절정에 달했습니다. 2008년부터는 '이러다 망한다'는 얘기까지 나오고 있습니다.

그런데 은행들은 2009년 말에 신용카드 대출을 확 풀었습니다. 혹시 휴대전화에 '돈 빌려가라'는 문자들이 쏟아져 들어오지 않았나요? 리볼빙(revolving) 제도에 대해 안내해 주는 전화를 받지 않았나요? '냉장고 사면 50만 원 깎아준다', 'OO카드 쓰면 선(先)할인 해 준다'……. 이게 정말 할인인 줄 알고 카드 긁은 분들이 꽤 많더라고요.

리볼빙 서비스라는 것 이용해 보셨나요? 리볼빙은 최소한도만 결제하고 나머지는 신용거래로 결제할 수 있게 한 것입니다. 100만 원짜리 물건 사세요. 지금은 3만 원만 내고, 97만 원은 나중에 갚으면 됩니다. 이런 식이예요. 그런데 97만 원 나중에 갚는데, 이자가 공짜일까요? 수수료가 얼마나 붙을까요? 기껏해야 10%?

잘못 생각하신 겁니다. 리볼빙은 이자가 최고 29%까지 붙는 고리사채입니다. "고객님은 특별고객이어서 자유결제를 할 수 있는 혜택을 드립니다" 하는 전화를 받으면 기분이 좋아지죠. 그런데 "자유결제가 뭔가요" 하고 물으면 "자유롭게 결제하는 것입니다"라고 답이 되지 않는 대답만 하죠. 그러면 "아, 네……. 그럼 해 주세요."라고 하면서 대부분 넘어갑니다.

그렇게 해서 리볼빙 서비스를 이용하던 분이 상담을 하러 왔습니다. 통장에 목돈을 넣어놓고 할인마트 갈 때에만 카드를 쓰면서 통장에서 빠져나가게 해뒀는데, 어느 날 살펴보니 결제할 잔액이 1000만 원이나 되더라는 겁니다. 이렇게 '선을 넘지 말아야 할' 카드 마케팅이 마구잡이로 이뤄지고 있습니다.

중산층·서민에게 공격적으로 마케팅을 하는 것은 물론이고, 카드회사들이 신용도 낮은 20대와 대학생들에게 신용카드를 남발합니다. 2003년 무렵과 비슷한 수준입니다. 그 시절에는 '지나가는 강아지도 신용카드를 긁고 있다'고 할 정도였어요. 그러다가 2004년에 '카드대란'이

터졌고, 무려 400만 명이 신용불량자가 됐습니다.

　지표를 살펴보면 지금 상황이 2004년보다 더 나쁩니다. 우리나라는 신용카드에 대한 애정이 어마어마해요. 신용카드를 제일 많이 쓰는 나라는 미국일 것 같죠? 미국을 가볍게 제치고, 우리가 1위입니다. 선진국에서는 소액일지라도 신용카드로 결제하는 것이 일반적일 것 같지만, 아닙니다. 유럽에서는 70%가 은행 계좌에서 실시간으로 돈이 빠져나가는 '체크카드'를 씁니다. 우리처럼 '신용'이 무분별하게 남발되는 나라는 흔치 않습니다. 한국은 경제활동인구 1인당 카드 보유 매수가 4.8매입니다. 가구당 9장~10장씩 신용카드를 갖고 있다는 얘기입니다. 상담을 하면서 "신용카드를 많이 정리해서 이제 5장만 남았다"는 분들의 얘기를 듣고 깜짝 놀랐습니다.

　여러 가지로 상황이 좋지 않습니다. 그만큼 내가 번 돈을 잘 지키고, 번 돈으로 더 높은 가치를 얻을 수 있는 '경제 마인드'가 필요한 때입니다.

돈 에 대 한 세 가 지 오 해

　돈에 대한 대표적 오해로는 세 가지를 들 수 있습니다.

　첫째, 돈이 돈을 번다는 생각. 여러분은 어떤가요? 내가 가진 돈이 돈을 벌어다 주던가요? 남들은 '돈이 돈을 벌어다 준다'는데 내 돈은 무능하기 짝이 없어서 돈을 못 벌어 온다, 그렇게 생각하시나요?

　둘째, 노후대책을 어떻게 세워야 할까요. 요즘에는 20~30대부터 벌써 노후를 걱정하고 좌절합니다. 개인의 잘못이 아닙니다. 이 사회가, 특히 금융권에서 양산해 낸 '믿음'입니다.

　요즘 세대는 100살까지 살 것이라고 하죠. 나의 100세를 상상해 보셨나요? 싫으시죠. 하지만 '노후'는 사실 싫은 게 아닙니다. 우리가 어느 순간부터 '오래 사는 것'을 상상하며 스스로를 괴롭히게 됐어요. 오래 살고자 하는 욕구는 사람의 본성인데 정작 오래 사는 걸 끔찍하게 여겨요.

왜 그렇게 됐을까요? 돈 때문입니다. 왜 돈 때문에 노후가 되기 전부터 좌절하는 걸까요. 100살까지 살 거라는데, 아무리 길게 잡아도 60세까지 일하고 나면 그 뒤에는 대책이 없어 보입니다. "예순 살 넘어서도 잘 살려면 10억 원은 있어야 한다"는 얘기도 들립니다. 과연 그럴까요?

셋째, 돈을 많이 쓰면 행복할까요? 돈 많이 쓰고 싶으시죠? 앞에 계신 분, 솔직하시네요. 돈 많이 쓰면 행복할까요? 네, 행복하죠. 그것도 솔직한 겁니다.

하지만 그건 믿음일 뿐입니다. 정말 그럴까 하는 스스로에게 되묻고, 논리적으로 따져 본 적 없이 그냥 그렇게 믿고 계신 겁니다.

첫 번째 질문부터 시작해 보겠습니다.

돈이 돈을 번다?

사람은 손해 보지 않으려 돈을 쓴다

저희 회사에서 어린이·청소년 경제교육도 합니다. 부모님께 무슨 얘기를 들었는지, 교육 받으러 온 아이들이 이런 말을 합니다. "요즘 물가가 되게 비싸대요. 엄마가 그러는데 요즘에는 '사람'이 제일 싸대요."

초등학교 고학년 이상의 아이들을 교육할 때에는 '생애 계획'을 세워 보게끔 시킵니다. 그런데 요즘 아이들의 인생 계획에는 결혼해서 아이를 낳는다는 내용이 들어 있지 않을 때가 많아요. 왜 그러느냐고 물으면 "우리 엄마아빠처럼 힘들게 살고 싶지 않아요" 하고 대답합니다.

어릴 때부터 좌절하게 만드는 사회, 정말 심각하지 않습니까. 아이들에게 "2억 원이 생기면 무엇을 하고 싶니?" 물었습니다. 집을 사는 것을 빼고 이야기해 보라고 해도, "아무래도 집을 사야할 것 같아요" 하고 대답합니다.

그럼 '집'으로 가 보죠. 자, 1억 원짜리 집이 있습니다. 집값이 올라서 2억 원이 되었다면, 돈을 번 것일까요? "내가 지난해 무리해서 4억 원짜리 집을 샀는데 1년 새 2억 원이 올랐네." 이런 얘기를 들으면 기분이 어떻던가요. 사실은 돈을 번 게 아닌데, 우리는 흔히 '돈을 벌었다'고 생각합니다. 이런 '재테크'를 하고 싶어 합니다. 그렇게 못하는 사람은 기대심리를 갖게 되고, '나만 그렇게 하지 못해서 뒤처지고 가난해지는 것 아닐까' 불안감에 휩싸입니다.

1억 원이 오른 집을 '팔아야' 그 돈이 손에 들어오죠. 그래야만 돈을 번 것이 됩니다. 그런데 절대로 팔지 않습니다. 더 오를까 봐요. 6억 원으로 오를지도 모르는데 4억 원에 팔면 손해죠. '이 집이 한때 8억 원까지 갔는데 지금은 6억 원이다, 그래서 손해를 봤다'고 생각합니다. 바로 이 감정, '손해를 보지 않겠다'는 감정이 우리가 합리적 의사결정을 내리지 못하게 만드는 주범입니다.

행동경제학(behavioral economics)이라는 분야가 있습니다. 기존 경제학에서는 '이성적이며 이상적인 경제적 인간(homo economicus)'을 전제로 연구를 하지요. 행동경제학에서는 사람들이 실제로 행동하는 방식을 연구해서, 어떻게 행동하고 어떤 결과가 발생하는지를 규명합니다. 행동경제학자들의 연구에 따르면, 사람들은 자산가치가 올라가면 오히려 손에 쥐고 있으려고 한답니다.

여기 100만 원이 있습니다. 손해를 볼 때 느끼는 고통의 크기와 이익을 볼 때 느끼는 즐거움의 크기는 같을 것 같지요? 아닙니다. 이걸 연구해서 노벨경제학상을 탄 학자도 있습니다.

흔히들 모든 것을 시장의 자율에 내맡기면 '보이지 않는 손'이 균형을 맞춘다고 합니다. 국가가 시장에 간섭하면 시장이 왜곡되니 정부는 개입을 하면 안 되고, 그러므로 정부는 작아야 한다는 것이 고전경제학의 토대였습니다. 그런데 행동경제학자들은 이 전제를 뒤집었습니다. 사람은 비합리적이다, 사람들은 이익을 얻는 쪽이 아니라 '손해를 피하는 방향'으로 움직인다는 겁니다.

수박을 사는데, 반(半) 통에 7000원이고 한 통에는 만 원입니다. 그러면 뭘 살까요? 만 원을 주고 한 통을 사겠죠. 하지만 정답은, '먹지도 않는 수박을 사서는 안 된다'는 겁니다.

신경학자들이 뇌가 활성화되는 영역이 빛나도록 장치를 해 놓고 실험했더니, 사람은 할인제품을 보는 것만으로도 쾌락을 느낄 때 나오는 신경전달물질인 도파민이 분비된다고 합니다(웃음). 할인제품만 봐도 충동구매 욕구가 생긴다는 거예요. 왜 그럴까요? 한 통에 만 원이니까 반 통은 5000원, 그러니 7000원을 주고 반 통을 사면 2000원 손해를 본다고 믿는 거죠. 거기다 '마감임박', '오늘 하루만'이라는 문구를 붙여 놓으면 어떨까요. 지금 못 사면 나중에 제 값을 다 주고 사야 한다는 두려움 때문에 별로 먹고 싶지 않아도 수박 한 통을 삽니다. 그리고는 뿌듯함과 성취감까지 느낍니다.

실험대상자들을 두 그룹으로 나눠 두통약을 줍니다. 한 그룹에는 무료, 또 다른 그룹에는 유료로 처방을 해 줍니다. 그런 다음 효과를 물었더니, 공짜로 처방받은 사람들은 '두통이 나아지지 않았다'고 호소했다고 합니다. 사람들은 할인제품을 사면 뿌듯해 하면서도 그 제품을 의심

합니다. '수박에 하자가 있는 것 아냐' 하고 말이죠.

식구 수는 적은데 냉장고는 점점 커져요. 그런데 냉장고를 열면 늘 먹을 게 없어요. 그러면서도 오래 보관해둔 것들은 점점 늘어서, 결국은 버리게 되죠. 우리나라 음식물 쓰레기 처리비용이 연간 18조 원입니다. '통큰 시리즈' 아시죠? 5000원짜리 치킨을 먹기 위해 사람들이 2시간 동안 줄을 섰다는데, 그 사람들은 정말 그 정도로 간절하게 치킨을 먹고 싶었을까요?

합리적인 의사결정은 '욕구를 충족시키고 이익을 추구하는 것'입니다. 치킨은 먹고 싶을 때 사야 합니다. 그런데 먹고 싶다는 욕구보다는 손해를 피하기 위해 사려는 결정을 합니다. 그렇게 만드는 것이 마케팅입니다. 신용카드도 마찬가지입니다. 신용카드를 쓰지 않으면 할인을 받지 못한다는 신화를 심어 놓고 전 국민이 열광하게 하는 겁니다. 신용카드를 사용하면 씀씀이가 늘어난다는 걸 알면서도, 신용카드를 쓰지 않는 것이 더 힘드니까 쓰게 되는 악순환입니다.

'손실회피 심리'는 사람의 본성에 가까운 겁니다. 본성을 끊어내고 결단을 내리는 게 쉽지는 않습니다. 값이 오른 아파트를 팔지 않고 갖고 있으면 실은 이익이 아니라 손해죠. 세금이 늘어나잖아요. 팔아서 차익을 실현할 게 아닌데 기대심리만 부풀어 있어요. 돈을 벌었다고 착각합니다. 아파트가 순식간에 2억 원이 올랐는데 잠이 올까요. 원래는 잠을 더 잘 자야 합니다. 아니, 사실은 내가 집을 살 때의 가격에서 오르지 말고 머물러야 한다고 바라는 게 합리적인 겁니다. 왜? 나는 이 집에 계속 살아야 하니까요. 팔지도 못할 건데, 집값 오르면 세금만 늘어나잖아요.

그런데 일단 돈을 벌었다고 착각을 하니, 세상이 만만해 보입니다. 해외여행 안내책자가 크게 보이기 시작하죠. 이것이 지난 몇 년 간 중산층을 빚더미에 앉게 한 메커니즘입니다. 담보대출부터 '마이너스 통장'까지, 재무상태가 점점 악화되는 구조를 만든 주범입니다.

투자로 번 돈은 투자로 쓴다

그래도 간혹 팔아서 차익을 보는 사람이 있지 않느냐고 항변하는 분들이 있습니다. 여기에는 또 다른 함정이 있습니다. '심리적 계좌의 오류'라고 하는 겁니다. 사람은 마음속에 자기만의 회계장부를 만들어서 항목을 다 기입해 놓고 그 성격에 따라 돈을 씁니다. 그런데 이 '심리적 계좌'에는 오류가 많습니다.

2만 원짜리 청바지를 사러 갔습니다. 2만 원을 꺼내려하는 순간, 함께 간 친구가 "똑같은 청바지를 한 정거장 떨어진 마트에서 50% 할인해 준다"고 귀띔합니다. 어떻게 할까요? 아마 만 원을 아끼기 위해 마트로 옮겨갈 겁니다. 이번엔 200만 원짜리 TV를 사러 갔습니다. 친구가 "할인점에서 만 원을 깎아준대"라고 합니다. 갈까요? 안 갑니다. 똑같은 만 원이어도 '느낌'이 다른 겁니다. 50%의 만 원과 200만 원 가운데 만 원을 마음속 회계장부에 다르게 기입하고 다른 결정을 합니다.

은행에서 전화가 옵니다. "고객님은 우수고객이어서 3000만 원 마이너스 통장이 가능하다"고 합니다. '빚'이 뭐죠? 돈을 써야 하는데 가진 것이 없을 때 빌려 쓰는 것이 빚입니다. 그런데 은행에서 이렇게 친절한 전화가 오면, 당장 돈 쓸 일이 없는 사람들도 일단 계좌를 만들어 둡니다. '일단 (혜택을) 받아놓고 급할 때 쓰자'고 생각합니다.

'마이너스 통장'은 사실은 빚을 내는 것인데, 그것이 빚이 아닌 비상금이라고 여기는 것입니다. 그런데 은행은 보통 사람들보다는 훨씬 똑똑합니다. '마이너스 통장'을 월급계좌에 연결시켜서 꼭 '필요 없는 빚'을 쓰게 만듭니다.

공돈이 생기면 짜릿하죠. 사람들은 공돈을 주로 유흥비에 탕진합니다. 직장인이 좋아하는 연말 소득공제, 환급금이 얼마일지 예측해서 당겨쓰기도 합니다. 서울대 심리학과 교수는 "공돈이 생기면 일단 마음에 넣어 두고 심리적 세탁을 하라"는 좋은 얘길 하셨는데, 그렇게 하기가 쉽지 않습니다. 도박으로 번 돈은 도박으로 나가고, 투자로 번 돈은 다시 투자로 나갑니다.

4억 원짜리 집을 사서 6억 원에 팔았습니다. 집 한 채로 돈을 벌었으면 전세로 이사 가야죠. 2억 원을 예금통장에 넣은 뒤 꺼내면서 자꾸자꾸 써야 합니다. 그게 합리적인 거예요. 투자는 돈을 벌려고 한 거잖아요. 돈은 쓰려고 번 것이고요. 그런데 2억 원을 손에 쥐면 갑자기 주변 상가가 밝아 보이고 오피스텔이 좋아 보입니다. 새로운 투자를 찾아나서는 겁니다. 하지만 이것이 보통 사람들의 '투자 실패 공식'입니다. 무리하게 대출받아 집을 산 뒤 오히려 빚더미에 앉은 '하우스 푸어(house-poor)'가 전국에 400만 명이 넘습니다.

저금하면 손해? 돈이 돈을 번다는 믿음이 손해다

은행에 적금을 들러 갔는데 은행 직원이 "손님, 적금을 부으면 저금리여서 손해를 봐요"라고 합니다. 일부러 거짓말을 하고 있는 걸까요? 은행원이나 금융권에 있는 사람들도 다 그렇게 믿으니까 손님들에게 권하는 겁니다. 저축은행 사태, 참 끔찍한 일입니다. 서민들이 평생 일해 모은 돈을 다 날리게 생겼잖아요. 부산 저축은행 사태 때 신문에 많이 나왔던 '후순위 채권'이라는 게 무엇인가요. '우리 은행이 망하면 빚잔치를 할 건데, 빚잔치를 하고도 돈이 남으면 맨 나중에 갚아 드리겠다'는 겁니다. 내가 돌려받을 빚을 채권이라 하는데, 은행은 소비자들이 납득

할 수 없는 복잡한 것을 만들어 팔았습니다. 그럼 소비자에게 그 상품을 권유한 은행원은 사기꾼인가요? 은행원도 '믿었을' 뿐입니다. 우리 은행은 망하지 않을 거라고. 이것이 '시스템의 오류'입니다.

그런데 안전장치가 없는 상황에서 금융기관과 언론은 손해를 피하고자 하는 인간의 본성을 악용하는 이야기를 합니다. 저축하면 손해래요. 물가가 빨리 오르기 때문이래요. 언론이 그런 선동을 하는 것을 이해하기 힘듭니다. 금융권 마케팅에 넘어간 거예요. 이런 '저축 반대 마케팅'이 계속되니, 사람들이 저축에 대한 반항 심리를 갖습니다. 어느 틈에 우리나라 저축률이 꼴찌가 됐습니다. 잘못된 믿음 때문에 저축을 포기한 겁니다.

매달 10만 원씩 펀드에 적립하고 40만 원은 적금을 들었습니다. 1년간 모았더니 펀드에 넣은 120만 원의 수익률이 100%가 나왔습니다. 120만 원의 '공돈'이 생겼으니 기분이 좋아야 하는데도, 이 사람은 120만 원을 벌었다고 생각하지 않습니다. 괜히 적금에 가입했다가 '더 벌지 못한 480만 원'을 '손해 봤다'고 생각합니다. 그래도 애써 '120만 원은 벌었다' 위안을 삼아 보는데 친구가 와서 '나는 한 달에 100만 원씩 펀드에 들었다'고 합니다. 이젠 이성이 마구 흐려집니다.

2007년이 바로 이런 상황이었습니다. 4년 만기 펀드의 누적수익률이 400%라고 마구 떠들어댑니다. 저는 원리를 알면서도 심장이 쿵쾅거리던데, 잘 모르는 사람들은 얼마나 상대적 박탈감이 컸겠어요. 이런 '투자'를 권하는 것은 사행심을 부추겨 투기를 조장하는 일입니다. 이런 영업이 허용돼 있는 게 문제입니다. 이게 위험한 투기임을 모르게 하는 것이죠. 그런데 저축은행 사태가 터지니 이제야 겨우 '금융소비자보호법으로 이런 영업을 규제하자'는 목소리가 나오고 있습니다.

펀드 누적수익률이 400%라는 소리를 들으면 사람들은 흥분합니다.

돈을 다 찾아서 펀드에 몰아넣습니다. '불행하게도' 펀드수익률은 또 오릅니다. 그러면 친정엄마한테까지 찾아가 "돈을 불려서 돌려 줄 테니 좀 빌려 달라"고 합니다. 이 사람은 언제 펀드를 팔게 될까요? 아마도 수익률이 떨어지고 또 떨어져서, '인내할 수 있는 한계치의 마이너스 수익률'에서 팔겠죠. 이게 보통 사람들의 공식입니다.

이런 맹목적 투자를 '투기'라 부릅니다. 사람은 투자가치가 올라가면 투기를 한답니다. 떨어질 때에는 공포심에 내몰려서 '투매(投賣)'를 합니다. 전형적인 '투자를 실패로 만드는 감정곡선'이에요.

내가 번 돈은 '남이 잃은 돈'

금융시장은 주기적으로 거품과 붕괴를 반복합니다. 사람들이 동시에 흥분해서 거품이 형성되고, 동시에 겁에 질려 투매를 한다는 뜻입니다. 여기서 흥분을 부추기는 것이 금융권의 '신용'입니다. 신용, 즉 빚내어 쓰는 돈이 마구 풀리면서 걷잡을 수 없는 거품이 형성됐어요. 그러다 공포에 내몰려 투매하게 되는 급락이 언제 오느냐. 금융권이 신용을 축소할 때입니다.

은행들을 가리켜 '화창한 날 우산을 빌려주고 비 오는 날 걷어가는 곳'이라고 합니다. 요즘 은행이 신용을 축소하고 있습니다. 돈을 벌 때 금융기관들은 이익을 모두 주주들에게 나눠줬지 현금을 쌓아 두지는 않았습니다. 웬만한 국내 시중은행의 대주주는 외국자본입니다. 한국 사람들이 뼈 빠지게 일해서 번 돈은 은행이자로 꼬박꼬박 들어가 은행의 수익이 됩니다. 외국 금융 자산가들이 번 돈은 한국 사람들이 일해서 번 돈입니다.

A가 2억 원짜리 집을 4억 원에 팔았다면 이 돈은 어디서 생긴 것인가

요. 그냥 생겨난 게 아니라, 따지고 보면 B의 자산이 A에게 이전된 것입니다. 열심히 일해서 번 게 아닙니다. 바로 이것이 자산이전 시장, 머니게임 시장입니다. 그런데 '돈이 돈을 번다'며 너도 나도 이 시장에 뛰어들었어요. 이런 믿음을 갖고 뛰어드는 사람이 많을수록 승자가 가져가는 돈은 많아집니다.

그런데 투자실패 공식에 따라 대부분의 사람들은 돈을 잃습니다. 소수는 어마어마하게 벌죠. 사람들이 잘못된 믿음을 버리고 그 시장에 뛰어들지 않으면 버는 사람도 없고, 손해 보는 사람도 없을 겁니다. 돈이 돈을 번다는 생각을 버려야 손해를 입지 않습니다. 그런 믿음이 있는 한 손해를 본다고 생각하시면 됩니다.

돈이 돈을 벌어야 하는데 내 돈은 돈을 못 벌어 온다고 생각하니, 일해서 번 돈이 초라해 보입니다. 그러니 대충 쓰고 삽니다. 월급날을 생각해 보세요. 카드 대금으로 순식간에 빠져나가서, 요즘엔 "월급님이 로그인 하셨습니다"라고 한다죠. 월급님이 들어왔다가 순식간에 로그아웃해서 빠져나가 버리니, 월급날이 기다려지지도 않습니다. 여행 계획을 세우고 자기계발과 여가활동을 할 꿈을 가지고 회사에 다니는 게 아니라, '벌지 않으면 카드대금이 연체되기 때문에' 직장에 다닙니다.

이런 걸 채무노예의 사회, 일해서 빚 갚는 사회라고 합니다. 늘 쫓기는 심정이 되면 돈을 써도 즐겁지가 않습니다. 달리는 걸 멈출 수가 없거든요. 그래서 또 스트레스를 받고, 다음 달에는 다시 '지름신'이 강림합니다. 악순환이 반복되죠.

여러분이 일해서 번 돈, 절대 초라하지 않습니다. 잘 쓰기만 하면, 많이 쓰는 것보다 적게 쓰면서 행복해지기도 합니다. 돈이 돈을 번다는 믿음이 깨지니 서운하신가요?(웃음)

100세 시대, 10억이 필요하다?
'10억'은 두려움을 부추기는 숫자일 뿐

100살까지 산다는 게 정말 끔찍하세요? 적극적으로 상상하고 계획하세요. 부모 잘 만나 귀족 교육 받고 유학 다녀오며 산 것도 아닌데, 많이 누려 보지도 못했는데, 하고 싶은 건 많고 다 하지도 못했는데, 오래 살 기회가 주어진다면 얼마나 행복합니까.

"노후 자금으로 10억 원은 필요하다"는 오해를 벗어 던지면 됩니다. 여러분이 예순 살이 됐을 때의 10억을 꼼꼼히 따져 보세요. 지금 기준으로 치면 매달 100만 원 정도의 수준입니다. '10억'은 이자상승률까지 계산해서 공포감을 조장하기 위한 숫자일 뿐입니다. 60세에 돈을 쌓아두고 꺼내 써야만 하는 것은 아니잖아요. 다르게 접근하고 설계할 필요가 있습니다.

너무 무겁게 생각하지 마세요. 국민연금이 생각보다 든든합니다. 부부가 동시에 가입해서 한 달 200만 원 넘게 받는 사람들이 나오기 시작했습니다. 자식 키울 부담이 없으면 200만 원으로 충분히 삽니다. 조금 빠듯할 수는 있죠. 그래서 일을 조금은 하자는 것이고요.

저는 2030년이면 60대가 됩니다. 그때는 한국사람 다섯 명 중 한 명이 65세 이상입니다. 인구의 20%가 은퇴 뒤 일도 안 하고 쌓아 놓은 돈을 꺼내 쓰며 죽을 날만 기다린다면, 개인이 아니라 나라가 망합니다.

수명만 느는 게 아니라 노화 속도도 느려집니다. 60대는 경제활동을 충분히 할 수 있는 나이입니다. 저는 75~80세까지 경제수명이 연장돼야 한다고 주장합니다. "그때까지도 일해야 하느냐. 끔찍하다"고 하시는데, 생각을 바꿔 보세요. 60세를 넘어가야 자식으로부터도 자유로워집니다. 그러고도 40년이 남아 있는 겁니다. 삶의 지혜와 경험, 직관과 통찰을 쌓은 데다 의무도 사라진 나이. 더군다나 건강하다면 지혜롭고 자유롭고 재미있게 살 수 있습니다.

10억 원이 아닌 인생 이모작을 설계하라

노후 준비를 하려면, 돈이 아니라 내가 하고 싶은 일이 무엇인지부터 생각하세요. 내가 일흔 살, 여든 살까지 즐기며 할 수 있는 일이 뭘까. 사람들이 진짜 원하는 것이 무위도식은 아니죠. 아무것도 안 하고 놀고만 싶다는 사람은 없습니다.

은퇴한 베이비붐 세대의 가장 큰 고민은 자녀 교육비보다도 '아침에 눈 뜨고 출근할 곳이 없다는 점'이라고 합니다. 사람은 나이가 들수록 고맙다는 얘기를 듣거나 사회에 공헌이 되는 일을 찾는다고 합니다. 실제 베이비붐 세대들이 그런 일을 찾습니다. 큰돈을 벌지 못하더라도 말이죠. 좋은 일을 하는 사람들이 늘어나면 사회로서도 좋은 것이죠. 그래서 선진국에서는 사회적 기업이 유행입니다.

사회가 인생 이모작 설계를 활발히 지원해야 하는데 그런 활동을 희망제작소 같은 곳에서 펼치고 있죠. '해피 시니어 과정' 같은 프로그램을 들어 보시는 것도 좋습니다. 노동부와 지방자치단체에서도 이런 프로그램을 점점 늘리고 있습니다. 돈에 갇혀 있던 것에서 벗어나 다른 발상으로 노후를 설계할 수 있도록, 그런 교육이 확산됐으면 좋겠습니다. 국민연금으로 최소한의 생계는 해결됩니다. 내 자아를 실현할 수 있는 일을 찾는 것입니다.

제가 만난 분들 이야기를 해 볼게요. 예순 살부터 '10년간 매일 새벽에 등산하는 것'을 목표로 삼고 지내왔는데, 일흔 살이 돼 보니 아침마다 너무 건강하게 눈을 뜨고 있더랍니다. 그래서 억울했다던 그분은 지금 아흔 살이신데 여행자 가이드를 하고 계십니다. 여든 살에 시인이 되신 할머니도 있습니다. 급할 것 없잖아요. 젊을 적에 시인이 되겠다며 배 곯아가면서 아등바등하는 게 아니라 여유 있게 시를 쓰고 계십니다.

60세에 10억 원이 필요하다고 생각하면 숨이 턱 막히죠. 반대로 노후에 대해 즐거운 상상을 하면 지금의 삶이 더 즐거워집니다. 미래에 대해 긍정적 변화를 예측하면, 사람은 당장 동기를 실현할 때보다 더 행복하다고 합니다. 이걸 '동기충족예상이론'이라고 합니다. 여행 가는 것보다 출발하기 전이 더 행복하잖아요. 기대심리는 오늘을 행복하게 해줍니다.

반대로 '기대좌절심리'라는 게 있어요. '아무리 애써도 안 될 거야' 하면 무기력증에 빠집니다. 무기력증은 우울증의 전 단계예요. 기를 쓰고 해도 도달하지 못할 것 같은 열패감을 주는 마케팅은 아주 나쁜 마케팅이라고 생각합니다.

막연히 낙관하라는 것은 아닙니다. 합리적이고 과학적으로 설계하라는 것이죠. 이제 기분이 좀 좋아지셨나요?

돈을 많이 쓰면 행복하다?
쓸수록 불행하고, 부족해야 행복하다

9·11 테러로 미국 뉴욕의 쌍둥이 빌딩이 무너지고 미국인들이 패닉에 빠졌을 때 조지 부시(George W. Bush) 미 대통령이 담화를 발표했습니다. "전 세계에 미국인이 건재하다는 사실을 보여 주기 위해서라도 소비를 멈추면 안 된다." 소비를 멈추면 누구에게 문제가 생길까요? 돈 있는 사람들입니다.

요즘 미국에서는 '반(反)소비 운동'이 벌어지고 있습니다. 아예 안 쓰는 사람부터 '나에게 쓰라고 자극하는 것들만 골라서 쓰지 않는다' 또는 '환경에 나쁘면 쓰지 않는다' 하는 사람까지 여러 경우가 있습니다. 거기엔 공통된 철학이 있습니다. 살림이 어려워져 씀씀이를 줄였더니 '쓰지 않을수록 좋은 게 많더라'는 겁니다.

제가 교육하는 아이들에게 숙제를 냈습니다. 책상에 있는 물건의 목록을 적어 오라고 했어요. 연필, 지우개, 칼, 컴퓨터 게임기 등 A4용지로 석 장이 나왔습니다. 연필 50자루, 가위 24개, 지우개 30개……. 그나마 저학년은 도덕적이어서 다 세어 오는데 고학년으로 갈수록 "셀 수 없이 많다"고 써요(웃음).

연필이 많다 싶으면 동그라미, 부족하면 세모 표시를 해 오라고 했습니다. 부모님들은 아이들이 반성하게 해 준다며 좋아하시던데, 반성해야 할 사람은 부모들입니다. 아이들이 풍요를 누리면서도 고마운 줄 모른다고 하시는데, 고마워하게 만들려면 부족함을 느끼게 해야 합니다. 책상에 이어 냉장고에 있는 물건 목록을 적어 오라고 했더니 다들 못 해 왔습니다. 엄마의 저항이 거셌다고 하디라고요(웃음).

요즘에 "1등 하면 연필을 줄 테니 달리기를 하라"고 하면 아이들이 "미쳤어요?" 합니다. 새 연필은 아이들에게는 짐이거든요. 요즘 아이들은 연필을 다 쓰고 새 연필을 사 본 경험이 거의 없습니다. 잃어버리거나 안 가져온 경우에 사거든요.

더운 곳에 있다가 시원한 실내에 들어오면 행복하죠. 시원한 데 계속 있으면 행복도가 떨어집니다. 그걸 '쾌락적응'이라고 합니다. 그런데 느꼈던 쾌락을 계속 느끼고 싶어서, 욕구가 증식합니다. 지나친 풍요와 행복은 양립하지 않습니다. 그래서 '결핍'이 필요합니다.

결핍에는 두 가지가 있습니다. 충족될 것이라고 예상되는 결핍과 좌절될 것이라는 결핍이 있습니다. 충족될 것이라는 결핍은 행복한 것입니다. 볼펜 깍지에 끼워서 몽당연필을 다 쓰고 나면 새 연필이 생길 것이라고 기대하죠. 새 연필은 내가 불편을 감수하고 몽당연필까지 다 쓰고 나서 생긴 것이어서 더 성취감을 느끼게 됩니다. 이렇게 과제를 수행하고 났을 때 사람은 행복감을 느낍니다. 결핍과 부족이 전제돼야 자발적으로 불편을 감수하려는 마음이 생기는 겁니다. 쾌락적응의 예외는 내 손으로 키우는 아이와 식물 정도예요. 그래서 부모님들은 세상에서 가장 예쁜 꽃이 '사람꽃'이라고 했습니다.

불편을 감수하고 변화를 만들 때 사람은 행복을 느낍니다. '디지로그(디지털과 아날로그의 합성어)'라는 말이 있더군요. 디지털의 편리함과 아날로그 정서를 합치자는 겁니다. 조금 느리고 불편해지자는 거죠. 생각에서도 불편함이 필요합니다. 늘 오른쪽으로 돌리면 열리던 문이 열리지 않을 때, 이런 의외의 상황에서 사람은 '생각'을 하게 됩니다. 너무 편하고 가던 길대로만 가면 편리한 것 같지만 정작 사람들은 무기력증을 느낀다고 합니다. 끊임없이 생각해서 결과를 이끌어 냈을 때 자부심을 느낍니다. 이런 게 결핍의 역설입니다.

끊임없이 사들이는 것이 중산층의 소비패턴이 됐습니다. 식구가 없는 집에 수납공간은 왜 그렇게 많이 필요할까요. 운동화도 '러닝화', '워킹화', 이런 식으로 계속 새로운 것이 나옵니다. 요즘에는 운동화 신고 청바지 입고 산에 가면 사람들이 쳐다봐요. 등산화와 아웃도어 차림이 아니라는 거죠. 그런데 운동화에 청바지 입고 산에 가도 아무 문제없잖아요.

그래서 미국에는 '가정정리사'라는 직업이 생겼답니다. 엄청나게 쌓인 집 안의 물건을 주인 대신 정리해 주는 직업인데, 정리하는 과정은 절대로 보여 주지 않는답니다. 몰래 살펴보니, 그저 닥치는 대로 버리는 것이었대요. 주인은 어차피 그런 물건이 있었는지조차 기억하지 못하는 것들이거든요.

'디드로 효과'라는 게 있습니다. 드니 디드로(Denis Diderot, 1713~1784)라는 프랑스의 철학자가 서재에서 입는 가운을 선물 받았습니다. 새 옷은 일주일 지나면 '쾌락적응'합니다. 그랬더니 갑자기 서재의 의자가 낡아 보이고 서재 전체가 낡아 보여서 서재 전체를 바꿨다는 겁니다.

아이폰3를 사서 만족할 때쯤 아이폰4가 나오죠. 벽걸이 PDP TV에 만족하고 있는데 3차원 입체영상(3D) TV가 나옵니다. 시장은 계속 우리를 '후회하게' 만듭니다. 이렇게 소비하면 맨 끝에 남는 것은 욕구불만뿐입니다. 소비를 하면 할수록 불행해질 가능성이 높습니다.

미뤘다가 소비하라

그렇다고 돈을 쓰지 않을 수는 없지요. 그래서 제가 제안하는 것이 '소비 지연'입니다. 미뤘다가 쓰자는 거죠. 쓰고 싶으면 아이나 가족에게 정말 필요한 게 뭔지 생각해 보는 거예요. 저희 가족은 새해가 되면 갖고 싶은 것, 사고 싶은 것, 가고 싶은 곳을 다 적어서 우선순위를 정합니다. 그 다음에 돈을 모을 계획, 쓸 계획을 세웁니다.

그렇지만 저도 홈쇼핑 채널에서 '마감임박', '이런 구성 다시는 없다'고 하는 걸 보면 머리로는 아는데 심장이 뛰어요(웃음). 그 마음을 무시하지는 않습니다. 일단 구매신청을 해요. 다만 즉석에서 카드결제를 하지 않고, 지불방식으로 계좌이체를 선택합니다. 좀 지나면 내가 그 상품을 신청했는지도 잘 기억나지 않습니다. 사지 않아도 전혀 불편 없는 제품이었다는 걸 알게 되죠. 오히려 그것을 샀다면 기회비용을 포기해야 했을 거예요. 다른 것을 살 수 있는 기회를 잃게 되니까요.

의사결정은 우선순위를 정하는 것을 뜻합니다. 필요한 것과 아닌 것, 내가 원하는 것과 원하지 않는 것을 구분하는 것이죠. 초등학생인 제 아이에게 이런 경제개념을 오랜 시간 교육시켰더니, 이제 아이는 노력하지 않아도 자연스럽게 그런 의사결정을 하는 상황이 됐어요. 아이가 어느 날 붕어빵을 두 개 사왔어요.

"1000원에 다섯 개인데, 두 개에 500원이래."

"그럼 손해잖아?"

"엄마 그게 왜 손해야? 나는 두 개만 먹고 싶은데? 그리고 500원을 덜 썼잖아."

이게 합리적인 거죠. 붕어빵이 먹고 싶지만, 얼마인지보다는 '얼마나 먹고 싶은지'가 더 중요한 겁니다. 한 번은 mp3 플레이어를 사고 싶다고 해서 "얼마나 사고 싶냐"고 묻고, 하루를 생각해 보라고 했어요. "네 안에는 진짜 욕구와 가짜 욕구가 있으니 세 번만 생각해 보라"고 했습니다.

가짜 욕구는 주변에서 형성된, 조작된 욕구입니다. 혹하는 마케팅에 넘어가고 나면 뒤에 가서 씁쓸해질 수 있습니다. 서점에서 어떤 책을 사고 싶다고 하는 초등학생에게 진짜, 가짜 욕구를 얘기해 주고 세 번만 생각하라고 했어요. 서점을 한 바퀴 돌고 와 보니 사려고 했던 책이 허접해 보인다고 하더군요. '한 번 더 생각하는 소비'가 중요합니다.

사흘 뒤에 제 아이에게 물었더니, 아무리 생각해도 mp3 플레이어를 사고 싶대요. "너무 간절히 갖고 싶은 거라면 네가 저축해서 사는 게 좋겠다"고 했습니다. 아이가 열심히 저축을 하더라고요. 아이스크림 먹고 싶은 것을 억누르고 저축을 하면 욕구를 통제했다는 행복감을 갖게 됩니다. 그런 다음 저축한 돈을 손에 쥐고 와서 이렇게 이야기해요. "엄마, 내가 생각을 해 봤는데 mp3 플레이어를 사도 별로 들을 시간이 없을 것 같아. 어떤 것을 살지 천천히 생각할게."

여기서 중요한 건 "반드시 한 달 안에 써라"고 하는 겁니다. 왜냐고요?

안 쓰고 돈 남으면 좋은 거 아니냐고 하실지 모르겠어요. 저는 아이에게 이렇게 말했어요. "그걸 쓰지 않으면 네 인생에서 돈이 최우선의 가치가 된다. 저축한 노력에 상응하는 것에다 돈을 써라"라고 했죠. 나중에 보니까 기타를 샀더군요.

3인 가족인데 월 120~130만 원 버는 저소득층이다, 그러니 저축할 게 뭐가 있느냐 하는 분들도 계십니다. 하지만 돈을 적게 벌어도 저축을 할 수 있습니다. 2만 원, 3만 원씩 모으다 보면 의욕이 없던 분도 동기가 생깁니다. 어떤 어머니는 통장만 보면 배가 불러서 세 끼를 국수만 말아 먹었다고 해요. 우리는 어느새 저축하는 재미를 잃어버린 겁니다.

막연히 돈을 쌓아 두는 게 아니라, 쓰기 위해 모으는 겁니다. 제게는 '지름신 적금통장'이 있습니다. 처음에는 5만 원씩 저금했어요. 6개월 부으니 30만원이 생기잖아요. '이건 계획하지 않고 확 질러야지'라고 생각했습니다. 그래 놓고 6개월 내내 '뭘 지를까' 생각합니다. 그래서 단위를 좀 높였어요.

'경제적 자유'는 적게 쓰고도 행복한 것

흔히 적금이라고 하면 더 큰 돈을 모으기 위한 종자돈으로 생각하는데, 저축은 미래의 소비를 위해서 현재의 소비를 제약하는 것입니다. 저축하는 목적과 쓰려는 목적을 끊임없이 생각하세요. 다만 욕구의 거품을 다이어트시키라는 얘기입니다. 소비량을 줄이면 적게 벌면서도 스트레스가 적고 시간 여유가 많은 방향으로 생활이 '다운시프트(down-shift)' 됩니다.

저는 집 안 물품목록을 적고 정리하면서 가장 먼저 정수기를 없앴어요. 정수기가 생각처럼 그렇게 편리하기만 한 것은 아니었다는 걸 알았습니다. 오히려 정수기가 있어서 불편한 점도 있구나 싶었어요. 없애 버리니 정수기 청소를 안 해도 되고, 공간도 넓어지니 좋더라고요.

집 안의 물건을 없애 보고, 편리한 점과 불편한 점을 기록해 보세요. '쾌락적응'의 반대말이 '불편적응'입니다. 전자레인지도 없애 보고 청소기도 없애 보고……. 생각해 보면 우리가 청소기를 청소하고 있잖아요. 삶을 저속기어로 바꾸고 천천히 약간 불편하게 살자고 마음먹는 거죠.

제가 원하는 건 '펜션 같은 집'에서 사는 겁니다. 여행지의 펜션에는 내 짐이 없잖아요. 그래도 불편하지 않잖아요. 그렇게 살면 많이 벌지 않아도 되니까 자유가 생깁니다. 적은 돈으로 즐겁게 살 수 있다는 마음이 직업 선택의 자유를 줍니다. 돈보다는 하고 싶은 일을 골라도 되겠구나 하는 자유를 주는 거죠. 중산층 주부들도 많이 상담하는데, 짐을 20~30%만 줄여도 '넓은 집에 이사 가지 않아도 된다'는 안도감이 든다고 합니다.

우리는 소비하기 위해서 많은 것을 희생하고 살았는지도 모릅니다. 죽어라 공부해서 대학 가고, 취직해서 죽어라 빚 갚고. 그렇게 살고 싶지 않다면 적은 돈을 잘 쓰는 법을 배우세요. 내가 돈을 통제할 수 있는 능력, 이것이 진정한 경제적 자유입니다.

워너비알파레이디 TIP

똑똑하고 행복하게 돈 쓰는 7가지 방법

종자돈을 만들고 싶다면 적금에 들어라
펀드로 대박이 날 거라는 환상은 버리자. 일해서 번 내 돈, 결코 초라하지 않다. 신성한 노동소득으로 꼬박꼬박 적금을 들어 종자돈을 만들자.

신용카드 대신 체크카드로, '가불인생' 청산
신용카드 사용액을 결제하기 위해 회사에 다니고 돈을 벌어야 하는 악순환을 깨자. 은행 잔고만큼만 쓸 수 있는 '체크카드'로 바꿔서, 계획한 범위 안에서 소비하는 선순환 구조를 만든다.

정말 갖고 싶은지 세 번 물어 보라
'득템' 하고픈 물건이 생겨도 바로 사지 않는다. 천천히 소비하는 습관을 들이자. 정말 내게 필요한 것인지 세 번 생각하면 '진짜 욕구'와 '가짜 욕구'를 구별할 수 있다.

화장품, 액세서리, 옷 살 돈을 모아서 '폼'나게 쓰자
인터넷 쇼핑, 홈쇼핑, 길거리 쇼핑으로 사 모은 물건이 방 안 한구석에 방치돼 있지는 않은가. 잡동사니 소비만 줄여도 부모님 효도여행을 보내드리거나 어학연수도 갈 수 있다. 의미 있는 일에 폼 나게 쓰자.

비싼 물건은 저축해서 사라
값나가는 물건은 신용카드 할부가 아니라 저축한 돈으로 산다. '해외여행 통장', '냉장고 통장', '자동차 통장', '명품 지름신 통장'처럼 필요한 용도

에듀머니 대표이사 제윤경

적은 돈 잘 쓰기

에 따라 통장을 만들어 저축한다. 저축한 돈으로 물건을 손에 쥐었을 때의 기쁨은 신용카드를 긁었을 때에 비할 바가 아니다.

6개월 비상금을 확보하라

6개월 정도 생활을 해결할 비상금이 없으면 직업과 직장을 바꾸고 싶어도 회사를 그만둘 수가 없다. 다른 일을 하고 싶을 때, 혹은 자기계발이 정말 필요할 때를 위해 '삶의 비상금'을 준비하자.

월급날, 부지런을 떨어라

체크카드를 쓰려고 해도 월급통장에 돈이 없거나, 적금통장을 만들었는데 돈이 쌓이지 않으면 아무 소용없다. 한 달에 한 번, 월급날 가계부를 정리하고 정해진 금액을 부지런히 이체시켜야 한다.

첫 여성 헤드헌터 · 유순신

나 만 의

스토리텔링을

만 드 세 요

 국내 최초의 여성 헤드헌터로 헤드헌팅회사 '유앤파트너즈' 대표입니다. 항공사 승무원과 세일즈 매니저를 거쳐 '인재 전문가'가 됐습니다. 성신여대 불어불문학과와 핀란드 헬싱키 경제경영 대학원을 졸업했습니다. '프로페셔널의 아름다움'을 아는 최고경영자(CEO)로 유명합니다. 『나는 고급 두뇌를 사랑하는 여자』, 『변화의 두려움을 사랑하라』, 『나는 희망을 스카우트한다』 등 여러 권의 책을 쓰거나 번역했습니다.

유순신은

안녕하세요, 유순신입니다. 이순신, 류관순과 진인척 아닙니다. 제 강연 제목은 '21세기형 리더십 되기'입니다만, 여러분은 어떤 강의를 기대하시나요? 사실은 저도 후배님들에게 기를 좀 받으려고 왔습니다. 요즘 여성들 잘 나가거든요. 모든 면에서 우수하죠.

제 소개부터 하겠습니다. 지금까지 직장 생활 30년이 넘어요. 그렇다고 후배님들, 나이 계산하지 마세요. 경력을 적어 봤더니 무슨 위원회, 전문위원을 많이 했어요. 30년 동안 직장 꽉 잡고 있으면 이렇게 됩니다. 저랑 같이 직장생활을 했던 친구들, 지금은 거의 없습니다.

제가 처음 직장에 들어간 것이 1970년대 말입니다. 70년대 후반이 어떤 시대인지 아세요? '통금'이 있었어요. 한번 호구조사를 해 보겠습니다. 20대 손들어 보세요. 30대, 40대는? 결혼하신 분? 학생? 학생들도 많이 오셨네요.

70년대 말에는 여성이 직장 잡기가 어려웠어요. 처음에 항공사 승무원이 되려고 이력서를 냈는데 경쟁률이 200대 1이었습니다. 그 경쟁률을 뚫고 들어갔는데, 처음에는 '1년만 전 세계를 여행해 본 뒤 시집가겠다'는 얄팍한 생각이었습니다.

그러다 뉴욕에 갔더니 여성들이 일을 하고 있더라고요. 한 손에는 샌드위치, 한 손에는 서류를 든 그 모습이 너무 아름다웠어요. 그래서 승무원을 하면서 다른 회사에 이력서만 100통을 보냈는데, 연락 오는 곳은 몇 군데 안 되더군요. 취업면접을 하러 간 곳이 두세 군데밖에 없었어요. 종로, 을지로를 지나다 보면 밤 10시~12시까지 불이 켜져 있는데 내가 일할 곳이 하나도 없다는 생각에 눈물이 나기도 했습니다. 그러다가 결국 시집을 갔어요.

어느 날 연락이 왔어요. 프랑스의 한 원자력 회사에서 매니저를 구한다는 거예요. 한국에서 일하는 외국인들에게 비행기 티켓 예약하는 것을 도와주고 자녀들 생활을 도와주는 행정관 역할이었어요.

얼마 만에 얻은 기회인데, 정말 최선을 다해 인터뷰를 준비했고 합격했습니다. 가장 좋아하는 옷을 입고 30분 일찍 출근했습니다. 지금도 날짜를 기억해요. 7월 16일. 준비해 간 서류를 냈어요. 그랬더니 40대 초반의 한국인 총무부장이 큰 소리로 부르더군요. "야, 이거 사기 아냐. 결혼했어요?" 결혼한 사람은 안 뽑는다는 거예요. 싸움닭처럼 싸웠습니다. "왜 그럼 처음부터 결혼했느냐, 안 했느냐 묻지 않았느냐"고 했더니 "요즘 결혼한 사람이 누가 취직하느냐"고 하는 거예요.

그때 절 뽑은 프랑스인 부사장이 "프랑스 여성들은 다 일한다. 내가 뽑은 사람인데 시끄럽게 하지 말라"고 해서 무마됐습니다. 내 가슴을 뛰게 한 직장에서 첫날부터 그런 얘기를 들으니 어땠겠어요. 가슴에 비수를 꽂고 다녔습니다. 결국 제가 그 총무부장보다 더 오래 있었습니다(웃음). 그 회사가 80년대 중반에 구조조정을 했는데 저는 책상 꽉 붙잡고 1989년까지 남아 있었습니다. 사실은 더 오래 있을 줄 알았는데, 나중에는 200여 명 일하던 사무실이 10명 규모로 줄었어요.

회사에서 저에게 "다른 곳을 찾아보라"더군요. 30대 중반에, 아이도 있었습니다. 그런 순간에 미국 회사에서 연락이 왔어요. 목숨 걸고 인터뷰를 했어요.

몸무게가 100㎏이 넘는 사장이 영어로 질문하는 거예요. "지금까지 당신이 가장 잘했다고 생각한 일은 뭐냐"고. 토끼 같은 아이들과 남편이 생각났습니다. "가정을 꾸린 것"이라고 대답했죠. 하지만 그 순간 저를 보니, 프랑스계 회사에서 일하면서 불어로 질문해 오면 영어로 대충 대답하면서 자기계발을 안 해왔던 거예요. 제 '몸값'이 금방 드러나는 겁니다. 저보다 먼저 인터뷰한 사람은 영어가 유창했어요. '아, 나는 떨어졌구나.' 그런데 일주일 후 출근하라는 편지가 왔습니다. 사장에게 "왜 날 뽑았느냐"고 물었습니다. 사장은 "우리는 가정생활도 잘 하고 직장에서도 잘 하는, 오래 갈 사람이 필요하다"고 하더군요.

신나게 일했죠. 어느 날 사장이 저를 다시 불렀어요. "한국 여성은 근면하고 우수하고 외모도 괜찮은데 왜 남자들이 하는 일을 돕기만 하느냐." 그러고 보니 저보다 늦게 들어온 남자 직원들은 다 승진했습니다. 그런데 저는 계속 '미세스(Mrs.) 유'이고 그들은 '과장', '대리'라 불려요. 사장은 "남의 지시를 받지 말고 스스로 계획을 짜서 일하라"면서 '세일즈 매니저'를 맡겼어요.

자신감으로 무장하라

그 다음부터 '눈물 젖은 빵'을 먹기 시작했습니다. 세일즈를 하려는데 막상 갈 데가 없는 거예요. 사무실 안에 있는 게 행복한 거였어요. 미국계 회사에서는 '올해 100억 원 매출 달성한다'고 하면 죽어도 해야 하는 거예요. 중간에 명절이 끼었다, 조류독감이 유행한다, 이런 거 통하지 않습니다. 그래서 설 연휴가 신나기는커녕, 달력의 빨간 글씨가 무서울 정도였습니다.

나갈 곳도 마땅히 없던 어느 날, 사장이 저를 불렀어요. "영업하러 간다"고 했더니 "그렇게 하고 나가지 마라, 바람 빠진 풍선 같다"는 거예요. 세일즈를 하려면 자신감으로 빵빵하게 차서 의뢰인이 물건을 살 때 빵 터뜨리는 정도가 돼야 하는데 저는 전혀 그렇지 못하다는 것이었습니다.

방송에 나가거나 언론과 인터뷰를 하면 저에게 "유 대표는 당당해요"라는 얘기들을 많이 하시는데, 저는 그때부터 스스로에게 동기 부여를 했던 것 같아요. 세일즈를 하면서 정말 많은 것을 배웠어요.

그런데 이 회사가 국내에서 철수하면서 또 변화를 모색해야 하는 상황이 됐습니다. 나이는 마흔을 넘겼고요. 세일즈 매니저 시절 알고 지내던 분이 "인재를 공급해 주는 사업을 국내 최초로 같이 시작해 보지 않겠느냐"고 해서 그리 갔습니다. 제가 사람을 만나는 것을 좋아하고, 또 저의 소개로 결혼한 커플이 세 쌍이나 됩니다. 내게 그런 능력이 있는 것 같아, 1992년에 인재개발 시장에 뛰어들었습니다.

1988년 서울올림픽을 거치면서 외국계 기업들이 한국의 존재를 알고, 한국에 들어오기 시작할 때였습니다. 이 회사들이 들어와서 제일 먼저 한 것이 사람을 찾는 겁니다. 그러면서 제가 외국 기업 헤드헌팅의 대모가 됐어요. "무슨 일이 있으면 미세스 유를 찾아라"가 됐죠. 지금까지 제가 기업에 보낸 사람이 4000~5000명 됩니다.

2003년도에 회사(유앤파트너스)를 설립해서 지금은 전 세계 53개국과 같이 하고 있어요. 좋은 사람을 추천하는 게 한 가지 일이고, 사람을 추천하기 위해 평가하는 것이 두 번째 일입니다. 요즘에는 40대 중반~50대 초반 퇴직자들을 사회에 다시 보내는 일도 하고 있어요.

여러분께 물을게요. 21세기 노동시장의 가장 큰 변화는 무엇일까요? 사람에 대한 관심도가 굉장히 높아졌다는 겁니다. 기업들은 남들이 보지 못하는 것을 이끌어내는 창조적인 사람을 원하고 있어요. 그러다 보니 세계에서 총성 없는 인재 전쟁이 일어납니다. 요즘 가장 '핫'한 취업시장은 어디일까요? 광고가 많이 나오는 쪽이 활발한 시장이라 보면 됩니다. 통신회사, 신용카드회사 같은 기업들이 인재를 많이 뽑지요.

기업들이 엄청난 시간을 들여가며 인재를 뽑아요. 미국 회사 구글은 채용 인터뷰를 17차례나 한다는 얘기도 있어요. 그런데 요즘 인재 중에서도 중요한 것이 바로 여성 인재이고, 기업들의 관심도 높습니다. 회사에서는 임원들 대부분이 남자이고, 나이도 45세~55세예요. 입는 옷도 컴컴한 양복, 단골 음식점이나 사는 곳도 비슷해요. 그러니 새로운 아이디어가 나오겠어요? 그래서 외부에서 여성 인재를 수혈하려 하고, 40~50대 여성들이 그런 회사에 들어가기 시작한 겁니다. 요즘 기업인들이 저를 보면 "준비된 여성 인재 추천해 줘요. 우리 회사 변화해야 해요. 혁신해야 합니다"라는 말을 많이 합니다. '핑크 리더십'에 대한 관심인 거죠.

자연스레 여성 인재 얘기로 옮겨와 볼까요. '알파걸'들이 사회에 나오기 시작한 지 십 년쯤 된 것 같아요. 그들의 미래상인 '알파레이디'는 어떤 사람을 말할까요?

자기 분야에서 두각을 나타냅니다. 삶도 즐겨요. 수입도 상당히 많아요. 그런 반면, 억세다, 성격 나쁘다, 욕심 많다는 얘기 들어요. 드라마 〈역전의 여왕〉에 나오는 '한 상무(하유미 분)'는 성격이 너무 강합니다. '황태희(김남주 분)'는 일중독이죠. 이런 분들, 일 하다 보면 40대 중반까지 싱글인 경우가 많아요. 아무 생각 없이 일하다 그렇게 되는 거죠. 그런데 40대 중반이 되면 주변에 사람이 없습니다. 앞만 보고 달려오면서 네트워킹이라든가 배려를 하지 못했던 겁니다.

작년 연말 대기업에서 승진한 여성 임원들께 힘들었던 점, 자신이 생각하는 스스로의 경쟁력, 좌우명, 후배들에게 해 주고픈 이야기, 앞으로의 목표 등을 물었습니다. LG-CNS 김명원 상무는 회사일과 육아가 부딪쳤을 때 굉장히 힘들었다고 했어요. 저는 그분 좌우명인 "시련이 더 큰 기회를 만든다"에 눈길이 갔습니다. 여기 있는 분들, 직장생활을 하든 입사시험을 보든, 안 되는 경우도 많을 겁니다. 역경이 아니라 나를 키우는 기회라 생각하고 즐길 수 있는 힘을 모으세요. 그것이 행운의 열쇠가 될 겁니다.

김지선 CJ 상무는 디자이너로 출발해 임원이 됐습니다. 김 상무는 "조직에 뿌리 내릴 사람이라는 인상을 심어 주라"고 조언합니다. 조직에서 끝까지 남아 있겠다는 인상을 주십시오.

매년 이력서를 써보라

사회에서 요구하는 여성인재가 되려면 어떻게 해야 할까요? 저는 ▲업무능력과 전문성 ▲인맥(네트워크)과 리더십 ▲주인의식과 CEO마인드를 강조합니다.

업무능력과 전문성을 키우는 가장 좋은 방법은 이력서를 쓰는 겁니다. 입사시험 볼 때만 쓰는 게 아닙니다. 이력서를 쓰다 보면 나의 역량과 경력을 한눈에 볼 수 있습니다. 올해 쓴 것이 지난해에 쓴 것과 똑같다면 실패한 직장인이라고 할 수 있어요. 매년 달라져야 합니다.

대학생도 마찬가지예요. 지금부터 매년 이력서를 쓰면서, 약력과 취미와 아르바이트와 봉사활동 한 내용을 집어넣어요. 제가 면접관으로 들어가서 보면 이력서가 천차만별입니다. 매년 쓰는 학생들은 화려하고 볼 게 많아요. 그런데 어떤 학생들은 학교 성적, 취미밖에 없어요.

직장인도 마찬가지입니다. 어느 날 갑자기 회사를 그만두고 이직할 수도 있어요. 미리 쓴 사람은 2년 전에 어느 부분에서 높은 평가를 받았으니 선배들에게 추천서를 받아 보자, 하면서 쓸 내용들이 많습니다. 평소에 안 하다가 갑자기 쓰려고 하면 쓸 게 없어요. 이력서는 연감 보고서라고 생각하세요. 매년 한 번씩 쓰십시오.

두 번째는 시간관리 노하우입니다. 시간은 왜 그렇게 빨리 가는지. 대부분 '아, 바쁘다'라는 말을 입에 달고 살지요. 하지만 똑똑한 직장인은 포커페이스예요. 백조가 물 밑에서는 발을 휘젓시만 위에서 볼 때에는 우아한 것과 마찬가지입니다. 중요한 건 미리 준비하는 거예요. 내일은 무엇을 해야지, 저녁에 체크하는 겁니다. 여성들은 옷차림에 신경 많이 쓰잖아요. 아침에 어떤 옷 입을까 허둥거리다 늦지 말고, 일주일치 옷을 미리 정해두세요. 퇴근할 때 책상을 깨끗하게 정리하고 가면 다음날 출근해서 일할 때 기분도 좋고 정리가 잘 됩니다. 금요일에는 한 주를 정리하고 다음 주에 뭘 할지 표시해 두면 그 다음 일주일이 가벼워집니다.

그 다음, 인맥과 리더십을 살펴보지요.

남자와 여자의 커뮤니케이션은 다릅니다. 남자는 직접적으로, 명령조로, 요점만 간단히 얘기합니다. 여성들은 남을 잘 보살펴요. 직설법을 잘 쓰지 않고, 의견을 조율하고 배려합니다. 하지만 여성들은 남성들처럼 출세 지향적이지 않아서, 줄기차게 '일만' 합니다. 어느 날 돌아보면 주위에 사람이 없고, 어디에 줄을 대고 '정치'를 해야 하는지도 몰라요.

남자들은 웬만하면 남의 부탁을 잘 들어줍니다. 하지만 여성은 '청탁'이라 생각하며 불편해 합니다. 내 일이 아니라고 외면합니다. 어느 쪽이 좋다는 게 아니라, 커뮤니케이션 방법이 다르다는 겁니다.

'유리천장'은 엄연한 현실입니다. 아직까지 우리나라에 여성 임원이 많지 않은 게 사실이거든요. 네트워킹은 단순히 소통하고 즐겁게 지내자는 게 아닙니다. 인맥은 여러분의 능력입니다. '소셜 캐피털(사회적 자본)'이 되는 겁니다. 비슷한 또래와 네트워킹하세요. 여러분이 과장 되고 임원 됐을 때 함께 커서 도와줄 조력자를 사귀십시오.

오늘 오신 여러분은 알파레이디 리더십포럼 1기인 셈이니, 지금 바로 네트워킹하세요. 학생들은 빨리 명함을 만드세요. 사회에 나올 준비를 한다면, 여기 있는 선배들과 명함 나누면서 본인 이름을 알리세요. 앞에 앉으신 분, 이름이 이지민씨라고요? 그러면 '이지민'에 맞는 이야기를 만들어 내서 상대방이 기억할 수 있게 하세요. 스스로의 스토리텔링을 만드는 겁니다. 여기 있는 분들, 오늘 그냥 가지 말고 전부 눈인사하고 명함 나누세요. 각계각층에서 왔기 때문에, 굉장히 좋은 네트워킹의 장이 됩니다.

네트워킹의 기본은 '소통'입니다. 요즘 "통통통"이라는 건배사가 유행합니다. 소통, 만사형통, 운수대통. 시대와 사회가 요구하는 인재가 어떤 사람인지를 잘 파악하세요. 요즘에는 '소통할 수 있는 능력'이 가장 중요합니다.

소통을 잘 하려면, 말할 때 분명하게 메시지를 줘야 합니다. 중요한 일은 다시 질문하며 확인합니다. "내가 뭐라고 했지?" 그리고, 눈을 보면서 얘기를 많이 들어 주세요. 이 두 가지만 해도 소통이 잘 되는 사람이라 소문날 겁니다.

나는 걸어다니는 회사이자 CEO

여러분은 걸어 다니는 회사이고 CEO입니다. 내 회사라고 생각하고 일하세요. 여러분이 사장이면 어떻게 행동할지 생각하고 행동하세요.

삼미그룹 부회장을 지낸 뒤 웨이터가 돼 유명해진 분이 계십니다. 서상록 부회장님이 그분이신데, 그분을 우연히 만나게 됐습니다. 구조조정으로 물러나 집에 있는데, 도우미 아주머니께서 오셨습니다. 그런데 남자분이 하루 종일 집 안에 있으니까, 아주머니가 불편해 하시더라는 겁니다. 그래서 이렇게 조언을 해드렸대요. "일하러 오실 때에 장미꽃을 사 가지고 기쁜 마음으로, 마치 내 집에서 손님들을 맞는다는 마음으로 일해 보면 어떻겠습니까."

몇 년 지나 누군가가 벨을 누르기에 밖으로 나가 보니 귀부인이 서 있더랍니다. "회장님, 제가 이 집에서 일했던 사람인데, 말씀하신 대로 꽃을 사들고 일하러 다니며 내 집에서처럼 기쁘게 했더니 일이 너무 잘 됐습니다." 그 아주머니께서 아예 회사까지 차려서, 도우미 아주머니들께 똑같이 그런 교육을 시켰더니 일이 너무 많이 들어와 전국에 지부를 두게 됐고 부자가 됐답니다.

바로 이런 겁니다. 남에게 고용돼 일한다 생각하면 즐겁지 않고, 월급도 푼돈만 들어오는 것 같지요. 하지만 내가 사장이라고 생각하고 일하면 달라집니다. "나더러 CEO 마인드를 가지라고요? 나는 CEO가 아닌데 왜 그런 마인드를 갖나요, CEO 마인드는 CEO나 가지라고 하세요." 이런 분들이 있지요. 그럼 연말 성과급도 CEO가 다 가져가면 되겠네요. 그렇죠?

인생에서 직장생활을 몇 년 정도 할까요. 대략 50년 정도 합니다. 여러분 세대는 100살까지 살 거예요. 50세에 1차 직장을 그만두고, 제2의 인생을 설계해서 30년 정도 일하면 80세가 되지요. 그러니 즐겁게 일해야 합니다. 머리는 낮추고, 회사 험담은 그만 하세요. 여러분이 사장이라면 회사를 욕하겠어요? 허리띠도 졸라매세요. 회사 물건이 내 것인 양 아끼는 겁니다. 하나라도 아껴 쓰는 모습을 보면, 사장도 그런 작은 디테일에 감동합니다.

저는 초년병 시절 승무원 생활을 하면서 많은 것을 배웠습니다. 외국에 다니다 보니, 사람들이 생각하는 게 다 달라요. 오른손 들어 보세요. 두 번째 손가락으로 원을 크게 돌려 보세요. 우리는 대부분 시계방향으로 돌리는데, 외국 사람들은 거꾸로 돌립니다. 우리는 국을 떠먹을 때 밖에서 안으로 떠먹죠. 서양 사람들은 수프 먹을 때 안에서 밖으로 먹습니다. 문화에 대한 이해가 첫 번째예요.

또 비행기가 승객 기다려 주는 거 보셨어요? 안 기다려 줍니다. 저는 비행기도 2~3시간 전에 가서 타는 버릇이 있는데, 만약 이곳 강연이 7시 30분이면 제 약속시간은 7시 15분입니다. 그걸 지키면 신뢰를 줄 수 있어요. 외국사람 생각을 이해하는 것, 시간 지키는 것, 이 두 가지 잊지 마세요. 남자친구와 만날 때 한 시간씩 늦지 마세요. 신뢰를 깨는 거거든요. 21세기형 인재는 시간을 확실히 지켜야 해요.

손에는 늘 수첩을 들고 다니세요. 상사가 부를 때 항상 수첩을 가져가세요. 맨몸으로 가지 마세요. 학생들도 마찬가지입니다. 교수님이 부르실 때 수첩을 가져가세요. 그것 하나만으로도 '저 사람은 준비된 사람, 믿을 수 있는 사람'으로 보일 겁니다. 간단하지만, 여러분들을 알파레이디로 만들어 주고 리더십을 갖게 해 주는 중요한 요소입니다.

여성이라서, 유리천장 때문에 안 된다는 얘기들이 있었지만 이제는 우리가 변화시켜야 합니다. 현대캐피털 백수정 이사는 "여성이어서 유리하다"고까지 말합니다. 금융권에도 아직 여성 임원은 많지 않고 지금까지 유리천장이 없지 않았지만, 이제는 더 이상 여성이라고 불리하지 않으니 자신감을 갖자고 합니다. 물론 직장생활을 하면서 여성이라는 이유로 구설수에 오를 수도 있어요. 80년대 초의 일입니다만, 함께 일하던 여성들이 휴가를 못 다녀오는 거예요. 휴가 갔다 오면 도마에 오른다고. 하지만 그런 사소한 루머 따위는 과감히 무시하는 편이 나을 때도 많습니다.

제가 처음 인재를 찾아 주는 일을 시작했을 때만 해도, 국내에서는 이런 업종에 대해 아는 분들이 드물었어요. 명함을 드리면 기업인들은 "젊은 여자가 임원을 기업에 추천해? 사기꾼 아냐?" 이러셨어요. 불과 20여 년 전 일입니다. 지금은 완전히 달라졌습니다. 직장에 다니시는 분들, 20년 후를 생각해 보세요. 여성의 패러다임으로, 여성의 리더십으로 새로운 틀을 만들어가는 겁니다.

■ **아직 대학생입니다만, 벌써부터 일과 결혼생활을 양립하는 것이 걱정됩니다. 일과 가정이 충돌할 때, 어떻게 대처해오셨나요.**

이 문제에는 정답은 없습니다. 하지만 경험자로서, 인생 선배로서 대답하자면 결혼은 꼭 하십시오. 그래야 직장생활도 오래 할 수 있고, 또 행복하게 할 수 있습니다. 만약 제가 결혼을 안 했다면 여기에 서지 못했을 겁니다.

저는 항공사 승무원을 했고 외국계 회사에서 주로 일했기 때문에 비교적 작은 조직에서 지내온 셈입니다. 제가 일했던 회사들 중에는 인원이 80명, 심지어 20명인 곳도 있었어요. 반면 남편은 대기업에 다녔고, 남성들의 조직문화를 잘 알고 있습니다. 그래서 저는 직장생활이 힘들 때마다 남편과 대화를 했습니다. 집에 들어가서 "사표 낼 거야"라고 말하면 남편은 "뭘 그런 것을 가지고 그러느냐, 남자들 세계는 그렇지 않다, 이러저러한 부분은 오해다"라고 솔직하게 이야기해 줍니다. 제겐 그런 '비빌 언덕'이 있었다는 겁니다.

일을 오래 하려면 가족이 있어야 합니다. 화목한 가정이 있어야 합니다. 제 주변에 40대 중반 여성 CEO들이 많은데, 결혼한 분들은 많지 않습니다. 그분들에게 "성공해서 좋겠다"는 말을 건네면 얼굴에 어둠이 깔립니다. "제가 어떻게 성공했겠어요. 외로워요. 반쪽인데요"라고들 하지요. 가족이 있다는 것은, 여러분이 꾸미고 만드는 세상이 있다는 겁니다. 가족을 꾸리는 것은 자기만의 세계를 만드는 일입니다. 잘 꾸려가다 보면 아이도 생기고, 그러면서 꿈을 이루게 되는 겁니다.

■ **여섯 살 아이를 키우면서 직장에 다니는 '워킹맘'입니다. 가족이 소중하긴 하지만 아이를 키우면서 일을 하는 것은 보통 일이 아니잖아요.**

결혼을 했으면 아이를 낳아야겠죠. 꼭 결혼하시라 말씀드렸고, 아이도 두 명은 낳으라고 말하고 싶습니다. 저는 직장 일에 바쁘다 보니 아이가 하나뿐인데요. 처음엔 아기 낳고 직장으로 돌아가려니 마음이 무거웠어요. 아이가 기어 다닐 무렵이 되고, 엄마라는 존재를 알게 되고부터는 엄마가 나가는 걸 무조건 붙잡더라고요.

가슴에서 눈물이 났습니다. 프랑스계 회사에 다닐 적이었죠. 늘 어두운 얼굴로 출근을 하니, 상사로서는 제가 보기 싫었을 겁니다. 하루는 상사가 부르더군요. "우리 아이가 아침에 '나가지 말라'며 치마를 붙잡고 울더라"고 했더니 "네 마음속에 지금 죄의식이 있지, 아이에게 미안한 마음이 들지?" 하더군요. "아이가 얼마나 영악한지 아니. 엄마가 미안해하는 걸 바로 알아차리고 너에게 더 많이 요구한다. 프랑스에서도 일하는 여성들과 이야기해 본 적이 많아서 잘 안다. 집에 가면 아이와 스킨십을 많이 하고, 짧은 시간에라도 중요한 이야기를 많이 해 주는 게 좋다더라."

비로소 마음속에서 자유를 얻었습니다. "엄마는 나가서 일하는 사람이다"라고 아이에게 말해 주면서, 스스로도 당당해진 거죠.

■ 육아뿐 아니라 살림도 해야 하고, 또 결혼제도 속에서 여성에게 요구되는 게 너무 많습니다. 슈퍼우먼이 되어야 하는데, 그게 너무 힘들어요.

지혜로워지세요. 그러려면 'NO'라는 이야기를 분명히 해야 합니다. 시집에도 마찬가지입니다. '며느리라면 이러저러한 것들을 해야 한다'라는 것에 얽매이지 말고, 여러분을 도와줄 수 있는 사람을 구하세요. 돈을 주고 다른 사람에게 부탁하세요. 남편에게도 'NO'라고 이야기해야 합니다. "내가 할 수 있는 범위는 이 선까지다, 그러니 이러저러한 것은 당신이 해 줘야 한다." 이렇게요.

깔끔하게 모든 걸 잘 한다는 이야기 듣고 싶어서 주말에 음식도 만들고 하잖아요. 저는 남편이 좋아할 줄 알았어요. 그러나 결국엔 외식을 많이 했습니다. 집에 와서도 "먼지 좀 밟고 다니면 어때. 안 치우면 어때?" 하고 그냥 살았습니다. 남편이 너무 좋아하더라고요. 일주일 내내 일하고 왔는데, 아내가 내내 쓸고 닦으면 남편도 사실 쉬기가 힘들잖아요.

그리고 멘토가 필요합니다. 여성들이 어려움 겪을 때 많죠. 그런데 털어놓고 이야기하는 데에 익숙하지 않습니다. '남들이 이런 거 알면 어떻게 해. 소문나면 어떻게 해' 이렇게 생각합니다. 육아문제를 비롯해, 터놓고 이야기할 수 있는 통로를 마련하면 스트레스가 다 풀립니다. 선배들의 지혜로 빨리 해결할 수 있습니다.

■ '알파레이디'라면 일할 때 열심히 일하고 놀 때는 화끈하게 놀아야 될 것 같습니다. 그런데 술자리만 생각하면 걱정이 됩니다. 천성적으로 술자리를 즐기지 못하는 편이라서

은근히 고민입니다.

일 잘 하는 사람을 금방 알아내는 방법이 뭘까요. '잘 노는' 사람을 뽑으면 됩니다. 잘 노는 사람은 열정이 있고 에너지가 있어서 일도 잘 합니다. 하지만 그건 술을 많이 마시는 것과는 별개랍니다.

나는 술자리는 참석하지 않습니다. 모임이나 식사 약속을 해야 한다면 점심시간을 이용합니다. 영업하고 서비스하는 일인데 접대하지 않고서 할 방법이 있느냐, 나는 '갑'이 아니라 '을'인데 어쩔 수 있느냐. 이렇게 얘기들 하시는데요. 저는 그럴 때면 '내가 왜 을이지? 나는 해법을 내 주는 사람인데? 나는 좋은 사람을 추천해 주고, 그들에게 이익을 주는 사람이야'라고 생각합니다. 일을 통해 만나는 사람과 저녁을 먹기 시작하면 곧 '헤어지기 서운하니 와인 한잔', '술 한 잔 했으니 노래방 가자'고 합니다. 그러면 12시가 돼요.

내 별명이 '저녁 안 하는 여자'예요. 술자리, 골프 접대도 안 합니다. 왜 비싼 돈 써서 내 운동까지 남한테 바쳐야 합니까. 스스로 룰을 만들면 됩니다. '나는 이것은 안 하는 사람'이라는 룰을 만드세요.

미국계 회사에서 근무하다가 옮겨 왔더니 주말도 없이 회사에 나오라더군요. 저는 토요일에 나오지 않겠다고 했어요. 그 대신, 주중에 열심히 일하겠다고. 그때 윗사람은 제가 얼마나 미웠겠습니까. 성격 나쁘고 까칠한 사람으로 봤을 거예요. 하지만 결국 그 회사도 토요일에 모두 쉬게 됐어요.

■ **이력서를 업데이트하고 싶어서 인턴을 하고 있습니다. 야근 마치고 퇴근하면 자정이 다 돼요. 이런 인턴근무를 해야 하나 고민 중입니다.**

인턴십을 왜 하는지 따져 봐야 합니다. 본인이 생각하는 직업이 진짜 원하는 직업인지도 따져 보고요. 직장에 들어가기 전에는, 흔히들 직업을 막연한 꿈으로 생각합니다. 그러나 현실은 꿈과 차이가 있습니다. 직업을 갖는다는 것은, 명함 내밀기 좋은 일을 하고 깔끔한 사무실에 멋진 사람들과 앉아 있는 것과는 다릅니다. 30년, 50년씩 일을 해야 하기에 평생 즐겁게 할 수 있는 '천직'을 찾는 것이 중요합니다. 누가 부르지 않아도 신나서 아침마다 뛰어나오고픈 직업을 찾아야 합니다.

본인이 원하는 것을 다시 시작해 보세요. 인턴 일하는 시간이 길어서 아무 것도 못 하겠다고요? 그럼 인턴 일을 그만두셔야 합니다.

■ **제가 진심으로 원하는 것이 무엇인지를 모르겠어요. 적성을 파악하는 방법은 없을까요?**

A4용지 4장을 준비하세요. 첫 장에는 '내가 하고픈 일'을 쓰세요. 두 번째 장에는 '정말 하기 싫은 일'을 쓰세요. 하고픈 일과 하기 싫은 일을 알 수 있죠. 세 번째 장에는 '남들이 내가 잘한다고 말하는 일'을 쓰십시오. 남들의 평가를 적으라는 말입니다. 네 번째, 남들이 '넌 이 일은 절대로 안 돼' 하는 것을 써 보세요. 그렇게 평가를 해서, 내가 하고 싶고 남들도 잘 한다고 하는 일을 뽑아 보세요. 그게 여러분의 적성입니다.

저희한테 오는 분들 중 이런 분들이 많습니다. 아들딸이 대기업에 들어갔는데, 연봉 5000만 원 주는 직장을 1년 다니고서는 나와서 작은 외국계 패션업체에 가겠다고 한다는 겁니다. 그 자녀와 이야기해 보았습니다. 외국계 회사는 인턴부터 시작한다, 연봉은 다니던 대기업의 3분의 1에도 못 미친다. 그래도 가겠니? 가겠답니다. 그게 자기의 꿈이었다고. 부모님이 원하고 친구들도 다 그 길로 가기에 대기업으로 들어갔던 거라고 합니다. 우리는 지금껏 공부로만 평가 받았습니다. 내가 정말 좋아하는 일이 뭔지 평가받아 본 적이 없어요. 대학에서도 공부만 했죠. 회사에 들어가기 위해, 학점 따기 위해 공부하지 않습니까.

대학생들은 무조건 신나게 놀아야 합니다. 놀다보면 내 '끼'가 드러납니다. 적성과 내가 원하는 일이 다르면, 대학에 다닐 때 그걸 바로 알아야 해요. 부전공을 하거나 전공과 혼합을 하는 노력이 필요합니다.

직장생활, 녹록치 않습니다. 회사에 들어가면 그때부터 전쟁터예요.

■ **자신감이 중요하다고 했는데, 비교 당하거나 생각보다 능력발휘를 못 하면 어느새 자신감이 떨어집니다. 그럴 때의 해법은 무엇이 있을까요?**

내가 제일 잘난 줄 알았는데, 살다 보면 좌절할 때가 있습니다. 자신감이 하나도 없어질 때가 많습니다. 30년 넘게 직장생활하면서 자신감 잃은 적, 저도 수없이 많았습니다.

처음에는 피해 가려 했습니다. 가장 쉬운 방법은 '그만 두면 되는 거지'예요. 어느 순간부터는 맞서 싸우기 시작했습니다. 그동안 힘들었던 것은 내가 주위 사람에게 소홀했기 때문 아닐까, 내가 부족하다는 신호가 온 것은 아닐까 생각했어요.

정말이었습니다. 역경이 오고 자신감이 떨어지면 뒤를 돌아보세요. 지금 내게 이 순간 부족한 점이 있거나 뭔가 열심히 하지 않은 것이 있다고, 스스로에게 깨우쳐 주는 기회인 겁니다. 그럴 때 어떻게 해야 할까요. 역경을 극복할 무언가를 만들어야 합니다.

게임을 생각하면 돼요. 1단계는 아주 쉽습니다. 잘 갑니다. 1단계 잘하면 뭐가 나옵니까. 허들이 나타납니다. 이걸 넘어야 2단계가 나타납니다. 이걸 넘지 못하면 못 나갑니다. 역경이 있고, 어려운 일이 있고, 울고 싶고 자신감 없다 할 때, 업그레이드할 수 있는 좋은 기회라 생각하고 맞서 싸우세요. 주위에 아무리 이야기해도 소용없습니다. 내 스스로가 CEO고 회사고 걸어 다니는 직장이다, 이렇게 스스로 깨우치고 발견해야 합니다.

■ **여대를 졸업했는데 주변에서도 저를 보면 '딱 여대 나온 사람 같다'고들 합니다. 사회 경험이 적어 보인대요. 제가 하는 일에 자부심을 갖고 있는데, 마음에 들지 않는 부분이 있으면 누그러뜨리지를 못해요. 인간관계가 고민입니다.**

다들 외동 아니면 형제자매 둘, 이런 가정에서 자라서 그런지 자신만 알고 다른 사람에게 관심이 없는 경우를 많이 봅니다. 커뮤니케이션을 잘 안 해요. 리더가 되려면 엄마처럼 보살펴 주는 리더십이 필요합니다. 감성 리더십, 배려 리더십이라는 겁니다. 요새는 '엔터테이닝 리더십'이라고도 하지요.

여성리더십의 강점을 길러줘야 합니다. 우리의 리더십이 뭡니까. 남을 배려하고 부드러운 것, 엄마 같은 마음입니다. 여성리더십으로 발전시키세요. 남성 식의 리더십은 어쩌면 다른 사람에게 상처를 줄 수 있습니다. 소통하는 기술에 대해서도 다시 생각해 보세요.

■ **회사 생활을 한 지 1년 반 정도 됐습니다. 지금 이직을 고려하고 있는데, 주위에서는 "한 회사에서 최소 3년은 일하라"고 합니다. 지금 기획 일을 하고 있는데, 같은 회사 안에서 마케팅 부서 쪽으로 옮겨가 볼까 하는 생각도 들어요. 어떤 시기에, 어떻게 이직해야 할까요.**

제가 뭐라고 답변할 거 같습니까? 1년 반? 너무 짧아요.

회사에서 여러분을 새로 채용했다고 칩시다. 회사 입장에서는 신입사원에게 투자를 해야 하기 때문에, 여러분이 들어간 뒤 6개월 정도는 그냥 월급을 줄 뿐이지 전혀 회사가 여러분에게 뽑아내지 못한다고 생각하면 됩니다. 반 년이 넘어야 회사에서는 직원에게 준 돈을 회수하기 시작하는 겁니다. 3년 내에 그만두면, 회사 쪽에서 보기엔 아주 이기적인 사람들인 거죠.

잘 나가는 CEO들 이력서를 보면, 20~30년을 일하면서도 너덧 번 넘게 옮긴 사람이 드뭅니다. 기업들이 다섯 번 이상 회사를 옮긴 사람은 CEO로 안 씁니다. 이쪽저쪽 다니면서 '단물만 빨아 먹는다'고 생각하는 거예요. 또 독불장군하고는 대화 안 됩니다. 불평불만 많은 사람은 어느 회사에 가든 마찬가집니다. '잡 호프(job hop)'형이라고 하죠. 계속 옮겨 다니는 사람. 어느 그룹은 10년 안에 세 번 이상 직장을 옮긴 사람은 뽑지 않는다고 합니다. 사회가 그렇게 녹록하지 않습니다. 얼마를 더 받기 위해서 그렇게 빠른 기간 안에 회사를 옮긴다는 거죠? 길게 봤을 때 좋은 거 없습니다. 최소 3년 아니라 5년은 일해서 뭔가를 보여줘야 합니다. 업적 하나를 내야 해요. 우리 같은 사람은 스카우트할 사람을 찾죠. 미모? 성격? 학벌? 아닙니다. 그 회사에서 일 잘하고 퍼포먼스 잘하는 사람, 그게 열쇠입니다. 1년, 2년, 3년, 절대로 아닙니다. 회사에서 뿌리를 내리겠다는 마음으로 하세요.

회사 안에서 옮기는 데에도 기술이 필요합니다. 같은 직장 안에서 이 일보다는 저쪽 분야 일을 하고 싶다 할 때에는 윗사람들에게 신호를 줘야 합니다. 기회가 되면 마케팅 쪽으로 가고 싶다고, 의사를 밝혀야 합니다. 남성들은 그럴 경우 술을 먹거나 인맥, 학연, 지연 다 동원해서 이야기를 합니다. 그런데 여성들은 내가 원하는 일을 이야기하지 않은 채 무조건 일만 합니다. 그리고 나서는 남자 사원이 내가 원하던 자리로 가면 "일도 못 하는 사람이 저리로 갔다"고 합니다. 질문하신 분, 기획은 회사의 꽃입니다. 남들 보기엔 좋은 자리예요. 경력을 어느 정도 쌓으면 기획에서 모든 쪽으로 갈 수 있으니, 지금 일을 열심히 하세요.

워너비 알파레이디 TIP

성공하는 여성들을 위한 '유순신의 7계명'

1. 자신에게 아낌없이 투자하라

월급의 30%, 이게 너무 많다 싶으면 10%라도 자신에게 투자하세요. 외모에도 투자하세요. 옷을 사세요. 회의를 하거나 중요한 모임에 갈 때, 앵커우먼처럼 본인에게 잘 맞는 당당한 스타일의 옷을 입으세요. 끊임없이 지식창고에 투자하세요. 여러분을 업그레이드 할 수 있도록 노력하세요. 돈을 모아 비싼 레스토랑에 가서, 다른 성공한 사람들의 소사이어티를 보면서 현실적으로 자극도 받고 꿈도 꾸세요.

2. 쉽게 그만둔다는 생각을 버려라

회사에 다니다 보면 사표를 낼 때도 있습니다. 첫째, 구조조정 대상이 될 수 있거나 불타는 배에서 뛰어내려야 할 때. 둘째, 연봉이 최근 3년 동안 안 올랐다면 본인의 업무수행에 문제가 있는 겁니다. 회사에서는 사고뭉치라 이야기하겠죠. 하지만 다른 회사에서는 더 잘할 수 있을 때, 사표 내야죠. 셋째, 회사에 가는 것이 소가 도살장에 끌려가는 것처럼 싫다, 그렇다면 회사를 위해서라도 빨리 그만둬야 합니다. 이런 신호들이 아니라면 모든 것을 바쳐 일하십시오.

3. 10년 고생은 각오하고 구체적인 계획을 짜라

5년 후, 10년 후에는 어떤 사람이 되고 30년 뒤에는 어떤 사람이 될지 머릿속에 그리고 있어야 합니다. 달리기 할 때 그냥 달리면 목표가 없으니 이리저리 가죠. 빨간 깃발이 있으면 똑바로 갑니다. 직장을 선택하는 것은, 여러분의 목표를 선택하는 일이 되어야 합니다.

워너비 알파레이디 TIP

4. 눈물을 무기로 삼지 마라

기업 회장님들은 "여성들이 똑똑하고 일 잘하고 투명한 것은 알겠는데, 왜 회장실 문을 박차고 들어와 이 정도면 되지 않냐, 저 임원 시켜 주세요, 라고 말할 만큼 배짱 있는 사람이 없느냐"고 합니다. 여성은 가슴에 사표를 가지고 다닙니다. 육아 등 힘든 일이 있으면 그만두겠다는 거지요. 그래서 회사에 대한 충성도가 약하다는 인상을 줍니다.

5. 경쟁 속에서 일하는 데 익숙해져라

1990년대 초반만 해도 1년에 두 번 공채를 해서 사람을 뽑으면, 기업들이 그 사람들 데리고 계속 일했어요. 지금은 어떻습니까? 수시로 뽑고 구조조정도 합니다. '가장 좋은 사람'을 다시 뽑기 위해서. 왜냐. 인재가 기업의 힘이라는 걸 알기 때문입니다. 요즘 기업들이 원하는 인재는 어떤 사람이냐. '성격 좋은 사람'이 아닙니다. 욕 한 번 안 듣는 무난한 사람, 싫어합니다. 전투적이고 신념 있고, '뭔가 만들어낼 수 있는 사람'을 원합니다.

6. 슈퍼우먼이 되겠다는 강박관념에서 벗어나라

포기해야 하는 걸 포기하는 것도 중요합니다. 결혼을 하면 할 일이 갑자기 서너 배 늘어납니다. 남편, 아이, 밥, 친정부모, 시부모, 신경써야 할 것이 많아져요. 그걸 다하려면 하루 24시간이 모자라요.

직장 다니는 여성이라 가정에 소홀하다는 소리를 듣기 싫어서 주말에도 열심히 일합니다. 그러다가 일요일 오후가 되면 부글부글 끓습니

내 회사라고 생각하고 일한다

다. 그러다 보면 소리 지르기 십상이에요. 어느 날 제게 선배가 "너는 하루 28시간을 살아. 그건 네가 남들보다 4시간씩 곱해서 더 빨리 죽는다는 얘기야" 하는 거예요. 그러니 자기가 잘 할 수 없는 건 다른 사람에게 맡기세요.

7. 잘 나갈 때 자신을 돌아보라

가장 좋은 리더십은 '감사하는 리더십'입니다. 같이 일하는 직원에게 "너무 잘했어, 고마워"라는 칭찬 한 마디 하기가 쉽지 않아요. 주머니에 동전을 다섯 개 넣어가지고 다니다가, 직원을 칭찬할 때마다 다른 쪽 주머니로 옮겨 넣으세요. 그렇게 하루 다섯 번씩 칭찬을 하십시오. 일주일만 지나면 직장 분위기가 확 달라집니다.

CJ인재원에서 글로벌
인재들 키우는 · 민희경

헝그리 정신이 경쟁력이다

민희경은

서울대 음대를 졸업하고 미국 컬럼비아대학에서 경영학 석사(MBA)를 취득한 후 미국 뉴욕 딜로이트 회계 법인을 시작으로 미국 뉴욕은행, 일본 도쿄 미쓰비시 UFJ은행, 영국 런던 포커스 사 등에서 일했습니다. 한국 푸르덴셜 투자증권 부사장, 인천경제자유구역청 투자유치본부장 등을 거쳐 현재는 CJ 인재원에서 일하고 있습니다.

안녕하세요. 민희경입니다. 저는 말을 잘하지 못하지만 솔직하게 얘기한다는 장점은 있어요. 오늘 여기 와서 굉장히 놀랐어요. 고단하지 않으세요? 직장에서 일하는 분들이 많을 텐데 일하고 또 여기까지 와 주셔서 영광이고 감사합니다.

제 이력이 좀 화려합니다. 지금 있는 곳이 열 번째 직장이에요. 이직을 아홉 번 했는데 여덟 번은 제 발로 나왔고 한 번은 쫓겨났어요. 제 발로 걸어 나온 여덟 번 중 처음 세 번은 윗사람이 제가 일을 잘한다며 데리고 옮겨 간 경우이고요.

미국에서 경영학 석사(MBA)를 공부했습니다. 음대를 나왔는데 왜 MBA를 했느냐. 저는 두 가지 이유를 댑니다. 첫째 제가 피아노과를 나왔는데 피아노를 잘 못 쳤고, 둘째 엄마가 너무 무서웠습니다.

저희 집에 딸이 여섯, 아들이 하나였는데 엄마가 제게 피아노를 시켜서 돈이 많이 들어갔다고 만날 "돈, 돈, 돈" 하셨어요. 그래서 도움 받지 않고 내 힘으로 독립하려다 보니 피아노로는 자신이 없는 거예요.

대학교 1학년 때 피아노 덕에 본의 아니게 '어학연수'를 다녀왔습니다. 대학에 갈 때까지만 해도 피아노를 잘 쳤어요. 콩쿠르에 나가서 상도 탔죠. 당시엔 유학을 마음대로 갈 수 없었어요. 유학 가려면 국가시험도 봐야 하고, 심지어 유학을 갈 수 있는 사람도 법으로 정해져 있었습니다.

주요 콩쿠르에서 상을 타면 대학을 졸업하기 전에 유학갈 수 있다는 규정이 있었습니다. 유학 가려고 지금의 국정원에 가서 하루 종일 교육도 받았죠. "북한 사람들과 얘기하지 마라!" 이런 교육을 받고 여권을 받아 유학을 갔습니다.

제가 꿈 하나는 컸어요. 줄리아드 음대를 가려고 뉴욕으로 갔습니다. 그런데 그곳에서 저더러 "피아니스트로 먹고 살기는 힘들겠고 그냥 피아노 선생님 정도 하면 되겠다"고 하는 거예요. 저는 그러고 싶지 않았어요. 제가 피아노 선생님 속을 엄청 썩였거든요. 그래서 '뭘 할 수 있을까' 생각했죠.

그때 맨해튼의 지인 집에 묵었는데, 오디션을 보러 파크 애비뉴에 갔어요. 잘 생긴 사람은 다 거기 있더군요(웃음). 금발에 영화배우처럼 생기고 옷도 어찌나 멋쟁이처럼 입었는지. 그 사람들은 다 뭐하냐고 하니 근처 은행에서 일한다더라고요. 또 여자들이 리본 같은 타이를 매고 워크맨에 브리프케이스(brief case)를 들고 다니는데 참 멋있는 거예요. 1980년대에는 일하는 여성들이 리본 같은 타이를 맸어요.

'나도 저걸 해야겠다' 싶었죠. 그래서 전공을 바꾸겠다고 했더니, 그러면 비자를 연장해 주지 않겠다는 거예요. 본의 아니게 1년만 있다가 돌아왔어요. 그게 어학연수가 됐죠.

서울대 음대를 1학년 1학기 마친 뒤 휴학한 상태였어요. 미국에서 텍

사스 주립대를 1년 다니면서 학점도 괜찮았는데 서울대 교직원들이 "우리는 하버드대학 학점도 인정하지 않으니 다시 1학년 2학기부터 다니라"고 하더군요.

직장을 아홉 번 옮기다

그게 제 인생의 전환점이 됐습니다. 1977년의 대학생활은 둘 중 하나였어요. 데모를 하든지, 학교를 안 가든지. 만날 학교에 가도 문이 닫혀 있어서 친구들과 놀았습니다. 그러니, 그나마 다닌 한 학기 성적이 굉장히 나쁠 수밖에. 하지만 미국에서 돌아온 뒤에는 3년 반 동안 학점이 괜찮았습니다.

'혼자 먹고 살려면 뭔가 열심히 해야겠다'며 계획적으로 경영학과 학생과 사귀기도 했어요. 서울대에서 음대는 학사편입이 안 되는 유일한 곳이에요. 의대를 다니다가 경영대를 가려면 시험을 볼 수 있지만, 음대생은 시험 볼 자격도 없었어요. 그리고 제가 77학번인데 당시 서울대 경영대에는 여학생이 한 명도 없었습니다. 경영대 과목은 수강신청도 할 수 없어서 독학을 했지요. 청강도 하고, 나름 열심히 살았죠. 그때만 해도 막연히 MBA를 하면 좋겠다고 생각했지만 자신은 없었어요. 미국에서 MBA를 하려면 이력서를 내야 하는데, 유독 컬럼비아대학은 이력서를 요구하지 않았습니다. 아마 지금 컬럼비아 MBA에 지원하라 하면 못 갔을 거예요.

컬럼비아대학에 갔더니 지원 담당 관계자가 저를 부르더라고요. 한국에서 대학을 졸업하고 온 여학생은 처음이래요. '어떻게 생겼나' 좀 보자는 거였죠. 컬럼비아에서 우수하지는 않지만 괜찮은 성적으로 졸업했어요. MBA과정 2년을 마치고 졸업할 즈음 면접을 보러 여러 은행에 갔습니다. 제가 은행 면접에서 스물여섯 번 떨어졌어요. 요즘엔 그 정도면 많이 떨어진 것도 아닙니다만.

그때는 미국도 MBA가 흔하지 않아서 졸업생 400명 중 250명이 투자은행으로 갔습니다. 보통 MBA 2학년 때 취업할 곳을 보러 다니고 개인 연구만 하는데, 저는 졸업할 때까지 일을 못 구해서 한 학기를 더 다녔어요.

학교에 더 다니는 것도 요즘 식이죠. 그러고 보면 저는 시대를 20년 일찍 산 것 같아요(웃음). 어학연수도 남보다 일찍 갔다 오고 배낭여행도 일찍 갔다 왔거든요. 한 음악축제에서 상을 타서 유럽에 가게 됐어요. 결혼식 가서 피아노 연주해 주고 20만 원씩 받은 돈을 저축해 1000달러 정도 들고 갔습니다. 당시로선 굉장히 큰 액수였죠. 서울대 한 학기 등록금이 9만원이었거든요.

유럽에 가서 스키를 한 번 타 봐야겠다 싶어 800달러 주고 스키를 샀어요. 돈을 다 써 버렸으니 할 수 없이 유럽철도이용권(유레일패스)을 샀죠. 제일 오래 타는 구간을 골라 기차 안에서 자면서 돌아다니다 보니 배낭여행이 됐네요. 이탈리아 갔다가 독일 갔다가 프랑스 갔다가 다시 독일로 가는 식이죠.

MBA를 마치고 어렵게 구한 일이 딜로이트 회계법인의 공인회계사(CPA)였습니다. MBA를 마친 사람 중에 CPA를 하는 사람은 아무도 없었어요. 당시 제 초봉이 2만 7500달러였습니다. MBA 동기생 평균 초봉이 4만 3000달러였고 8만~9만 달러까지 받는 사람도 있었어요. 저 때문에 평균 연봉이 많이 내려갔죠. 딜로이트에 컬럼비아 MBA 출신은 저뿐이었어요.

당시 제게 가장 큰 문제는 언어였습니다. 그때는 동양인이고 여성이어서 무시당한다 생각했지만 근본적인 문제는 언어였던 것 같아요. 3차 면접까지 갔더니 면접을 하루 종일 진행해요. 아침 9시부터 저녁 6시까지, 한 시간씩 여덟 명을 만납니다. 면접 끝나고 제게 같이 일할 의향이 있냐고 묻는데, 감격한 나머지 그 자리에서 "여기 오겠다"고 했어요. 그랬더니 면접관이 "집에 가서 2주일 동안 생각해 보라"고 하는 거예요. 전 생각하고 말고 할 것도 없는데 말이죠. 혹시 마음이 바뀌어서 오지 말라고 할까 봐 걱정만 하다가 2주 후에 갔습니다. 회계 법인에 갔으니 CPA자격증을 따야 했죠.

여러분, 혹시 '운칠복삼'이라는 말 들어 보셨나요? 그게 저 같아요. '복삼'까지는 모르지만 '운칠'은 있는 것 같거든요. CPA시험을 통과하려면 75점을 받아야 하는데 저는 전 과목 75점을 받아서 한 번에 됐어요(웃음). 그것도 기술이죠?

딜로이트 이후 미국의 뉴욕은행에 갔습니다. 이렇게 얘기하면 제가 참 잘 산 것 같네요. 저도 잊어버려서 가끔 제가 잘 산 것 같다고 착각하는데 사실 그때는 전혀 아니었어요.

은행에 들어간 것도 운이 좋았죠. MBA 마친 것으로는 은행에서 자리를 구하기 쉽지 않았거든요. 나중에 보니 제 상사는 철학을 전공했고, 상사의 상사는 줄리아드 음대를 나온 사람이었습니다. 경영학과나 경제학과 출신을 채용해야 한다는 생각이 강하지 않았던 거죠. 그 사람들이 저를 좋게 봐서 새 직장으로 옮길 때마다 저를 데리고 다녔습니다.

은행들이 인수·합병을 많이 하던 때예요. 그때마다 인력들이 팀으로 옮겨 다니곤 하죠. 하루는 인사과에서 불러서 갔더니 제가 나간다는 이야기를 들었다는 거예요. 누가 그러냐고 물으니 제 상사가 "저와 같이 팀으로 옮겨 간다"고 했다더군요. '우리 엄마가 한 직장에서 10년은 다녀야 한다고 하셨는데……' 인사과에 가서 그 얘기를 해야 하나 말아야 하나 고민하는 사이 벌써 퇴직처리가 돼서 할 수 없이 따라갔습니다.

그 상사가 이후에도 저를 계속 데리고 다녔어요. 그러다가 남편을 만났습니다. 그리고 경력이 꼬이기 시작했어요. 뉴욕에서 증권회사를 다니던 사람이, 멀쩡히 회사를 잘 다니다가 한국으로 간 거예요.

그때 제 나이가 꽤 됐는데 이걸 어쩌지 싶었어요. 한국에 갔다가는 정말 '빼도 박도' 못할 것 같고, 막상 한국에 따라갔는데 이 남자가 결혼하자는 얘길 안 하면 저는 다시 미국으로 가야 하잖아요. 또 한국은 금융시장이 개방되지 않았던 때라 미국에서 일하던 제가 갈 만한 곳이 없었어요.

그래서 전략적으로 일본에 갔습니다. 당시 일본 은행들이 미국 인력을 많이 뽑았어요. 그 일본 은행이 당시 세계 네 번째 규모였는데 지금은 없어졌어요. 제 이력서에 적힌 회사가 지금은 하나도 남아 있는 게 없네요.(웃음)

도쿄에서 일하다가 결혼을 하지 않게 되면 뉴욕으로 돌아오든지, 아니면 도쿄에서 다른 사람을 만날 생각이었죠. 그런데 도쿄에 있는 동안 결국 남편과 결혼했습니다. 토요일에 일이 끝나면 오후에 한국에 도착해서, 일요일 오후 2시 비행기를 타고 다시 도쿄로 갔어요. 한국에 22시간 정도 있는 거죠.

직장에 "결혼도 어렵게 했고 남편을 볼 수 있는 시간이 얼마 안 되니 나를 서울로 보내줄 수 있느냐"고 물었더니 서울 지점에는 제가 맡고 있는 일을 할 자리가 없다는 거예요. 그러더니 뜬금없이 영국 런던에 가는 게 어떠냐고 하네요. "남편이 있는 서울에 가야 하는데, 런던은 싫다"고 사표를 썼습니다.

서울로 왔더니 2주 만에 남편이 런던으로 발령 났어요. 그때부터 몇 년은 그야말로 꼬였습니다. 런던에 있다 서울로 왔다가, 뉴욕에 갔다가 다시 서울로 오고. 6년 동안 네 번을 옮겨 다녔어요. 그래도 제가 '의지의 한국인'인 것이, 그때마다 다 직장을 구했다는 거죠. 1998년 구제금융위기 때 한국에 들어와, 지금 있는 곳이 한국에서의 세 번째 직장입니다.

신입사원의 경쟁력은 '헝그리 정신'

저는 CJ에서 인재를 육성하는 일을 합니다. 이 일이 제게 참 잘 맞는 것 같아요. 여태까지 온갖 곳을 다니며 보고 들은 것을 모두 활용할 수 있으니까요. 이곳도 상대적으로 여성이 적더군요. 특히 글로벌 인재 중 여성이 아직 두각을 나타내지 못하고 있다고 생각합니다. 그러니 제게는 잘 맞는 직장입니다. 제가 여성주의자는 아니지만 여성들의 직장생활에 도움이 되려고 노력하고 있어요.

CJ 직원이 5만 5000명 정도 됩니다. 그 중 9000명에게 매년 리더십을 교육합니다. 지금은 신입사원 399명이 교육을 받고 있어요.

요즘 신입사원의 가장 중요한 경쟁력이 뭐라고 생각하세요? 언어요? 창의력이요? 소통능력? 인내심? 비슷해요. 이걸 모두 포괄하는 것입니다. '헝그리 정신'이에요. 요새 신입사원들에게 이런 정신이 정말 없는 것 같습니다.

저는 피아노를 치면서 인생을 많이 허비했다고 생각했어요. 한 번은 제 언니가 "피아노에서 뭘 배운 것 같아?" 하고 묻는 거예요. 저는 피아노를 치면서 배운 한 가지를 자신 있게 대답했어요. "하기 싫은 일을 하는 법"이라고요. 다섯 살부터 대학에 가기 전까지 맞아가면서 쳤으니까요. 우리 엄마 기(氣)가 세서 그만두지를 못했죠(웃음).

그런데 언니가 한 가지를 더 얘기했어요. "네 노력과 결과가 상관없을 수도 있다는 사실"이라고.

어릴 때 피아노 콩쿠르가 9월에 있었는데 여름 방학 내내 엉덩이에 땀띠가 나지 않으면 떨어진다고 했어요. 고시생들의 '3당4락(세 시간 자면 붙고 네 시간 자면 떨어진다)' 같은 거죠. 하루 16시간씩 피아노를 쳐야 하는데, 계산해 보니 '1만 시간의 법칙'이더군요. 서너 달 동안 1만 시간을 연습하려면 밥 먹는 시간도 아껴야 해요.

결정적으로 피아노를 관두게 된 이유가 있습니다. 무대에만 올라가면 머릿속이 깜깜해져서 죽을 쑨다는 거죠. 언니는 "중요한 것은 네가 처음부터 끝까지 완벽하게 치는 것이지, 네가 1만 시간을 연습했든 100시간을 연습했든 중요하지 않다"고 얘기하더군요. 저는 피아노를 치면서 '끝까지 다 해내는 법'을 배웠습니다.

'헝그리 정신'에는 자존심, 인내 모든 것이 포함돼 있어요. 세상에 참지 않아도 되는데 참는 사람은 없습니다.

세계 여러 곳을 돌면서 일했고 지금은 인재양성을 하는 자리에 있다 보니 "글로벌 리더의 조건이 뭐냐?"는 질문을 많이 받습니다. 제 경험을 바탕으로, 글로벌 리더가 되기 위해 필요한 것들을 얘기해 보겠습니다.

진심으로 커뮤니케이션하라

진심으로 소통해야 합니다. 커뮤니케이션의 방법은 사람마다 다 다릅니다. 그렇기 때문에 결국에 가서 중요해지는 것은 진심입니다. 인재원이 교육하는 것 중 하나가 '평가'입니다. 팀장이 여러분을 평가한다고 생각해 보세요. 상사가 내 칭찬을 진심으로 하는 것인지, 그냥 하는 소리인지 다 알죠.

1년 내내 일 잘한다고 듣기 좋은 소리를 해 주다가 갑자기 연말 인사고과에서 B를 주는 것보다는, 일을 하면서 바로바로 고칠 점을 솔직하게 얘기해 주는 게 좋습니다. 물론 일을 하면서 싫은 소리를 들으면 저도 별로 기분이 좋을 것 같지는 않습니다만.

외국어를 공부하라

여기 중국어 할 수 있는 분 계세요? 아마 예순 살까지 일하실 수 있을 겁니다.

어릴 때 '무서운' 엄마가 매일 아침 다섯 시만 되면 라디오를 크게 틀었어요. 교육방송(EBS) 외국어 프로그램인데 10분 간격으로 중국어, 일본어, 프랑스어, 영어가 나왔죠. 자면서 들으라는 거죠. 그럼에도 불구하고 엄마가 고마운 분임을 깨달은 건 쉰 살이 다 돼서죠(웃음). 엄마는 대학 때 옷은 별로 안 사 줘도 영어학원은 보내 주셨어요.

지금 할 줄 아는 외국어는 영어, 일어뿐이지만 다 조금씩 해 봤어요. 제가 미국에서 굉장히 고생하며 영어를 배웠는데 지금은 어디 가서 손해 안 볼 정도로는 영어를 하니까 이 나이에도 아직까지 직장생활을 하는 것 같아요.

CJ에 오긴 전까지 저는 항상 제가 아는 모든 사람보다 제 연봉이 작았어요. 전 직장을 구할 때 연봉을 물어본 적이 한 번도 없습니다. CJ에도 연봉을 묻지 않고 왔어요. "제기 그곳에 가면 무슨 일을 하게 되나요?" 이렇게 묻고 재미있겠다 싶으면 갔습니다. 그렇다고 남편이 돈을 잘 벌어서 직장생활을 취미 삼아 할 수 있는 형편도 아니었는데, 제 마음은 항상 그랬어요. 그런데 어느 날 돌아보니 주변의 지인들은 이제 아무도 일하지 않는데 저만 남아서 일하고 있더군요. 생각해 보니 언어가 참 중요한 역할을 했던 것 같습니다.

중국어 배우세요. 저도 얼마 전부터 중국어를 배우고 있습니다. CJ에 오기 전 인천경제자유구역청에서 본부장을 지냈습니다. 그때 중국에 자주 갔는데, 엄청난 변화가 굉장히 빠른 속도로 일어나고 있어요. 베이징 크기가 서울의 몇 배인지 아세요? 30배입니다. 북경 일대 수도권이 남한 크기만 합니다.

한국 사람이 살 길은 밖으로 나가는 것밖에 없습니다. 그러려면 중국어를 꼭 배워야합니다. 오늘 제게 들은 다른 내용은 다 잊더라도 집에 가서 '중국어를 해야겠다'는 생각이 들면 이 시간을 투자한 가치가 있는 겁니다. 중국어를 공부하기 싫은 분은 스페인어를 배우세요. 지금 미국에서는 영어를 못한 채 스페인어만 해도 살 수 있습니다. 남유럽과 남미는 모두 스페인어를 씁니다.

나를 비판한 사람이 가장 고마운 사람

미국에서 은행에 다닐 때 저와 나이가 같은 동료가 있었습니다. 저와 직급도 같았어요. 나름 저에게 경쟁심을 느꼈던 것 같아요. 스펙이 제가 좀 나았거든요. 또 줄리아드 음대를 나온 제 상사가 늘 저와 음악 얘기를 하곤 했어요. 그랬더니 이 친구가 저를 별로 좋아하지 않았습니다. 저도 그 친구를 별로 좋아하지 않았고요.

한국 사람들은 대개 그렇지만, 영어에서 관사인 'a'와 'the'를 빼먹을 때가 많았어요. 어느 월요일 아침에 회의를 하는데 그 친구가 옆에 앉아서 제가 얘기할 때마다 중간에 작은 소리로 '어', '더'이러는 거예요. 너무 스트레스를 받아서 때려 주고 싶을 정도였습니다. 그래서 아는 헤드헌터들에게 그 친구 이력서를 만들어 다 돌렸습니다(웃음). 나중에 보니 그 친구가 제 영어가 느는 데 가장 도움이 됐습니다. 물론 이것도 쉰 살쯤 돼서 드는 생각이고요(웃음). 그때 고맙다고 생각했다면 제가 좀 더 발전했겠죠.

미국 대학에 지원할 때 쓰는 추천서의 평가 항목 중 하나가 '비판을 얼마나 잘 수용하느냐'는 거예요. 비판은 그만큼 자기발전에 중요합니다. 늘 기분 나쁜 소리로 저를 자극하는 언니도 제겐 그런 존재였어요.

쓸데없는 것에도 호기심을 가지라

음식을 먹어도 '여기에 뭐가 들어갔지?' 하는 사람과 그냥 '맛있다' 생각하고 마는 사람이 있죠.

저는 궁금한 게 굉장히 많습니다. 미국에서 프로젝트 파이낸싱 일을 하면서 원자력발전소에 가 본 적이 있습니다. 제가 일하던 은행에서 1986~1987년에 원전에 대출을 해 줬거든요.

원전에는 꼭 한 번 가 보세요. 정말 신기합니다. 그때가 체르노빌 사고(1996년)가 터지고 얼마 안 된 때라 아무도 가겠다는 사람이 없었습니다. 그런데 전 '원전 사고가 터져서 매일 신문에 나기 때문에 지금은 다들 점검을 잘 할 테니 안전할 거다'라고 생각했어요. 원전이 어떤 곳인지 궁금하기도 했고요. 또 직장에서 쫓겨날까 봐 늘 자신이 없었는데 저더러 가겠냐고 물으니 거절을 할 수가 없었습니다(웃음).

제가 쓸데없는 것을 굉장히 많이 알아요. 저는 공사장이 참 재미있어요. 인천경제자유구역청에 있을 때 보니 고층 건물을 지을 때 일주일에 한 층씩 올라가더라고요. 전 세계에서 두 번째로 빠른 거래요. 두바이에서는 일주일에 두 층씩 올라간다죠? 언제 어떤 지식을 쓰게 될지 모르지만 요새처럼 많은 것을 알아야 하는 때에는 호기심을 많이 가지십시오.

매일, 하루씩 살아라

'내가 이걸 언제까지 해야 하지?' 이러면 힘들어서 못 살아요. 제가 지난해 제 평생 처음으로 교회에 새벽기도를 하러 갔습니다. 이유는 하나예요. 아들이 고3 수험생이었거든요. 그런데 정보력도 없고 해 줄 수 있는 게 아무 것도 없었어요. 암만 생각해도 답이 없어서 시작한 게 새벽기도였습니다.

그런데 정말 못 다니겠더라고요. 너무 고단해서. 시험결과 발표 날은 남편도 데려갔습니다. 그런데 남편이 그 전까지 해도 새벽기도에 다니는 저더러 '대단하다' 했는데, 갔다 온 뒤에는 '어쩌면 그렇게 다닐 수가 있느냐'고 해요. 찬송가도 끝나기 전에 자거든요(웃음). 가자마자 앉아서 자고, 끝나면 일어나서 오고. 어쨌든 가기는 매일 갔습니다.

그렇게 피곤한데도 다닐 수 있었던 건 '딱 하루만 더 가자', '딱 하루만 더 가자'고 했기 때문입니다. 그렇게 거의 1년을 다녔어요.

정말 힘든 것이 있으면 '오늘까지만 참자'고 해 보세요. 일하다 보면 열 받게 하는 이상한 상사들 많잖아요. '오늘까지만 참자', '오늘만 봐 주자.' 그러다 보면 이렇게 저처럼 늙어 있어요(웃음).

모험을 해라

우리나라의 장래는 여성한테 달려 있습니다. 그걸 실제로 느낀 계기가 있었어요. CJ에서 1년 동안 해외에 지역 연구자로 보내주는 프로그램이 있어요. 러시아, 호주, 홍콩, 중동 이렇게 네 곳에 보내는데, 러시아도 호주도 여성이 유일하게 지원해서 갔습니다. 홍콩은 지원자가 여러 명 있었지만 여성이 제일 실력이 좋아서 뽑혀 갔고요. 중동에는 아직까지는 여성을 보내지 않습니다만 지원자는 첫째도 여성, 두 번째도 여성이었습니다. 다만 중동에서 여성이 활동하는 것이 별로 효과가 없을 수 있어서 회사에서 보내지 않은 것뿐입니다.

또 외국 기업에 있는 독일인 사장과 얘기를 한 적이 있어요. 한국에 와서 보니 한국 사람들이 일을 잘해서 지역본부나 본사의 주요한 자리로 보내야겠다고 마음먹었대요. 그 회사 지역본부가 싱가포르, 베트남에 있었는데 그 사장이 한국에 있는 4년 동안 단 한명도 지원하지 않았답니다.

나중에 간담회를 하면서 물어 보니 직원들이 "왜 유럽이나 미국에 보내주지 않느냐. 베트남이라서 안 갔다"고 했다는 거예요. 그러다가 지역본부에 직원을 보내는 제도가 아예 없어져 버렸어요. 저는 그게 너무 아깝다고 생각해요. 지역본부에 한국 사람이 많아지는 것은 굉장히 중요하거든요. 모험을 많이 했으면 하는 바람입니다.

이 또한 지나가리라

이 말 많이 들어보셨죠?

인천경제자유구역청 본부장을 하기 전까지는 줄곧 외국회사에서 일했기 때문에 회사 내 서열에 민감하지 않았습니다. 그런데 남들이 보기에는 본부장이라는 자리가 높긴 좀 높았던가 봐요. 어딜 가도 사람들이 '갑을관계'를 말하고 "을인 주제에……"라는 얘기를 하는 겁니다. '갑을'이라는 단어를 그때 처음 들었죠. 사람 사이에 갑이 끼어들면 '갑'도 불편하고, '을'은 말할 것도 없죠.

'내가 이것에 길들여지면 안 되겠다'는 생각을 많이 했습니다. 어느 날 남편도 경고하더군요. "당신 목소리가 커졌어. 엉덩이도 좀 무거워지고." '이러면 안 되겠다'는 생각이 들었죠. 그때 가장 마음속으로 많이 되뇐 말이 '이 또한 지나가리라'입니다.

중요한 것이 '다 지나가는 것'이거든요. 잘 나가는 시기도 지나가고, 어려운 시기도 지나갑니다. 이렇게 다 지나가니 얼마나 다행입니까.

미국 은행에서 일할 때, 출근하면 상사가 매일 저에게 그래요. "뭐 잘못된 것 있느냐(What's wrong?)"고요. 전 기분 좋게 회사에 왔거든요. '왜 만날 이걸 물어보지' 했는데, 제가 웃질 않는다는 거예요.

CJ는 여직원이 상대적으로 적어요. '인재원 원장님 인사말'을 할 때 보면 연단 앞에서 모두들 무표정하게 저를 바라봅니다. 가슴이 턱 막히죠. 그럼 제가 이렇게 말해요 "거기 계신 분, 여기 와서 서 보세요. 어떤지." 사람들이 참 잘 웃지 않아요. 웃어야 합니다.

손해보고 살자

직장 다니면서 계속 큰 소리치고 산 것은 연봉을 한 번도 따져 묻지 않았기 때문인 것 같습니다. 그래도 연봉은 좀 물어 봐야 해요(웃음). 안 물어 보니 항상 제일 낮게 줘요. 회사는 협상할 생각으로 나오는데 저는 그대로 받은 거니까요. 제가 남보다 적게 받았다는 걸 시간이 지나서야 깨닫곤 했습니다.

젊을 때는 화가 나기도 했지만 나중에는 '이왕 이렇게 된 거……' 하면서 큰소리치고 회사 다녔어요. 저보다 똑똑한 사람도 많고, 일 잘하는 사람도 많지만 이 가격에는 못 구한다, 이렇게 매일 큰소리쳤습니다.

직장생활을 좀 길게 보면 '평가냐, 연봉이냐' 중에서 평가가 더 중요한 것 같습니다. 제가 일단 싸잖아요. 근데 일도 못하지 않잖아요(웃음). 제가 손해를 좀 봤는지 모르지만 손해가 아닌 것 같아요.

자존심은 나를 존중하는 것이다

제가 다닌 외국 회사의 회장님이 "세상에서 제일 무서운 사람이 인도 사람인 것 같다"고 한 적이 있어요. 인도 사람은 무슨 말을 들어도 웃으며 자기 자리로 돌아간대요. '이 정도 얘기했으면 사라져 줘야 하는 거 아냐' 싶은데 안 사라지는 거죠.

이게 자존심인 것 같아요. 청문회에서 낙마한 분을 한 강연 자리에서 만났습니다. 강연 약속을 해 놨는데 청문회 과정에서 그만 낙마한 거였습니다. 그분이 강연하러 와서 이런 얘기를 하더라고요. "청문회 끝나고 외부 행사에 나온 게 처음이다. 강연하려고 마음의 준비를 하면서 생각해 보니 나는 하나도 달라진 게 없다는 생각이 들었다. 거울을 보면서 '자존심은 말 그대로 내가 나를 존중해 주는 것이지, 남이 나를 존중해 주는 게 아니다. 내 자존심을 다른 사람이 짓밟을 수 없다'고 다잡고 나왔다."

제가 그 강연의 다른 내용은 다 잊었는데 그 말은 그렇게 마음에 남아 있어요. 내 자존심은 나 말고는 아무도 꺾지 못합니다.

죽고 살 일 아니면 열 받지 마라

CJ 오기 전 직장 일이 너무 힘들 때 이 문구를 써 붙여놨습니다. '죽고 살 일 아니면 열 받지 말라.' 그러다 다시 바꿨어요. '죽고 살 일이라도 열 받지 말라.'

남편이 운전하고 가다가 누가 끼어들면 막 욕을 해요. 그럼 제가 "끼어든 사람은 욕을 들을 수도 없다, 당신이 제일 잘 보여야 하는 나와 우리 딸한테 욕해서 남는 게 뭐냐?"고 묻습니다.

열 받아서 다른 사람에게 화내 봤자 저만 손해예요. 실제 나를 열 받게 한 그 사람에게 가서 화낼 수 있는 경우는 많지 않잖아요. 내 인심만 나빠지고 나를 도와주는 친구만 열 받게 만드는 것 같아서 아예 표어로 만들었습니다.

살아 보니 삶의 지름길은 없습니다. 건너뛰는 것도 없고요. 참 공평합니다. '매도 먼저 맞는 게 좋다'고 하는데 겪을 만큼 겪어야 하는 겁니다.

■ 8월 졸업을 앞둔 취업 준비생입니다. 적성을 찾으라고 하지만 막상 취업공고를 보면 일단 다 넣고 어디라도 붙어야 할 것 같은 마음이 듭니다.

저는 은행에 꼭 가고 싶었어요. 그런데 처음에 못 가게 되자 다른 곳에 간 뒤에 '어떻게 하면 은행에 갈 수 있을까' 궁리했죠. 지금은 좋은 직장, 나쁜 직장이 없는 것 같아요.

"저 이런 회사밖에 합격하지 못했는데 꼭 가야 하나요?"라고 물어 보는 사람들이 많습니다. 저는 가라고 말해요. 지금 중요한 것은 배우는 것이거든요. 어디에 가도 배울 수 있는 건 많습니다. 저도 세 번째, 네 번째 직장에 다닐 때까지도 그걸 모른 채 '난 꼭 어디어디에 가서 일해야겠어'라고 생각했죠. 하지만 직장에 다니는 것은 일뿐 아니라 생활 자체를 배우는 겁니다. 아침에 일어나 회사에 가는 것부터 시작해서, 배울 수 있는 게 말할 수 없이 많습니다.

■ **입사 2년차입니다. 신생부서이다 보니 새로 체계를 만들어가면서 일해야 해서 뭔가를 배우는 느낌이 들지 않습니다. 선배들에게서 체계적으로 일을 배우지 못한다는 불안감이 들어요.**

신생부서라면 배울 게 제일 많죠. 스스로 찾아가면서 일해야 하잖아요. 일할 때 일 자체를 배우는 게 아니라 일하는 방법을 배우는 것이 중요합니다. 제가 MBA 과정에 있을 때 파이낸스(finance)를 전공했어요. 그때는 채권 가격을 계산하는 공식 하나 배우면 2년 동안 먹고 산다고 했어요. 몇 년 지나 보니 '6개월은 먹고 산다'로 줄었어요. 요새는 그런 공식 따위는 아무것도 아니죠. 컴퓨터가 다 해 주잖아요.

여러분이 그저 일만을 배우면 '기능인'이 됩니다. 하지만 '지능인'은 많은 정보를 쓸 수 있고 어떤 상황에서든 뭐라도 배울 수 있습니다. 별난 상사가 있다면 '나는 저렇게 하지 말아야지' 하면서 배우세요.

일하면서 새 것을 만들어 나가는 경험은 쉽게 하기 어렵습니다. 신생부서라면 굉장히 좋은 상황이에요.

그리고 배움은 '이걸 배워야지' '저걸 배워야지' 하는 식으로 골라 배우는 것이 아닙니다. 직장생활 한 10년 하다 보면 어느 순간 굉장히 많은 것을 알게 되는 거예요. 날마다 '나는 돈 받고 배우러 간다'고 생각하세요.

■ **이직을 할 때 여성들이 어떤 점을 염두에 둬야 할까요.**

제가 적극적으로 나서서 직장을 옮긴 것은 일본에 갈 때와 미국에서 은행에 들어갈 때, 두 번입니다. 운 좋게도 MBA 과정을 같이 한 친구들이 저보다 나이도 많고 경험들이 많아서, 이직을 할 때면 멘토처럼 많이 도와줬습니다.

일자리를 옮길 때 저의 기준은 '더 이상 배울 것이 있느냐'였어요. 지금 생각해 보면 더 배울 것이 있었겠지만 그때는 당장 배울 게 없다고 여겨 직장을 옮겼습니다. 회계사의 경우 첫 1~2년은 숫자 찍고 맞추는 일만 하거든요. '머리는 집에 두고 손발만 갖고 다녀도 되겠다' 싶을 정도였죠. 지금은 회계사가 하는 일이 그렇지 않다는 걸 알게 됐지만 그 시절에는 배울 게 없는 것 같아서 은행으로 갔어요.

은행 일에 대해서는 잘 몰랐는데, 친구 따라 강남 가는 격이었죠. 여러분은 그렇게 하지 마세요. 참을 수 있을 때까지 참아 보다가, 오라는 곳이 있을 때 잘 생각해 보고 가세요. 오라는 곳으로 가야 해요. 요즘은 네트워크나 정보공유가 잘 돼 있어서 오라는 곳이 분명 있습니다. 내가 먼저 다른 자리를 찾아본다는 것은 현재의 직장에서 문제가 있다는 뜻이잖아요. 그 문제부터 해결하고 다른 곳으로 가십시오.

■ **해외취업에 관심이 많은 직장인입니다. 해외취업을 할 때 면접을 어떻게 준비하셨는지요.**

해외취업은 적극적으로 시도해 볼 만하다고 생각해요. 제가 젊을 때만 해도 미국에서 일하려면 비자보다 언어, 영어실력이 더 중요했어요. 면접에서 묻는 건 문화적 차이가 얼마나 되는지, 기존 직원들과 얼마나 의사소통을 잘 할 수 있는지 하는 것들이죠.

'내가 회사라면, 무엇을 물을까'를 생각해 보세요. 내 이력서를 보고 남에게 한 번 물어 봐 달라고 하세요. '내가 이런 이력서를 내면 회사는 나에 대해 무엇이 궁금할까?' 회사가 내 약점을 물어 본다면 오히려 좋은 겁니다. 해명할 기회를 주는 거잖아요. 장점만 물어 봤다면 뽑을 생각이 없는 것일 수 있어요.

내가 준비한 답변이 있다면 뭘 물어 보든 반드시 그 얘기를 하고 나오세요. 그게 제가 드리는 팁입니다. 외국에 나가 보면 한국인에 대한 평이 굉장히 좋아요. 특히 한국여성들이 일을 잘한다는 소문이 나 있기 때문에, 해외취업에 보탬이 될 수도 있습니다.

영국, 일본에도 있었고 한국에서도 공기업, 재벌기업, 외국계 기업에 다 있어 봤습니다만, 저는 무엇이든 잘 물어 봅니다. 제가 중·고등학교에 다니면서 야단을 참 많이 맞았어요. 매일 뭘 물어 봤거든요. 그런데 외국에 갔더니 그게 정말 중요한 일이었어요. 궁금한 게 많아서 물어 봤는데, 외국 사람들은 그걸 긍정적으로 평가해 주더군요. 그것이 외국생활에 적응하는 데에 도움이 됐습니다.

저는 다 신기해요. 일단 뭘 보면 '나쁘다', '좋다'가 아니라 그저 신기했어요. 제 이런 점 때문에 직원들에게 오해를 받기도 해요. "어떻게 이런 생각을 했니? 정말 신기하네" 하면 직원들이 긴장하더군요.

'한 번 해 보지 뭐. 안 되면 할 수 없고.' 그렇게 생각하세요. 내가 뭐 대단한 사람이라고 남들이 나만 지켜 보겠습니까. 나를 줄곧 주시하다가 "그래, 너 실패했지" 하는 사람은 없으니 걱정 마세요(웃음).

■ **말이 통하는 한국 상사도 견디기 힘든데요. 외국인 상사와의 갈등은 어떻게 해결하셨나요.**

솔직히 말하면 외국 상사와 갈등이 있는 줄도 몰랐어요. 나중에 그 상사가 나가버리는 걸 보고서야 알았는데……(웃음). 그렇다고 제가 둔한 것은 아니었어요. '또 인종차별 하는구나,' '여자라 무시하는구나' 이렇게 받아들였지 저 개인의 문제로 받아들이지는 않았습니다. 저는 거꾸로 '저 사람이 오늘 기분 나쁜 일이 있었나 보다. 나같이 일 잘하는 사람을 싫어할 리가 없지'라고 생각했어요. 사실 상사 중에 저를 싫어한 사람도 많았지만 그땐 몰랐죠. 나중에야 나를 굉장히 이상한 사람이라고 생각한 이들도 있었다는 걸 알았습니다. 때로는 상사가 나를 어떻게 평가하는지에 둔감해질 필요도 있습니다.

상사와 관계에서도 가장 중요한 것은 '진심'입니다. 열심히 일하는 사람을 싫어하는 상사는 없습니다. 저는 상사의 말에 '노(No)'라고 하면 큰일 나는 줄 알고 시키는 대로 다 했어요. 특히 근무시간이 짧은 외국기업에서는 한국인들처럼 '노(No)'하지 않고 일하는 사람이 좋은 평가를 받을 수도 있더군요.

■ **어떤 좌우명이나 가치관을 가지고 살아 오셨는지 궁금합니다.**

살면서 그런 것이 있었는지는 모르겠어요. 다만 지금은 '되도록 남에게 잘해 주자'고 생각해요. 또 조금 손해 봐도 결국 손해 보는 것이 아니구나, 합니다.

지금까지 그렇게 살았는지 돌아보면 그렇지 못했어요. 지나고 보니 다 사소한 것인데 그때는 못 참고, 조금이라도 손해를 안 보겠다고 버텼죠. 하지만 손해를 좀 보는 것 같아도 길게 보면 다 공평한 것 같습니다. 저도 제가 이렇게까지 오랫동안 직장생활을 할 수 있을 거라고 생각하지 못했거든요.

워너비알파레이디 TIP

한국기업의 '유리천장'은 얼마나 두꺼울까?

2011년 12월 13일 삼성전자의 정기 임원인사가 발표됐다. 이날 뉴스는 삼성전자 최초로 여성 부사장 자리에 오른 심수옥 전무였다. 언론들은 심 전무가 삼성전자 최초의 여성 전무이자, 최초의 여성 부사장이 되는 기록을 세웠다고 의미를 부여했다. 이건희 회장이 넉 달 전 여성 임원들에게 "한국 여성도 사장이 되면 뜻과 역량을 펼칠 수 있으니 사장까지 돼야 한다"고 공언한 말까지 보태져 파장은 더욱 컸다. 하지만 여성 부사장이 '최초'여서 뉴스가 되는 현실은 한국의 상황을 역설적으로 보여 주는 것이기도 하다.

흔히 여성들의 고위직 진출을 가로막는 회사 내 보이지 않는 장벽을 일컬어 '유리천장(Glass Ceiling)'이라고 한다.

한국 '성(性) 격차'는 세계의 밑바닥 수준

먼저, 세계경제포럼(WEF)이 펴낸 〈2011년 성(性)격차보고서〉를 보자. WEF는 매년 전 세계 134개국 여성의 경제참여 기회, 교육, 건강, 정치참여도 등 네 개 분야로 나눠 남녀 간 불평등 상황을 '성격차지수(Gender Gap Index)'로 산출해 순위를 매긴다. 한국은 이 보고서에서 107위를 차지해 바닥신세를 면치 못했다. 이 중에서도 한국의 순위를 낮춘 것은 경제 분야다. 한국 여성의 경제참여 기회 부문은 117위로 교육(97위), 건강(78위), 정치참여(90위) 등 다른 부문보다 현저히 낮았다. 입법자·고위관료·관리직 진출 수준(111위)과 유사 직업의 임금 평등성(126위)이 등수를 갉아 먹었기 때문이다. 이는 한국 여성의 문자 해독률이 134개국 중 1위라는 사실과 극명히 대비된다.

여성정책연구원이 2010년 말 남녀 61만 명을 대상으로 조사한 '2010 여

유리천장 GlassCeiling 과 유리벽 GlassWall

'성인력 패널조사'에 따르면 한국 기업의 여성임원 비율은 평균 7.4%였다. 직원 1000명 이상 대기업의 여성임원 비율은 4.7%로 평균에 훨씬 못 미쳤고, 직원 300명 이상 1000명 미만 기업에서는 5.6%, 직원 100명 이상 300명 미만 기업에서는 8.2%였다. 임원 중 최고위직인 여성 대표의 비율은 평균 2.1%로 더 적다.

연구원은 조사과정에서 직장 내 성차별 경험과 종류를 물었는데, '여성이 승진과정에서 차별받고 있다'는 데에는 여성뿐 아니라 남성도 공감하고 있었다. 여성의 31.5%가 "승진이나 승급에서 차별당한 경험이 있다"고 답했고, 20.3%는 "인사고과에서 차별받은 경험이 있다"고 했다. 남성도 "여성이 승진·승급에서 불이익을 받는다(24.2%)"거나 "여성이 인사고과에서 차별을 당한다(12.6%)"고 보고 있었다.

유리천장에 앞서 '유리벽'에 부딪히는 여성들

다른 나라와 비교해 보면 한국의 '유리천장'이 더 단단하다는 것을 바로 알 수 있다. 미국의 민간 컨설팅업체 GMI(Governance Metrics International)가 지난 3월 발표한 '2011 여성임원 보고서'에 따르면 한국 내 91개 주요기업의 여성임원 비율은 1.9%에 불과했다. 노르웨이(39.5%), 스웨덴(27.3%), 핀란드(24.5%) 등 북유럽 국가들이 높은 여성 임원비율을 자랑하고 미국(15.7%), 프랑스(12.7%), 독일(11.2%)도 10%를 웃돈다. 같은 아시아 국가인 중국(8.5%), 대만(6.1%), 인도(5.3%)도 한국보다 높았다. 한국보다 여성임원 비율이 낮은 곳은 일본(0.9%)과 여성의 사회참여가 극히 제한된 사우디아라비아 등 중동 국가들 정도였다.

워너비 알파레이디 TIP

'유리천장'이 존재하는 이유는 '유리벽(Glass Wall)' 때문이라는 분석이 있다. 승진으로 가는 수직 사다리에서만 밀리는 것이 아니라 수평적으로도, 즉 같은 직급에서 일하는 동료들과의 경쟁에서도 벽에 부딪친다는 것이다. 직급이 같더라도 남자 동료들과 비교해 애당초 중요하지 않은 업무를 맡거나 핵심이 아닌 보직·부서에 머문다면 승진 가능성이 낮아질 수밖에 없다. '유리천장'은 위로 올라가는 것을 막는 보이지 않는 장애물이지만 여성을 핵심 업무에서 배제시키는 '유리벽'은 출발선에서부터 따돌림 하는 칸막이인 셈이다.

대표적인 곳이 금융 분야다. 은행에서 창구직원 등 승진이 제한된 하위직에는 여성이 대거 몰려 있는 반면, 여성 관리직은 극히 적다. 여성은 서비스업에서도 정보기술(IT) 등 핵심 업종보다는 음식·숙박업 같은 저임금 서비스직에 몰려 있다.

여성이 승진 가능성 낮은 일자리에 머무르게 되는 주된 이유는 가사와 양육이다. 이주희 이화여대 사회학과 교수는 "여성이 가사와 양육 부담 때문에 스스로 승진을 기피하든 '선택'하든 간에, 결국은 가사와 양육이 여성의 생산성을 낮추고 이것이 여성의 능력에 대한 차별적 인식을 가져오는 악순환을 낳을 수 있다"고 지적한다.

여성 능력발휘 = 기업과 국가의 경쟁력

최근에는 여성의 능력발휘를 막는 유리벽, 유리천장에 대해 기업 내부에서도 개선 움직임이 일고 있다. 어차피 지구상의 절반을 차지하는 것이 여성 노동력인데, 능력을 온전히 끄집어내지 못하면 기업과 국가의 경쟁력

유리천장 GlassCeiling 과 유리벽 GlassWall

에 장애가 된다는 인식이 늘고 있다. 이건희 회장의 발언이 이를 보여 준다.

유럽에서는 '여성임원 할당제'가 도입되기 시작했다. 유럽의회는 2011년 7월 유럽연합 소속 기업에서 의사결정을 하는 자리에 있는 여성 고위직 비율을 2015년 30%, 2020년에는 40%까지 늘리도록 하는 결의안을 채택했다. 노르웨이가 선행 모델이 됐다. 노르웨이는 법으로 자국 기업들의 여성임원 비율을 끌어올려 지금은 전 세계 최고수준으로 만들었다. 지난 2003년 통과된 법에 따라 국영기업은 2006년까지, 사기업은 2008년까지 이사의 40%를 여성으로 임명하도록 했기 때문이다. 2002년 6%에 불과하던 여성임원은 현재 39.5%로 목표한 40%에 거의 도달했다.

유럽의 경우 대학 졸업자의 60%가 여성이다. 여성임원 할당제 같은 정책 밑에는, 여성이 재능을 제대로 발휘해야 국가의 경쟁력도 끌어올릴 수 있다는 인식이 깔려 있다.

임원진 내 여성 비율이 높은 기업이 이익을 더 많이 낸다는 보고서들도 속속 나오고 있다. 컨설팅회사 매킨지가 2011년 9월 발표한 '2010년 위민 매터(Women Matter)' 보고서에 따르면 여성의 이사회 참여비율이 높은 상위 25% 기업의 자기자본수익률은 평균 22%다. 반면 이사회가 남성만으로 이뤄진 기업의 수익률은 15%에 그쳤다. 여성인력을 충분히 활용하는 노력은 남녀평등의 문제이면서, 동시에 생존과 성장의 문제가 되고 있다.

호감가는 소통법과

이미지연출기술

최윤영은 서울대 영어교육과를 졸업하고 EBS에서 리포터로 방송경험을 쌓은 뒤, 2001년 MBC에 아나운서로 입사했습니다. 〈주말 뉴스데스크〉, 〈출발 비디오여행〉, 〈W〉 등 MBC의 간판 뉴스와 예능·교양 프로그램 등을 진행했습니다.

유인경▪ 알파걸에서 알파레이디로 무사히 성장한 최윤영 MBC 아나운서입니다. 아마 대한민국 아나운서 중 가장 호감도가 높은 사람 아닐까 싶습니다. 아나운서라는 직업에 관심이 많은데, 직업에 대한 이야기를 먼저 들어 보고요. 또 어떻게 사람들에게 호감을 줄 수 있는지, 아나운서만의 비법을 들어 보려 합니다.

최 아나운서는 '엄친딸'입니다. 대원외고에 서울대를 나오고, 아나운서가 되고, 결혼도 잘 하고, 딸도 있고, 친정어머니에게도 헌신적이고, 예쁘고, 날씬하고……. '진짜 재수 없다'고 생각하실 수도 있겠으나(웃음), 제가 몇 년 동안 같이 방송을 하면서 진면목을 많이 봤습니다. 굉장히 소박해요. 지금 28개월 된 딸을 둔 엄마인데, 딸에 대한 애정이 굉장해요.

그동안 늘 최 아나운서가 진행하는 프로그램에 제가 출연했는데, 오늘은 제가 진행자가 되고 최 아나운서가 출연자가 되어 진행해 볼게요.

최윤영 ▪ 안녕하세요. 여러분. 모두 반갑습니다.

'아 나 운 서' 는 내 운 명

유 ▪ 탤런트 정준호, MC 유재석 씨 등 톱스타들이 아나운서와 결혼했지요. 왜들 그렇게 아나운서, 아나운서 하는 걸까요? 최 아나운서는 왜 아나운서가 됐나요.

최 ▪ 대원외고에 들어갈 때 사촌오빠가 합격을 축하한다고 KBS 신은경 아나운서의 『9시뉴스를 기다리며』라는 책을 선물해 줬어요. 당시 베스트셀러였던 책인데, 그 한 권이 내 인생을 바꿨습니다.

어릴 때는 엄마가 바라시는 대로 의사가 제 희망이라 했고, 초등학생과 중학생 때는 흰 가운이 멋있어 보여서 과학자가 되고 싶었어요. 그런데 그 책을 읽고 '아나운서가 되겠다'고 생각했죠. '되고 싶다'도 아니고 '되겠다'라고 마음먹었습니다.

그 책을 읽으며 저는 '여성으로서 자신이 가진 걸 최대한 보여 줄 수 있는 직업이 아나운서다'라고 생각했어요. 남들이 모르는 소식을 먼저 알고, 시청자들이 쉽게 받아들일 수 있게 조몰락조몰락 해서 '짠' 하고 내 놓을 수 있는 멋진 직업이라고 생각했거든요.

지금 생각하면 그 책에서 너무 아름답게 묘사된 부분도 있는 것 같지만, 직장 성차별도 없고 '여성으로서 최고의 직업'이라고 생각했습니다. 그 후로 아나운서 시험을 볼 때까지 한 번도 그 꿈이 흔들린 적이 없었어요. 그래서 저는 제 주변 사람들에게, 진로를 묻는 아이들에게 '책을 읽으라'고 늘 이야기합니다. 책 한 권이 진짜로 사람의 인생을 바꿔 놓을 수 있다는 걸 알고 있으니까요. 그 책을 제게 준 사촌오빠에게 감사하고, 또 한 번도 뵌 적 없지만 신은경 선배님께도 감사하고 있어요.

유▪ 사촌오빠에게 감사한다는 걸 보면, 아나운서 생활이 굉장히 만족스러운 것 같아요.

최▪ 대학교 4학년 때까지 줄곧 아나운서가 되고 싶다고 생각했지만 '내가 하고 싶은 것'이 '내가 잘 할 수 있는 것'인지는 모르겠더라고요. 실제로 제가 그 일을 하게 됐을 때 '내가 즐겁게 할 수 있는 것'인지 하는 확신도 없었고요. 정말 내가 평생 즐겁게 할 수 있는 일인지, 잘 해낼 수 있는 일인지 알고 싶었습니다.

그 무렵 다니던 교회에 교육방송(EBS) PD님이 계셨습니다. 커피 심부름이나 자료조사라도 하면서 방송이 어떤 건지 알아보려고 아르바이트 자리를 부탁 드렸어요. 저는 그저 방송 일이 어떤 건지 엿보고 싶었던 것이었는데, 뜻밖에도 그분이 며칠 뒤에 "리포터 오디션을 보라"고 연락해 주셨습니다.

다행히 합격해 EBS에서 리포터 일을 시작했습니다. 일주일에 닷새 동안 야외 촬영을 하고, 하루는 스튜디오 촬영을 하니까 엿새를 일했습니다. 그때 저는 대학생 신분이라 공부와 리포터 일을 함께 하는 것이 너무 힘들었지만 그런데도 정말 재미있었어요. 방송을 할 수 있겠구나 하는 생각이 들었어요. 최고의 아나운서가 될 수 있을지는 모르지만 즐겁고 행복하게 '내 인생을 걸고' 할 수 있는 일이겠구나 하는 확신이 들었습니다. 그래서 MBC 아나운서 시험을 봤고, 합격했습니다.

유▪ 아나운서의 꿈을 이루는 데 가장 크게 도움이 된 것, 바꿔 말하면 아나운서가 되기 위해 꼭 필요한 준비는 어떤 걸까요?

최▪ 카메라 앞에 서 본 경험이 정말 큰 도움이 됐습니다. 리포터 경험이 실전훈련이었던 거죠. 그런 경험이 없는 분들은 카메라 앞에 서 볼 수 있도록 방송아카데미 등을 듣는 것도 좋은 방법입니다. 저는 실전경험이 있었고, 기자·PD 등이 되려는 친구들과 대학 시절 필기시험 준비를 같이 했어요. 그런데 사실 제가 입사할 때에는 지금처럼 경쟁이 심하지 않았어요. MBC〈신입사원〉프로그램을 보니 내가 지금 시험을 봤으면 과연 합격했을까 싶더군요. 제가 응시할 때 여자 아나운서 두 명 뽑는데 1600명이 왔었어요. 경쟁률이 800대 1이었죠. 지금은 2000대 1이에요. 저는 운이 좋았다고 생각해요.

유▪ 운이 좋았다고 했는데, 방송국에서 최 아나운서를 뽑은 이유는 뭐였을까요. 미모가 얼마나 영향을 미쳤다고 생각해요?

최▪ 솔직히 아나운서를 뽑을 때 외모를 아예 보지 않는 것은 아닙니다. 그렇다고 꼭 예뻐야 한다는 것은 아니에요. 시청자들이 봤을 때 '호감 가는 얼굴'이어야 한다는 거죠. 시청자들이 불쾌해서 채널을 돌리지 않을 정도의 외모면 돼요.
저도 제가 왜 뽑혔는지 궁금했죠. 선배들에게 물으니, 제 안에 드러나지 않은 가능성이 있는 것처럼 보였대요. '저 친구를 이러저러하게 발전시키면 되겠다' 이렇게 구체적으로 그림이 그려진 것은 아니더라도, 방송을 20~30년 하신 선배들 눈에는 '저 친구는 뭔가 될 것 같다'는 감이 온대요.

성실한 인상을 주는 게 가장 중요합니다. 어느 회사나 마찬가지겠지만, 아나운서 역시 밖에서 보는 것만큼 화려한 직업은 아닙니다. 연예인이 아니라 회사원입니다. 중소기업보다 조금 높은 정도의 연봉을 받는 회사원 생활이라고 보시면 됩니다. 이 생활을 성실하게 잘 해낼 수 있어야 하는 것이고요. 저희 일은 '시키면 해야 하는' 힘들고, 어렵고, 고되고, 심지어 불규칙적인 일입니다. 후배 아나운서들을 봐도, 모두들 정말 성실하게 일해요. 그런 성실함이 중요한 덕목입니다.

또, 저희는 입사하면 정년퇴직할 때까지 아나운서라는 한 직종으로 일합니다. 30년 동안 작은 사무실에서 매일 8~9시간씩 똑같은 선후배들과 얼굴을 마주보고 있어야 해요. 그만큼 인간관계도 중요합니다.

유 ▪ 그렇게 한 사무실에서, 오랜 시간동안 한정된 사람들과 일하는 것도 쉬운 일이 아닐 텐데요. 어찌 보면 지옥이 따로 없는 것일 수도 있고요.

최 ▪ 갑자기 일을 맡겨야 할 경우가 있기 때문에 아나운서들은 일거수일투족을 모두 부장에게 보고해야 합니다. 필요할 때 바로 일을 시킬 수 있어야 하니까요. 일을 많이 배정 받으려면 사무실에서 늘 눈에 띄는 자리에 앉아 있는 것이 좋겠지요. 똑같은 사무실에서 그렇게 수십 년을 기다리고 있어야 하는 거죠.

그래서 인간관계가 중요해요. '저 친구가 선후배들과 잘 지낼 수 있겠구나' 하는 것도 큰 채용 기준 중의 하나예요. 어느 회사든 그렇지만 면접을 볼 때 '인간성'을 어필하는 것이 중요한 항목이라는 얘기입니다.

유 ▪ 최 아나운서는 〈W〉 같은 시사프로그램과 주말뉴스, 영화프로그램 등 여러 종류의 프로그램을 진행했습니다. 아나운서들은 대본을 그대로 읽는다고 오해하는 분들도 많지만, 그렇지는 않죠. 프로그램마다 어울리는 진행방식이 있겠지요?

최▪ 솔직히 말씀드리면 대본을 그대로 읽을 때도 있기는 해요. 작가가 고심해서 써 온 대본인데 제 마음대로 바꾸는 것은 좀 미안해서요. 지금 하고 있는 〈공감! 특별한 세상〉은 작가가 써 준 대로 읽어요. 〈W〉의 경우에는 아이템마다 작가와 PD가 다 따로 있었어요. 작가가 해당 꼭지에 대한 내용을 간단히 추려서 대본을 써 주고, 메인 작가가 색깔에 맞춰서 한 번 윤색을 해요. 그 뒤 원고가 저한테 와요.

처음 그 프로그램을 기획한 PD의 의견도 그랬고, 저도 제 생각을 담는 게 좋다고 생각했습니다. 그냥 읊어대는 아나운서가 아니라 진행자였으면 좋겠다고 생각했어요. 그래서 VCR을 보면서, 인터넷을 찾아보면서 내가 넣고 싶은 이야기들을 넣어 원고를 고쳤어요. 시사프로그램이다 보니 내용이 그렇게 계속 바뀌어요. 〈W〉는 녹화프로그램인데, 방송 직전까지 계속 바뀌니까 방송 몇 시간 전까지도 편집을 해야 했어요. 그리고 방송 직전에 책임 프로듀서(Chief Producer·CP)가 또 다시 점검을 해요.

그렇게 많은 사람들의 손을 거쳐서 완성되는 거예요. 그 안에는 제가 하고 싶은 이야기는 물론이고 작가, 메인 작가, PD, CP가 하고 싶은 이야기가 모두 들어 있어요.

〈생방송 오늘아침〉 프로그램에서 유인경 기자의 촌철살인 멘트, 날카로우면서도 재치 있는 말들은 모두 유 기자의 경험과 머리에서 나온 겁니다. 작가들과 출연자 간에 암묵적 동의가 있어요. 작가도 출연자가 알아서 자기 스타일대로 말할 수 있게끔 진행자에게 많은 부분을 맡깁니다.

유▪ 예전에 '아나운서' 하면 떠오르는 것은 신은경 아나운서처럼 뉴스를 진행하는 사람의 모습이었어요. 그런데 요새는 신입 아나운서를 뽑는 서바이벌 프로그램이 등장할 정도로 아나운서가 연예인과 비슷해지고 있지요. 아나운서와 엔터테이너의 합성어인 '아나테이너'라는 말이 나오기도 했고요. 최 아나운서가 생각하는 아나운서란 어떤 모습입니까?

최▪ 아나테이너에 대해선 우리들 사이에서도 의견이 분분해요. 예능 프로그램에 아나운서가 출연하는 것은 장점이 있다고 봅니다. 프로그램 안에서 중심을 잡아 주는 사람이 필요하고요.

하지만 선배 아나운서들이 스스로 절제하면서 지켜 온 이미지가 있고, 그렇게 해야 했던 이유도 분명히 있거든요. 예능 프로그램에 나가더라도 아나운서에게는 프로그램 내에서 지켜야할 '선'이 있다고 생각합니다. 이를 테면, 최소한 우리말을 바르게 쓰는 것만큼은 아나운서가 해야 되지 않을까요.

호감을 주는 커뮤니케이션의 열쇠, 미소

유▪ 최 아나운서는 방송국에서 언제나 방긋방긋 웃어요. 의식적으로 만들어낸 웃음과 자연스러운 미소는 한눈에 구분이 되죠. 최 아나운서와 일하면 기분이 좋아져요. 항상 웃고, 싫은 소리를 하지 않아요. 이런 태도는 어려서부터 몸에 익힌 건가요, 아니면 훈련을 받은 건가요? 혹시, 진짜 내숭이에요?(웃음)

최▪ 어머니 성격을 많이 닮았어요. 프리랜서로 EBS에서 리포터 하던 시절에는 아무도 아는 사람이 없이 혼자 헤쳐 나가며 일해야 했는데, 그때 많이 배웠습니다. 늘 인사하는 태도가 그때 훈련된 것 같습니다. 그렇게 보면 훈련으로 얻어진 것이라고 할 수 있겠네요.

저는 스튜디오에 들어가면 일단 모든 스태프에게 인사해요. 예전엔 그래야 한다는 걸 몰랐어요. MBC 아나운서가 되기 전 SBS 〈접속 무비월드〉와 〈한밤의 TV연예〉에 출연하다가 KBS 프로그램에서 MC를 하게 됐어요. 스튜디오 MC는 늘 스태프와 함께 일해야 하는데, 그때만 해도 낯가림이 심하고 소극적이어서 친한 PD, 친한 스태프하고만 인사했어요. 몇 주 지나니 사람들이 저에 대해 "건방지다", "왜 스튜디오 들어와서 인사도 안 하냐"며 얘기하고 있다는 걸 알게 됐습니다.

본심과는 다르게 오해를 받게 되면서, 내가 표현하지 않으면 상대도 알 수가 없다는 걸 알았어요. 그 뒤로는 스튜디오에 가면 무조건 눈에 보이는 모든 분께 인사합니다. 그러면서 훈련이 됐죠. 그 후 MBC에 입사하니, 아직 훈련되지 않은 다른 신입사원들과 저는 이미 다른 거예요. 그래서 칭찬을 들을 수 있었습니다. 그것이 제 꿈을 펼치는 데에도 도움이 됐어요.

유 ▪ 언어학자들은 이런 말을 합니다. 우리가 남의 말을 들을 때에 내용을 듣는 비중은 7~8% 정도일 뿐이고, 태도와 자세, 표정, 목소리에 주의를 집중하는 것이 거의 90%를 차지한다고 해요. 최 아나운서는 굉장히 호감 가는 표정과 태도를 갖고 있는데, 타고난 것도 있지만 역시나 훈련이 중요했다는 생각이 드네요. 어떻게 하면 사람들이 내 이야기에 귀 기울이게 할 수 있을까요. 기분 좋은 커뮤니케이션의 요령을 좀 알려 주세요.

최 ▪ 저는 호감가는 대화법을 유 기자께 배우고 싶은데요(웃음). 여러분도 한 달에 한 번 여기 오실 때 유 기자님의 화법을 유심히 살피며 들어 보세요.

방송사에 들어갔을 때, 가장 큰 콤플렉스가 목소리였어요. 10년 전의 제 목소리는 지금 생각해 보아도 창피해요. 꼭 '초등학생들이 앵앵거리는' 것 같았어요. 지금도 제 목소리를 더 다듬어야 한다고 생각하지만, 그동안의 훈련으로 좀 나아지기는 했습니다. 제가 추천하는 가장 좋은 훈련법은 복식호흡입니다. 신뢰감을 주는 목소리를 바꾸는 데에 효과가 100%예요.

숨을 쉬면 횡경막이 오르락내리락하는 것이 느껴집니다. 마주보고 있는 상대에게 창피할 정도로 배가 볼록 나오게 들이마시고 훅 내뱉는 연습을 하세요. 할 수 있는 한 최대한 느리게. 의식적으로 연습하다 보면 정말 나중엔 숨을 배로 쉬고 있는 걸 알 수 있어요. 저는 지금도 의식해서 복식호흡을 하지만, 더 이상 의식하지 않을 정도로 훈련하세요.

목소리가 좋으면 그 사람이 말하는 걸 자꾸 듣고 싶어지죠. 거기에 리듬을 살짝살짝 실어 주면 더 듣고 싶어지고요. MBC 선배인 이재용 아나운서는 그런 목소리를 타고난 분 같은데, 본인도 모른 채 복식호흡을 하시더라고요. 저도 복식호흡으로 목소리가 좀 굵어졌고, 지금도 계속 노력을 하고 있습니다.

유▪ 사실 아나운서들에게만 좋은 목소리가 필요한 게 아니죠. 전화가 왔을 때 상대방의 목소리가 너무 가벼우면 중요한 일이 아닌 것 같아 "바쁘다"며 끊을 때가 있어요. 지나치게 경박한 목소리는 신뢰감을 주지 못하죠.

최▪ 생각해 보니 늘 웃으며 일하는 비법도 훈련인 것 같아요. 고등학교, 대학교 때에는 가만있으면 "너 화났니?"라는 얘기를 많이 들었어요. 아무 생각 없이 가만있는데, 화난 표정이라는 거예요. 그래서 웃는 연습을 많이 했어요. 그러다 보니 지금은 MBC 아나운서실에서도 '늘 웃는 사람'으로 각인돼 있습니다. 불과 10여 년 전에는 화난 인상이었는데 자꾸 의식하고 노력하니까 그렇게 바뀌었어요.

여러분도 많이 웃으세요. 건강에도 좋다고 하잖아요. 내가 특별히 뭘 하지 않아도 호감도가 올라가고 이미지가 좋아져요. 연습하면 인상은 정말 변하는 것 같아요.

자기만의 멘토를 만들라

유▪ 자신만의 멘토가 있으셨나요?

최▪ 여러분의 멘토를 찾으라는 말씀을 꼭 드리고 싶어요. 〈W〉 프로그램 진행을 제게 맡긴 분이 당시 아나운서 국장이었던 손석희 선배였습니다. 그때 저는 〈꼭 한 번 만나고 싶다〉라는 프로그램을 진행하고 있었고, 저는 그 프로그램이 참 좋았어요. 웃음도 있고, 울음도 있고, 인생이 담겨 있는 프로그램이었거든요.

그런데 〈꼭 한 번 만나고 싶다〉가 〈W〉와 방송 요일이 겹치는 거예요. 신생 프로그램이어서 망설이는데 손 국장께서 "무슨 소리냐, 최윤영 씨는 이제 〈꼭 한 번 만나고 싶다〉에 나가지 않는다, 〈W〉에 출연한다"고 해버렸어요. 지금은 너무나 감사하게 생각해요. 아나운서 최윤영, 하면 〈W〉가 떠오를 정도로 저의 대표 출연작이 됐으니까요. 가장 많이 훈련

할 수 있었던 프로그램이기도 하고요.

　손석희 아나운서의 멋진 방송은 그냥 나오는 것이 아닙니다. 그분은 잠을 주무시지 않는 것 같아요. 대한민국의 신문이란 신문은 모두 읽어요. 심지어 '인터넷 찌라시'라 불리는 것들까지 다 보세요. 또 MBC 아나운서가 어디 가서 뭘 했는지 다 알고 계세요. 아나운서들이 가장 무서워하면서도 좋아하고 존경하는, 적(敵)이 없는 분입니다. 저는 그분을 마음속으로 멘토라 생각하고 있고, 실제로 〈W〉 때 도움을 참 많이 받았습니다.

유▪ 멘토로 생각하는 분이 있다 해도, 제대로 활용하지 않으면 멘토가 아니죠. 어떻게 하면 선배에게서 최대한의 애정과 가르침을 얻어낼 수 있을까요.

최▪ 저는 무조건 가서 물어요. 남들이 멘토로 삼고 싶어 하는, 존경받는 위치에 계신 분은 그렇게 와서 물어 보고 조금이라도 얻어가려는 사람을 좋아하는 것 같습니다. 누군가를 멘토로 삼기로 했으면 계속 가서 물어 보세요. 물론 물어 보는 멘티 입장에서는 '이런 걸 여쭤도 되나, 괜히 바쁘신 분을 귀찮게 하는 것 아닌가' 하는 생각도 들지요. 하지만 조금도 망설이지 마세요. 작은 것도 묻고, 의지하십시오. 일 문제뿐 아니라, 인생 상담을 해도 멘토들은 좋아할 겁니다.

유▪ 손석희 아나운서 외에 롤 모델로 삼는 분이 있습니까?

최▪ 가장 많이 의지했던 분이 손석희 아나운서이지만, 다른 아나운서 선배들도 각자 장점들을 가지고 계셔서 배울 점이 굉장히 많습니다.

그 장점들을 최대한 배우려고 노력하는 편입니다. 저는 거의 모든 선배들께 질문을 많이 합니다.

유 ▪ 후배들 중에는 어떤 후배가 예쁘던가요. 바꿔 말하면, '이런 후배가 선배에게 귀여움 받는다'가 되겠네요.

최 ▪ 저는 제게 와서 인생 상담을 많이 하는 후배가 예쁘더라고요. '얘가 나를 필요로 하는구나. 선배로 인정하는구나' 하는 느낌이 들거든요. 그냥 찾아가서 물으면 그게 관계의 시작입니다. 선배가 뭔가를 베풀고 싶어 한다는 느낌이 들면 그 손길을 확 붙잡는 후배가 되세요.

예를 들어 이성배 아나운서는 정말 시키면 다 해요. 다 잘해요. 군소리가 없어요. 옆에서 보기에 위에서 너무 심하게 일을 시킨다 싶은데도 무조건 "네" 해요. 인상 찌푸리는 일도 없이 "네" 하고 잘해 놓아요. 그러니까 모두 다 너무너무 예뻐합니다. 그러면 여러 프로그램에서 아나운서 섭외가 들어올 때 우선적으로 후보에 올리게 되는 거죠. 단순히 선배의 사랑을 받는 것을 넘어 나의 성장의 기반이 되는 겁니다.

유 ▪ 여성 아나운서들에게 나이 차별이 참 심한 것 같아요. 40대 이상 여성 아나운서에게 마이크를 쥐어 주는 경우가 많지 않으니 나이를 의식하지 않을 수 없을 것 같습니다. 최 아나운서만의 계획이나 준비하는 게 있나요?

최 ▪ 방송을 하면서 10년간 바라보니, 세상이 무섭게 달라졌어요. 이제는 이 사회에서 일어나는 사건 사고, 범죄들이 법으로 해결할 수 있는 범위를 넘어섰다는 생각이 들어요. 근본적인 변화가 없다면 사랑하는 내 딸이 이 끔찍한 세상에 내던져져야 하는 거, 그게 무서워요. 그래서 내가 앞으로의 세대를 위해 할 수 있는 일이 없을까 하는 생각을 참 많이 합니다.

물론 내가 할 수 있는 일은 아주 작은 촉매 정도겠지요. 부모가 양육을 포기한 아이들, 혹은 부모와 함께 살면서도 방치되는 아이들에게 '나는 정말 귀하고 사랑받을 자격이 있는 존재'임을 느끼게 해 주고 싶어요. 나 혼자서는 못 하겠지만, 방송인이니까 "우리 같이 해요" 말할 수 있잖아요.

조금씩 세상에 그런 운동이 퍼져 나간다면, 한 사람이 한 아이에게만 손을 내밀어도 수많은 아이들의 미래가 달라지는 거죠. 그런 꿈이 생겼어요. 조금 더 공부해서 아동 상담 쪽 일을 하고 싶어요. 아이들을 치유할 방법을 배워서, 작은 모임부터 시작해 세상을 바꿔가고 싶습니다. 거기에 방송의 힘을 발휘하고 싶다는 꿈을 갖고 있어요.

〈W〉를 진행하면서 컴패션(www.compassion.com)이라는 비정부기구를 통해 1:1 결연을 맺었어요. 해외의 아이들과 결연을 해서 매달 4만 5000원을 기부하고 편지를 쓰죠. "너는 정말 귀한 존재다. 네가 세상을 얼마나 멋지게 변화시킬지 기대가 된다. 나는 매일 너를 위해 기도한다." 그런 편지를 매달 받으면 정말 아이들이 달라져요.

'아나운서 = 직장인' 자기관리가 필요해

유▪ 대중들이 아나운서에 대해서 갖고 있는 가장 큰 환상은 뭐고 오해는 뭐가 있을까요?

최▪ 가장 큰 오해라면, 연봉이 높다고 생각하시더라고요. 아나운서의 연봉은 평범한 회사원의 연봉이에요. 경제적인 면도 그렇지만 방송에 비치는 화려한 면만 생각하는 분들이 많죠.

회사원이기 때문에, 방송 조명이 꺼지는 순간 저는 일상의 최윤영으로 돌아갑니다. 사무실에 돌아가면 자리에 앉아 그날그날의 업무를 처리합니다. 회사원이라 서류작업도 많고, 보고서도 써야 합니다. 야근, 당직, 숙직 다 있고요. 숙직도 한 달에 세 번입니다. MBC 아나운서 시험 보는 분들은 기억하세요.

유 ▪ 그렇게 되고 싶었던 아나운서가 된 뒤에 후회한 적은 없나요? 사표를 쓰고 싶었던 적은 없었어요?

최 ▪ 직장인으로서는 솔직히 정말 쉬고 싶다는 생각을 했어요. 그렇지만 방송인으로서는 단 한 번도 없습니다. 앞으로도 없을 거고요. 죽을 때까지 방송인으로 살고 싶어요.

방송은 정말 마약 같아요. 물론 적성에 안 맞는 사람도 있죠. 대학졸업 후 어렵게 입사시험 보고 들어왔는데 적성에 안 맞아서 곤란해 하며 악순환을 겪는 사람도 있지만, 방송이 체질에 맞는다면 정말 행복해요.

입사 전에 2년간 프리랜서 생활을 했는데, 그때도 야외촬영이든 스튜디오든 하루도 쉬지 않고 방송을 했어요. 그렇게 살아온 게 12년이에요. 그런데도 질리지 않아요. 이 일을 할 수 있다는 것에 감사하죠.

방송일이 아니라도 그렇게 좋아하는 일을 찾으십시오. 회사 내 인간관계가 힘들 수도 있고, 직장생활이 버거울 수도 있습니다. 그 어려움을 견디게 해 주는 힘은 내가 사랑하는 방송을 할 수 있다는 것입니다. 여러분도 그런 일을 찾으셔서 행복하게 일하세요.

유▪ 그런데 아나운서가 〈9시 뉴스〉를 하고 싶다거나 저 프로그램을 하고 싶다거나 해서 원하는 대로 되는 것은 아니지 않습니까. 프로그램 제작진이 요청해 와야 하고, 앵커의 경우는 사내 오디션도 있잖아요. 다시 말하면 아나운서는 '선택을 받는' 입장인데, 원하는 프로그램에 선택받기 위한 '나만의 무기'는 어떤 것인가요.

최▪ 제가 제일 중요하게 생각하는 건 '정보력'입니다. 아나운서국 직원들은 모두 늘 컴퓨터 앞에 앉아있어요. 책을 읽거나 인터넷 서핑을 해요. 온라인 쇼핑이나 게임을 하는 게 아니라 뉴스를 찾아보거나 자신이 출연한 프로그램을 모니터해요. 계속해서 정보를 찾는 것, 하나라도 더 찾는 것이 중요해요.

유▪ 최 아나운서는 아침 방송만 10년째예요. 아침 7시까지 매일 방송국에 가야 합니다. 맨얼굴로 나타나기도 하지만 때론 화장을 하고 오던데, 10년간 어떻게 그렇게 버틸 수 있는지 신기합니다. 건강관리 비결이 뭔가요?

최▪ 저는 "아침방송이 내 건강관리를 해 줬다"고 항상 이야기해요. 아침에 일찍 일어나야 하니 밤에 일찍 잘 수밖에 없습니다. 모든 생활이 규칙적이게 되죠. 저녁 7시에 식사하고 9시 반쯤 잡니다. 10년 동안 한 번도 빼놓지 않은 게 아침밥이에요. 국에 말아 먹든 맨밥만 먹든 김치랑 먹든, 꼭 밥은 먹어요. 남편은 홍삼을 달고 살지만 비실비실해요. 전 보약이나 홍삼을 따로 먹은 적은 없고, 유일하게 먹는 게 비타민제예요.

여자, 사랑, 결혼, 육아 …… 제2의 인생

유 ▪ 결혼 이야기도 좀 해 주세요.

최 ▪ 결혼은 참 중요해요. 소개팅으로 만나 연애를 했는데, 남편이 저를 좀 더 많이 좋아했고요(웃음). 친정 엄마가 남편을 예뻐했어요. 그래서 엄마와 남편이 밀어붙여 스물여덟 살에 결혼했습니다.

결혼은 정말 좋은 사람과 꼭 하세요. 저는 결혼 전까지 일에 미쳐 있었습니다. 월·화·수·목·금·토·일 내내 일했어요. 결혼 전날까지. 힘든지도 몰랐어요. 그런데 그 안에서 내가 얼마나 외적으로, 내적으로 소진되고 있는지 느끼지 못하는 채 마모되고 있었던 거예요. 그런데 결혼을 하니 따스한 느낌이 많이 들어요.

배우자를 선택할 때 제일 중요한 건, 이 사람이 '내 편'이 되어야 한다는 겁니다. 여자들이 우스개로 "남편은 '남의 편'의 줄임말"이라고 하는데, 그런 남자 만나면 안 됩니다. 정말 좋은 사람을 만나서, 내가 그 사람과 함께 있다는 것만으로도 위안을 얻는 것이 중요해요.

물론 저도 남편이랑 싸웁니다. 툭탁툭탁 싸우고, 윗집에 창피할 만큼 소리 지르며 싸우기도 해요. 그래도 밖에서 억울한 일을 당했거나 속상한 일이 있을 때 남편에게 이야기하면 남편은 저보다 두세 배 더 흥분하면서 분노해 줘요. 소리를 지르고 난리가 나죠. 그런 제스처를 보면서 내가 위로 받는다는 걸 알기 때문에 그러는 거예요. 여러분도 그런 사람을 만났으면 좋겠어요.

유 ▪ 아내이면서, 또 '엄마'잖아요. 엄마가 된 후에 어떤 점이 달라졌나요?

최▪ 저 스스로도 엄청난 변화를 느껴요. 아이가 없던 시절엔 인터넷을 검색해 가며 할 말을 '쥐어짜냈다'고 할까요. 그런데 결혼하고 아이를 낳으니, 가만있어도 할 말이 계속 떠오릅니다. 말하는 시간이 길어질까 고민할 정도로 생각이 풍성해진 거예요. 저의 삶과 생각도 풍성해졌고, 어떤 사안을 보는 시각도 굉장히 많이 달라졌습니다. 아이 엄마가 되고 나니 아이 입장도 생각하고, 아이 엄마 입장도 생각하고, 친정 엄마 입장도 생각하게 돼요.

유▪ 아이가 축복이고 기쁨이지만 동시에 구속이기도 하잖아요. 아이 때문에 못하는 것이 얼마나 많아요.

최▪ 영화를 본 지 28개월이 됐어요. 아이가 놀아 달라고 울죠. 기저귀 갈아 달라 하죠. 영화 한 편을 볼 수가 없어요. 아이가 갓 태어났을 땐, 인간이 이렇게 잠을 못 자도 살 수 있다는 걸 알았을 정도였습니다. 사흘을 못 잤어요. 모유수유도 1년간 했어요. 그런데 '엄마의 힘이 이런 거구나'를 느꼈고, '우리 엄마가 나를 이렇게 키웠구나' 그때 알았어요. 진자리 마른자리를 이렇게 갈아 뉘셨구나.

유▪ 최 아나운서가 유축기를 가져와 방송국에서 모유 짜내는 걸 봤습니다. 방송에 최선을 다하는데 엄마로서도 최선을 다하는구나 싶었어요. 어떻게 저렇게 사나, 탈진할 수도 있겠다 하는 생각도 했고요. 그런데 정작 자신에게는 어떤 보상이 있나요?

최▪ 아이가 보상이에요. 세상의 때가 하나도 묻지 않은 아이, 너무나 사랑스럽고 보기만 해도 예쁘죠. 그런데 이 아이가 엄마만 좋대요. 그것이 보상이에요.

출산휴가 3개월을 보내고 첫 출근한 날이었어요. 퇴근해 문을 열고 들어가면서 아이를 보는데, 그때 '나는 너를 위해 죽어도 좋다'는 생각이 들었어요. 정말 아이가 보상이 되더라고요. 제가 아이에게 그렇게 하니까 남편도 미안한 마음이 드는지 제게 밥을 차려 줘요. 이것도 보상이 되죠.

유▪ 결혼에 권태기가 오듯이 일에서도 매너리즘에 빠진다고 느낄 때는 언제인가요?

최▪ 일상의 패턴에 따라 좀 기계적으로 일할 때가 있어요. 아이 문제가 가장 크지만 저 스스로도 이제는 달라져야겠다고 생각해서 육아휴직을 했어요. 저에게도 조금 휴식을 주고 싶어서요. 12년 줄기차게 달려왔으니까 나에게 보상을 해 주고 싶고요. 아이가 놀고 싶은 만큼 맘껏 놀아 주고, 아이와 밤에 나가 놀기도 하고, 하고 싶은 것을 모두 해 보면서 6개월을 보내고 싶습니다.

5년차, 10년차, 15년차가 될 때마다 2주간의 휴가와 여행경비를 회사에서 지원해 주는 제도가 있습니다. 제가 6년차일 때 이 제도가 생겼기 때문에 저는 첫 휴가 기회를 놓쳤습니다만, 회사가 이 제도를 만든 것은 직원들의 매너리즘을 피하기 위한 취지라고 봅니다. 기계적으로 찍어내는 방송이 아닌 영혼이 담긴 방송을 만들자는 것이겠죠.

10년차, 20년차 휴가를 떠나는 선배들은 대개 여행을 가더라고요. 쉬면서 길게는 한 달 정도 떠나 있다 보면 일을 하고 싶어 미치겠대요. 그런 상태로 돌아오니 더 열심히 일하게 되겠지요. 저도 육아휴직을 마치고 일터로 돌아올 때에는 첫 입사할 때의 최윤영으로 돌아가서 그 설레는 마음과 열정으로 다시 일을 할 수 있지 않을까 싶어요.

유 ▪ 어떻게 보면 최 아나운서는 행운아죠. 고등학교 입학할 때부터의 꿈을 현실로 이뤘고, MBC의 그 많은 아나운서들 중에서도 '잘 풀린' 행운아입니다. 꿈을 어떻게 이뤄야 할지 몰라 방황하는 후배들에게 '사회 선배'로서 어떤 이야기를 해 주고 싶으십니까.

최 ▪ "여행을 많이 다녀라, 법의 테두리 안에서 할 수 있는 것은 다 해 보라, 경험하고 느낀 것들을 기록하라, 책을 읽어라." 이렇게 말씀드리고 싶어요. 나 자신에 대한 기록은 그 어떤 것과도 바꿀 수 없는 소중한 자산입니다. 가끔 매너리즘에 빠져 '직장인 최윤영'으로서 한숨이 나오고 쉬고 싶다 느껴질 때 항상 펴 보는 조그마한 수첩이 있어요.

입사 직후 교육기간 동안에 선배들이 했던 이야기를 적어 놓은 수첩입니다. 그것을 보면서 의욕에 불타 무엇이든 시키면 할 수 있을 것 같았던 그 시절의 제 모습을 떠올리고, 다시 일터로 돌아갈 열정과 힘을 얻어요. 요즘은 블로그 같은 걸 활용하는 분들도 많더군요. 누구와도 바꿀 수 없는 내 인생의 기록들을 20대 때부터 남겨 놓으면 좋겠어요.

여행은 나를 풍요롭게 만듭니다. 어떤 선배는 세상에 다녀오지 않은 곳이 없어요. 그 선배는 항상 내가 기대하는 것을 넘어서는 이야기를 해 주는데, 아마도 여행의 힘이 아닐까 생각해요.

특히 방송을 하고 싶은 분들에겐 다양한 경험이 절대적으로 필요해요. 제게 많이 부족했던 부분이기도 하고요. 선배 한 분은 트럭에 생선을 싣고 다니며 파는 일을 했었어요. 집이 가난해서는 아닙니다. 오히려 아주 유복하게 자란 분인데 '고등학교 때의 치기'였대요. 그래서 생선 파는 친구를 따라다니며 같이 생선도 팔아 보고, 전단지도 돌려 봤답니다. 이런 것들이 방송에 다 녹아들어가요. 할 수 있는 한 경험을 많이 하세요. 그런 경험은 20대에만 가능한 거예요. 20대엔 뭘 해도 패기이고 투자로 보이지만 30대, 40대에 "경험삼아 생선 팔아 봤다"고 할 수 없잖아요. 20대는 모든 것을 해도 용서받을 수 있고 칭찬받을 수 있는 그런 나이이지 않을까요. 연애도 많이 하세요!

워너비알파레이디 TIP

아나운서 신드롬

아나운서가 '대세'다. 언젠가부터 '아나운서 스타일'은 대한민국 여성들의 '워너비(wannabe)'이자, 대한민국 남성들의 이상형이 되어버렸다.

재벌가 및 각계 유명인들이 아나운서와 결혼을 하고 아나운서를 이상형으로 꼽으면서 아나운서는 관심의 대상이 되고 있다. KBS 장은영·노현정, SBS 한성주 전 아나운서는 재벌가와, MBC 나경은, KBS 김보민·오정연 아나운서는 연예인 및 스포츠 스타와 결혼해 화제가 됐다. 지금도 많은 남성들이 아나운서 혹은 '아나운서 같은 여성'을 이상형으로 꼽고 있다.

인터넷에만 들어가 봐도 우리 사회가 얼마나 아나운서에 열광하고 있는지 알 수 있다. 아나운서 스타일 쇼핑몰, 아나운서 스타일 메이크업, 아나운서 룩……. 아나운서 스타일은 일종의 '장르'가 되었다. 패션 잡지나 연예 기사 중에는 아나운서 스타일을 연출하기 위한 정보와 광고를 제공하는 경우가 많다.

일반적으로 아나운서 스타일은 '단아한 외모에 지성미를 겸비한 여성'을 말한다. 지적이고 프로페셔널 하면서도 여성미까지 겸비한 스타일을 일컫는다. 헤어스타일과 메이크업은 단정하고 깔끔해야 하고, 재킷이나 블라우스, 원피스 등 '오피스 룩'을 통해 커리어우먼의 이미지를 강조한다. 단 연예인처럼 너무 화려하게 꾸미거나 야한 옷차림은 안 된다. '우아한' 여성미를 보여 줘야만 한다.

'아나운서 스타일'의 불편한 진실

아나운서는 뉴스를 전달하고 방송 프로그램을 이끌어 가는 직업이다. 시청자에게 정확한 정보를 전해 주기 위해 노력하고, 때로는 출연자에게

워너비알파레이디 TIP

날카로운 질문을 던지기도 한다. 프리랜서 아나운서도 있지만, 대체로 방송국이라는 회사에 속한 신분이기 때문에 회사원으로서 업무도 담당해야 한다. 아나운서들은 "방송에 비치는 것만큼 화려하지만은 않은 직업"이라고 말한다.

결국 우리 사회가 열광하는 아나운서 스타일이란 직업인으로서의 아나운서를 말하는 것이 아니다. 아나운서로 대변되는 '이미지'에서 비롯한 일종의 아이콘이다. 이는 현대 남성들이 선호하는 여성상을 대변하는 것이기도 하다. 젊고 예쁘지만 지적인 면까지 두루 갖춘 완벽한 여성, 여성적으로 매력이 있으면서 사회적으로도 성공한 여성이 바로 그것이다. 이는 현대적으로 변주된 현모양처 모델이라고 해도 과언이 아니다.

실제로 오랫동안 한국 사회에서 여성 아나운서는 주로 남성 진행자를 보조하는 역할로 인식되어 왔다. 주로 20대의 젊은 여성 아나운서가 40~50대 남성 진행자 옆에서 '연성 뉴스'를 읽는 것이 그 역할이었다. 지금도 이러한 흐름은 크게 달라지지 않았다.

물론 최근 한국의 뉴스와 방송에서 여성 단독으로 프로그램을 진행하는 경우도 늘고 있지만, 진행자가 젊은 미모의 여성 아나운서라는 점만은 변함이 없다. 해외 뉴스 프로그램에서처럼 40~50대 '앵커우먼'이 파워풀하게 뉴스를 진행하는 모습은 보기 힘들다. 40대 이상의 고령 여성 아나운서는 방송사 파업으로 긴급하게 투입된 경우가 아니면 얼굴조차 보기 힘들다. 독립적으로 성공한 여성상으로 여겨지는 여성 아나운서에게도 아직 현실의 '벽'은 존재한다.

아나운서 스타일은 아이콘이다

아나운서 되기 열풍의 사회

영상 미디어가 발전하고 방송인에 대한 선호도가 높아지면서 아나운서를 꿈꾸는 학생들은 날로 늘고 있다. KBS, MBC, SBS 방송 3사의 아나운서 경쟁률은 대략 2000대 1 정도다. 2010년 MBC에서 특별기획으로 마련한 아나운서 공개채용 프로그램 〈신입사원〉의 경쟁률은 1836대 1이었다. 바늘구멍에 낙타가 아닌 코끼리가 들어가기보다 어려운 경쟁률인 셈이다.

이렇게 아나운서 되기가 힘들다 보니 아나운서 양성 전문기관도 넘쳐나고 있다. 대학가 주변 방송 아카데미에는 수백만 원에 상응하는 비싼 수강료에도 불구하고 정확한 발음, 스피치 연습, 카메라 실습 등을 배우기 위한 수강생이 줄을 잇는다. 일부 대학에서는 아예 아나운서학과를 개설해 아나운서 및 방송 진행자를 양성하는 교육을 하는 곳도 생겼다.

준비된 수험생이 아니라 '원석'을 뽑겠다는 일성으로 시작한 MBC 〈신입사원〉 최종 합격자들의 면모를 보아도, 결국 사설 아카데미의 힘을 빌리지 않으면 현실적으로 아나운서 시험에 합격하기가 어렵다는 사실을 확인할 수 있다.

아나운서 되기 열풍은 성형, 미인대회, 의류·미용 업계에 부가 가치를 창출하는 동력이 되고 있다. 아나운서 공채 전형의 1단계는 프로필 사진과 카메라 테스트로 외모가 중시된다. 그러다 보니 프로필 사진 촬영에 드는 의상비와 메이크업 비용만 해도 수십만 원을 호가한다. 같은 비용이 카메라 테스트 시에도 필요하다. 이런 현상이 불거지자 각 방송사 공채 시험에서는 흰 티셔츠와 청바지만 입고 카메라 테스트를 치르는 모습도 연출됐다.

MBC 대표 아나운서 최윤영

국내최고메이크업아티스트 · 이경민

외   모   도

경쟁력이다!

이경민은 대한민국 최고의 메이크업 아티스트로 28년간 광고, 패션 화보를 통해 다양한 연예인들의 이미지 메이킹을 담당해왔습니다. 현재 헤어&메이크업 뷰티 살롱 '이경민 포레'를 운영하고 있으며 성신여자대학교 조형예술대학원 스타일리스트 메이크업과 겸임교수로 활동하고 있습니다. 자신의 이름을 내건 메이크업 브랜드 '비디비치'를 런칭해 '크리에이티브 디렉터'로서도 입지를 굳혔습니다.

아름다움을 전하는 일은 항상 흥분됩니다. 반갑습니다.

회사를 경영하면서 면접도 많이 보는데요. 저는 면접에서도 그렇지만 일반 고객들이나 연예계 스타 등 젊은 여성들을 굉장히 많이 만납니다. 많을 때는 하루에도 100명이 넘는 사람들을 만나요. 그 때마다 항상 첫인상이 중요하다는 것을 느낍니다. 특히 그 사람이 가진 자신감이 어떤 건가 주로 보죠.

면접에 와서도 어깨를 움츠리고 있거나 얼굴 각도가 밑으로 내려간 사람들은 조건이 좋더라도 뭔가 확실치 않다 싶은 느낌이 있어요. 그런데 얼굴이 좀 덜 예뻐도 활짝 웃는 미소에 당당한 눈빛과 자세, 이런 매력이 있다면 항상 그 사람을 선택했던 것 같아요.

사람에게는 누구나 자기만의 얼굴이 있습니다. 여기 모인 분들만 봐도, 똑같은 얼굴은 하나도 없어요. 가족 간에도 마찬가지입니다. 자녀를 아무리 여럿 낳아도 그 중 똑같은 아이는 하나도 없지요. 심지어 쌍둥이라 하더라도 마찬가지예요. 어릴 적엔 비슷한 것 같지만 각자 커가면서 성격과 개성에 따라 얼굴이 달라진다는 걸 많이 느꼈습니다.

얼마 전 카페에 앉아 있는데, 여성 4명이 우르르 들어오더군요. 저는 분명히 자매들이라고 생각했어요. 다 똑같이 생겼으니까요. 옆 테이블에서 가만히 이야기를 들어보니 친구들인 거예요. 똑같은 성형외과에 가서 똑같은 모델을 흉내 내 수술을 한 것 같았습니다. 그 사람들을 보면서, 참 많이 슬프고, 또 걱정이 되기도 했습니다.

저는 '아름다워지려면 거울을 많이 보라'는 이야기를 자주 합니다. 연예인 중에서도 유별나게 예쁘다고 생각했던 연예인들은 때로는 '거울공주'처럼 정말 거울을 많이 들여다봅니다. 촬영을 시작하는 순간까지도 계속 거울을 보는 이들도 있어요. 그만큼 자기 얼굴에 관심을 갖는다는 겁니다. 바꿔 말하면, 그렇게 자신의 얼굴에 관심과 애정과 자신감을 가지고 있어야 아름다워질 수 있다는 뜻이기도 합니다.

또 하나 이야기해 볼까요. 한국 여성의 90% 이상이 자기 얼굴에 만족을 못한다는 조사 결과가 있습니다. 그런데 전 세계 어느 여성보다도 자기를 가장 아름답게 꾸미는 건 대한민국 여성이라고 생각합니다.

신기하지요. 나를 아름답게 꾸민다는 것은 나를 표현하고 스스로 자신감을 갖는 것이지만 또 한편으론 누군가에게 아름답게 보이기 위한 일종의 '배려'라는 생각도 들어요. 어쨌든 참 상반되는 현상이 공존하는 것 같습니다.

서 양 화 가 를 꿈 꾸 던 소 녀,
메 이 크 업 아 티 스 트 가 되 다

아무래도 나이 차이가 많이 나는 언니가 있거나, 가까이 지내는 이모처럼 가족 중에 손위 여성이 많으면 메이크업을 빨리 접하게 되죠.

제게는 아홉 살 위의 언니가 있었고, 어머니도 직장에 나가셨기 때문에 화장하는 모습이 친숙했습니다. 항상 아침에 눈을 뜨면 머리맡에서 누군가 화장을 하고 있었어요. 어릴 적부터 스스로를 꾸미는 모습을 보고 자란 것이죠.

그런 영향이 컸던 것 같습니다. 어른들을 보고 자란다고 하잖아요. 아이들을 예쁘게 입히고, 자신을 꾸미며 화장하는 어머니 덕분에 컬러 감각을 자연스럽게 배울 수 있었던 것 같습니다.

어머니가 출근하시고 나면 화장대에 앉아서 저도 어머니를 따라 시도를 해보곤 했습니다. 1960~70년대에는 모두들 속눈썹을 붙였어요. 어릴 적 호기심에 엄마 화장대에 앉아 눈썹을 그려보기도 하고, 친구들을 불러서 화장 놀이도 했습니다. 어른이 되어서 어린 시절 친구들을 만났더니 "너 메이크업 아티스트 될 줄 알았다. 너희 집에 놀러 가면 네가 늘 화장해줬잖아"라고 하더군요.

전 그림을 좋아했어요. 항상 스케치북과 색연필을 가지고 다녔어요. 그러면서 드로잉이 손에 익숙해졌던 같습니다. 친구들이 집에 와도 인형 놀이보다는 화장하고 꾸미면서 놀았어요. 때로는 부모님께 야단을 맞기도 했지만 친구들 눈썹을 그려주고, 입술을 칠해주면서 화장 놀이를 즐겨 했습니다. 잡지에 나오는 화장품 광고 모델들 사진을 보면 어린 마음에도 '너무 예쁘다'는 생각에 살짝 흥분했던 기억이 납니다.

고등학교 때 화실에 다니면서 본격적으로 미술을 공부했지요. 석고데

생을 하면서 얼굴의 대칭을 공부하고, 물감으로 질감과 색채를 표현하는 법을 배웠습니다. 성신여대에서 미술을 전공하면서 정확한 균형과 비례, 컬러감각을 전문적으로 익힐 수 있었고요. 지금 와서 생각해보는 것이지만, 어릴 적부터의 경험과 대학에서의 순수미술 전공, 이런 것들이 결과적으로 다 이어져 있었던 것 같습니다.

원래 저는 서양화가가 되고 싶었어요. 대학에 다니면서 당연히 화가가 되어야 한다고 생각했어요. 그런데 대학교 3학년 무렵에, 친구들 사이에서 제가 화장을 잘 한다는 소문이 났어요.

워낙 어릴 적부터 메이크업에 관심이 많았기 때문에, 커서도 돈이 생기면 옷보다는 화장품을 샀어요. 그러다 보니 저도 모르게 메이크업 아티스트가 될 준비가 되어 있었던 것 같아요. 대학 때 미팅 나가는 친구들 메이크업을 해주기도 하고요.

그런 친구들의 추천 덕분에 모델 에이전시의 메이크업 아티스트로 들어가게 됐습니다. 그 때가 3학년 겨울방학 때여서, 아르바이트 삼아 해볼까 하고 갔는데 그게 시작이었습니다. 모델이나 연예인이 되려고 오는 사람들의 메이크업을 해줬는데, 다행히도 '대학생인데 메이크업을 참 잘 하더라' 하는 소문이 났어요. 그러면서 광고대행사에도 이름이 알려줬고, 광고 쪽으로도 일을 하게 된 것이죠.

최고의 메이크업은 바로 나 자신

메이크업 아티스트로서 꼭 말씀드리고픈 것이 있습니다. 취업 때문에 면접도 봐야하고, 때로는 회사를 옮기기 위해 사람을 만나는 경우가 있잖아요. 그럴 때는 자기 직업에 맞게, 어떤 일을 하느냐에 따라 그에 맞춰

패션·헤어·메이크업을 연출하는 것이 중요합니다. 세련되게 자기를 연출하는 사람들은 그것 하나만 봐도 시키는 일 열 가지를 다 잘 하겠다는 믿음이 생깁니다.

눈은 김태희 같아야 하고, 코는 고소영 같아야 하고…. 사람들이 이런 아름다움의 조건을 갖다 붙이긴 하지만, 그게 중요한 게 아니라고 생각해요. 어떤 일을 하느냐, 어떤 직장에 머무느냐에 따라 스타일의 균형을 맞추는 게 더 중요합니다. 그런 연출을 잘 하면 연예인처럼 예쁘지 않아도 세련된 느낌, 지적인 느낌을 줍니다. 그런 식으로 자신만의 아름다움을 표현할 수 있습니다.

우리나라 뷰티 시장은 세계적인 수준입니다. 메이크업을 하기에 아주 좋은 조건이죠. 맨 얼굴로 다니는 분도 있지만 저는 '생얼'로 다니는 것은 권하지 않습니다. 미세먼지 등 환경오염에 자외선 가득한 외부를 맨 얼굴로 다니는 것은 피부 노화를 촉진 시키는 원인이 됩니다.

메이크업을 할 때 우리의 미적 기준이 주로 서양인에 맞춰져 있다는 생각도 많이 하게 됩니다. 서양인들은 눈이 크고 음영이 명확합니다. 얼굴형도 세로로 길기 때문에 우리와는 전혀 다르죠. 피부색도 다양하고, 눈동자 색깔이나 머리카락 색깔도 다릅니다. 해외에 메이크업 제품을 들고 나가면 한국 사람들은 선호하지 않는 색깔을 그 쪽에서는 몹시도 좋아하는 경우를 종종 접합니다. 그만큼 동양인과 서양인은 얼굴 구조와 피부 톤이 다르고, 그에 따라서 어울리는 스타일과 취향도 다르다는 거예요.

동양 사람들은 동양 사람에게 맞는 색깔을 골라야 합니다. 동양인들은 기본적으로 옐로우 스킨톤에 조금씩 밝고, 어둡고, 붉은 정도의 미세한 차이가 있습니다. 자신의 피부 톤에 맞는 파운데이션을 선택했을 때 훨씬 예쁜 피부 표현이 가능합니다. 파운데이션은 피부 상태를 좋아 보이게 하는 제품이지 피부색을 바꾸는 제품이 아닙니다. 주변의 친구가 골랐다고 똑같이 내 피부에도 맞는다는 생각을 버려야 합니다. 파운데이션 색상은 아주 세심하게 골라야 합니다. 그만큼 중요하죠. 내 피부 톤에 맞는 제품을 고르는 센스 및 섬세함만 있다면 완벽한 피부 표현은 어렵지 않습니다.

의상도 계절에 따라 컬러 및 소재를 다양하게 변화를 주듯 메이크업도 아이 섀도우, 립 메이크업 등 다양한 컬러 변화 하나만 가지고도 확연히 자신의 센스를 발휘 할 수 있습니다. 스파클링, 클래식한 벨벳 감촉, 펄 등 의상의 패브릭 만큼이나 다양한 텍스처가 있고, 상상도 못할 만큼 수많은 컬러가 있죠.

비디비치 크리에이티브 디렉터로서 아쉬웠던 점은 많은 여성분들이 자신에게 맞는 컬러 선택의 폭이 굉장히 좁다는 거예요. 립스틱을 50여 종 만들어도 결국 잘 팔리는 건 핑크죠. 하지만 같은 핑크라고 해도 광택이나 컬러 톤에 따라 피부 위에서 매우 다르게 발색됩니다.

컬러는 섞는 대로 다양하게 나오기 마련이예요. 내 피부톤에 맞는 컬러 선택이나 매치 테크닉에 따라 다양한 이미지로 연출이 가능하기 때문에 이제는 자신감을 갖고 시도해보세요. 여러분만의 컬러를 찾는 일은, 나 자신에게 맞는 최고의 메이크업을 시작하는 첫 걸음이죠.

성형수술도 비슷합니다. 자존감을 찾고픈 심정으로 성형수술을 하는 것은 괜찮다고 생각합니다. 하지만 지나친 성형은 자신의 얼굴을 너무 무시하고 획일화된 모습만 추구하게 됩니다. 내 얼굴은 내 손에만 있는 지문처럼, 인류 중에 딱 한 사람 나만이 갖고 있는 겁니다. 메이크업을 통해서 외모의 굴레에서 벗어나 당당한 내 자신을 찾길 바랍니다.

똑똑한 메이크업, 똑똑한 자기연출

한순간에 늙는 얼굴은 없습니다. 지금 이 순간에도 노화는 나도 모르게 서서히 진행되고 있죠. 하지만 참 다행인 것은 간단한 메이크업 테크닉만으로도 어려 보이는 '동안(童顔) 메이크업'을 연출할 수 있답니다. 요즘 나오는 메이크업 제품들은 굉장히 과학적입니다. 하이테크놀로지의 세계라고 보시면 되죠.

수많은 여성들의 메이크업을 해주면서 가끔 깜짝 놀랄 때가 많아요. 메이크업이 너무 신비로운것이 0.1mm의 선 하나로 이미지가 확 달라져요. 탤런트 오연수 씨는 메이크업 끝나고 헤어 스타일링 하고 옷까지 갖춰 입은 뒤에 보면 '정말 아이 엄마 맞아?'하고 깜짝 놀랍니다. 작은 연출로 사람이 달라 보이는 거죠.

여러분들도 아이라이너 하나로, 립스틱 컬러 하나로 순수한 이미지에서 요염한 이미지로, 섹시한 이미지에서 시적인 이미지로, 차가운 이미지에서 정열적인 이미지로, 순식간에 바뀔 수 있답니다.

낮에는 차분하고 깔끔한 스타일로 자연스러운 뉴트럴 메이크업을 하고 밤에 중요한 모임이나 파티가 있다면 간단한 테크닉으로 주목 받는 메이크업을 해보세요. 젤 아이라이너로 눈 꼬리에서 살짝 길게 빼면서 끝을 올려준다든지, 실버 펄이 가미된 리퀴드 아이라이너를 언더에 단독으로 사용해도 좋고, 블랙 라인 위에 덧칠해 '맥시 파티 아이'로 연출할 수 있죠.

혹은 펄감이 있는 볼터치로 피부를 매끄럽고 탱탱해 보이게 표현해, 조명 아래 빛을 발할 수도 있죠. 자기만의 독특한 개성을 드러낼 수 있는 간단한 터치만으로 상황에 맞는 똑똑한 자기 연출이 가능하죠.

메이크업을 아무리 정성껏 해도, 식사한 뒤에 음식물 자국이 입술 아래에 남아 있다면 소용 없겠지요. 눈매가 아무리 아름다워도 한쪽 아이라인이 잘못 그려졌다, 마스카라를 했는데 뭉친 게 보인다면 자꾸 그쪽으로 시선이 가는 건 어쩔 수 없죠.

항상 작은 파우치 안에 면봉을 넣고 다니세요. 눈 밑이 번졌을 때에는 면봉에 로션이나 에센스를 묻혀 부드럽게 살살 닦아주세요. 컨실러가 있다면 번진 부분을 가볍게 톡톡 두드리며 도포한 후, 바르지 않은 부위와 경계선이 없는지 확인해줍니다.

그리고 갑자기 일어난 각질에 대비해 메이크업 위에도 부분적으로 사용할 수 있는 엑스폴리에이터를 상비하면 좋습니다. 얼굴뿐만 아니라 입술에 각질이 일어난다면 보는 사람으로 하여금 시선을 각질 부위에 가게 만들죠. 각질 부위에 마사지하듯 바르고 1분 정도 둔 다음 부드러운 티슈로 살짝 닦아내주면 각질 때문에 하루 종일 신경 쓰일 일이 없겠죠.

■ **직장 면접을 볼 때 가장 호감을 줄 수 있는 메이크업은 무엇일까요?**

전체적인 조화라고 봐요. 면접을 저녁에 보는 곳은 없지 않나요. 대부분 오전이나 낮 시간에 만나게 되지요. 참신한 이미지가 중요합니다. 면접관 바로 앞에 앉아야 하는데, 급하다고 화장을 대충 해서 피부가 메말라 보이거나 얼룩져 보이면 안 되겠죠.

적절한 선에서 약간의 포인트를 주고, 마스카라를 깔끔하게 발라주고, 피부 톤을 깨끗하게 정리하세요. 그리고 입술을 칙칙한 색보다는 생동감 있는 핑크 계열이나 피치, 내추럴 브라운 계열로 발라주시면 정돈돼 보입니다. 그리고 너무 강한 붉은 색 입술로 포인트를 주거나 강한 인상을 줄 수 있습니다. 건강하고 상큼하게 보이려면 약간의 볼터치로 생동감 있게 표현해 주세요. 밝고 건강한 인상을 줄 수 있습니다.

■ **Q. 피해야 할 메이크업이 있다면?**

90년대 중반에는 아이브로우 펜슬로 눈썹도 입술도 그리는 '저승사자 풍' 화장이 유행했어요. 주변에서 그때 화장하기 힘들다고 호소할 지경이었어요. 너무 유행만 따르지 마시고, 직업이나 때와 장소에 맞게 화장하는 것이 중요해요.

파티에선 '나 아닌 또 다른 나'를 찾아 과감하게 시도해보세요. 하지만 평상시에는 부담 없는 메이크업이 좋습니다. 특히 피부 표현이 가장 중요합니다. 센스 있는 여성이라면 눈썹과 입술 주변 잔털은 꼭 제거해 주시는 게 좋겠지요. 그러면 훨씬 여성스럽고 깔끔한 인상을 줄 수 있어요. 또 하나, 너무 진한 향수를 뿌리지 마세요. 오전엔 특히 짙은 향수가 좋지 않습니다. 아침에 샤워하고 바디크림 정도의 향을 풍기는 것이 좋죠. 은은한 샴푸 향만큼 섹시한 게 없어요. 저녁에 클럽이나 사람이 많은 곳에 갈 때에는 이왕이면 머스크 향같은 짙은 향수를 살짝 뿌려주는 것도 좋겠지요.

■ **면접도 직종 나름이잖아요. 보수적인 회사도 있고, 진취적인 걸 요구하는 회사도 있죠. 하지만 면접관으로 나오는 '상사들'은 회사 분위기를 막론하고 다들 보수적인 사람들이에요. 화장으로 가려지지 않는 게 인상인데, 인상이 좋아지는 비법이 있다면?**

지금 당당하게 어깨를 펴고, 심호흡을 하고, 팔은 편안히 내려놔보세요. 그리고 앞 사람의 시선을 보고 미소 지어 보세요. 세상에서 제일 아름다운 편안한 미소랍니다. 미소가 아름다우면 '눈에서 하트가 뿅뿅' 날아가요. 당당하고 바른 자세로 미소를 지으면 그것이 최고의 액세서리입니다.

억지로 웃는다고 되는 건 아닙니다. '받아들이려는 마음'을 정말로 가져야 해요. 내가 사랑하는 사람을 쳐다본다고, 예쁜 아기들을 보고 있다고 생각하세요. 부담스럽고 무서운 면접관이라 생각하지 말고 부모님을 대하고 있다거나 스승님을 뵙고 있다는 생각을 해보세요. 똘망똘망한 눈빛과 미소 띤 입가, 바른 자세로 면접관을 대한다면 보는 사람들도 다 기분이 좋아질 겁니다. 기분 좋은 미소와 바른 자세가 중요하다는 거지요.

■ **예쁜 얼굴에도 만족하지 못하고 자신감 없어 하는 사람이 있는가 하면, 뭘 믿고 저렇게 자신감이 넘치나 싶게 자신이 예쁜 줄 아는 사람도 있습니다. 어떻게 하면 자신감을 키울 수 있을까요?**

뭐든지 마음에서 나오는 것 아니겠습니까. '나는 이 세상에서 하나 뿐인 소중한 사람'이라는, 그런 마음을 가지면 세상에 두려울 게 없습니다. 노력도 해야 합니다. 노력하지 않는 사람은 이미지 메이킹을 어떻게 해야 할지 와서 묻고는, 이듬해 똑같은 질문을 또 하더라고요. 노력하지 않기 때문에 바뀌지 않는 것입니다.

메이크업은 해볼수록 솜씨가 늡니다. 눈썹도, 입술도, 이렇게도 해보았다 저렇게도 해보았다 하면서 연습해보세요. 그러다 보면 담대해집니다. 사람들은 미인이라고 하면 김태희 씨, 전지현 씨 등 전형적인 미인을 생각하지만, 아름다움이란 게 정답이 있는 게 아니잖아요. 사람들이 말하는 미인만을 똑같이 좇다보면 오히려 자존감을 잃게 되는 거 같아요. 저는 최고의 미인들의 메이크업을 모두 해봤습니다만, 타고난 미모보다는 나를 어떻게 연출하느냐가 정말 중요하다는 생각을 해요. 연기자들은 어떻게 연출하느냐에 따라서 다른 모습을 보여주잖아요.

우리 여성들은 모두 그렇다고 생각해요. 다양한 메이크업이나 분위기,

의상 등 스타일링을 시도해보고 자기발전을 해나가면 자신감을 얻을 수 있을 것 같아요. 자꾸자꾸 시도를 하면서 자신감을 얻을 수 있습니다. 그런 시도를 했을 때 주위에서 "참 예뻐 보인다"는 칭찬을 듣게 되면 자신감이 생기죠.

그런데 눈이 짝짝이인데도 너무 귀여운 사람이 있어요. 입술이 두꺼워도 너무 귀엽고 예뻐 보이는 사람도 있고요. 그게 바로 '매력'입니다. 그 사람만이 가지고 있는 거예요. 그래서 여러분들이 생각을 달리 하셔야 해요. 누구나 자기만의 예쁜 부분이 있답니다. 눈이 예쁜 사람도 있고, 조각 같은 코를 가진 사람들도 있고요. 단점을 보완하면서 자신의 예쁜 부분을 좀 더 적극적으로 표현해주세요. 그리고 '나는 어떤 연예인보다도 예쁜 눈을 갖고 있어'라는 자신감을 가져보세요.

■ 메이크업 아티스트가 되고 싶은 사람에게 해줄 조언이 있다면?

제가 드리고 싶은 말씀은, 타고난 재주도 필요하지만 연습과 노력이 더 중요하다는 거예요. 그림을 잘 그리는 사람일지라도, 평면에다가 그리는 것과 입체적인 얼굴을 꾸미는 데에는 차이가 있지요. 데생, 소묘를 통해 기본적인 공부를 하고서 다양한 사람들의 얼굴에 다양한 제품으로 직접 시도를 해볼 수 있었던 것이 메이크업 아티스트로 성장하는 데에 큰 도움이 됐습니다.

친구들, 가족들 상대로 메이크업을 참 많이 하면서 '연습'을 했어요. 피아노를 친다고 생각을 해보세요. 건반을 두드리는 연습이 무엇보다 중요하잖아요. 다양한 사람들의 메이크업을 해주는 것만큼 좋은 공부는 없어요.

또, 메이크업을 받는 사람의 생각과 아티스트의 미의 기준이 다를 수도 있습니다. 광고 화장을 할 적에 그런 문제로 부딪치는 경우가 간혹 있었습니다. 메이크업을 받는 분을 나의 기준으로 설득시키기 위해서라도, 많이 알고 많이 배워야 합니다. 그래야 가장 아름다운 얼굴을 만들 수 있습니다. 메이크업을 받는 분의 이야기를 들어보는 노력도 많이 했고요.

내가 메이크업을 해주는 상대에게 애정을 갖고 있어야 합니다. 먹고 살기 위해서, 연예인을 동경하는 어린 마음에 메이크업 아티스트가 되고 싶다고 하는 이들도 적지 않게 봤습니다. 그렇게 접근했다가 포기하는 경우도 많이 봤고요. 메이크업은 사람들과 소통하면서 다가가야 하는 일입니다. 이 사람의 맨 얼굴을 처음으로 만지게 되는 것이니, 가장 아름다운 사람을 만들어주고 싶다는 애정 어린 마음으로 다가서야 하는 것이죠.

■ **나이가 들면서 더 아름다워지는 사람도 있죠. 그 비결은 무엇일까요?**

패티 김 선생님의 메이크업을 하면서 나도 놀랐습니다. 칠순이 넘으셨을 거라고는 상상도 못했을 정도로 당당하고 건강하시더라고요. 패티 김 선생님은 자기관리에 정말 철저합니다. 수영을 비롯해 운동도 열심히 하시고요. 레스토랑에 갔는데 후식으로 케이크가 나왔습니다. 칼로리가 낮은 바게트 빵으로 바꿔달라고 주문하시더군요. 목에 주름 잡히지 않게 한다며 베개 하나에도 신경을 쓰십니다. 아름다워지기 위한 노력이 감동적이었습니다.

탤런트 오연수 씨는 파스타가 어울릴 것 같은 이미지이지만 된장찌개도 잘 먹고 편식하지 않는 식습관을 갖고 있습니다. 그리고 간식은 당분이 많은 음식은 철저히 피하죠. 이런 작은 습관이 건강한 피부를 갖는 비결이라고 생각합니다. 오연수 씨는 피부가 굉장히 예민한 편이지만 늘 운동을 하고 집에서도 셀프 마사지를 하는 등 스스로 꾸준히 관리하기 때문에 아름다운 겁니다.

불혹의 나이를 넘겨서도 아름다움을 유지하는 분들의 가장 큰 특징은 '노력'인 것 같더군요. 성형에 의존하는 분들은, 아무래도 인위적인 느낌을 주기 마련이에요. 나이 들어도 아름다운 분들은 운동과 식이요법, 피부 관리 등 자기관리를 비롯한 노력, 그리고 긍정적인 마인드라는 공통점을 갖고 있습니다.

또 한 가지, '나이에 맞는 에티켓'이 중요하기는 하지만, 새로운 트렌드를 즐기면서 살줄도 알아야 한다고 생각해요. 그런 사람에게서는 항상 새로움과 매력이 느껴지죠.

■ **평소에 화장이 지워지지 않고 깔끔해보이게 해주는 팁 하나만 주신다면?**

피부 표현을 두껍게 하지 말아 주세요. 피부가 너무 두껍게 표현되거나 짙게 화장을 하면 아무래도 좀 부담스러워 보일 수 있지요. 그러니 평상시의 화장으로는 내추럴 메이크업이나 원 포인트 메이크업을 추천해요. 눈이든 입술이든 한 곳에만 포인트를 주면 간단하면서도 깔끔한 인상을 줄 수 있습니다.

피부 타입에 맞는 기초제품과 파운데이션을 선택하는 것도 중요합니다. 얼굴 표현에서 가장 기본이 되는 것은 피부랍니다. 피부가 너무 건조해 보이지 않도록, 자신의 피부 타입을 잘 파악해서 거기에 맞는 제품을 골라 쓰시는 게 좋습니다.

여름에는 화장을 수정할 때 보통 컴팩트 하나만 쓰곤 하지요. 하지만 건조한 겨울철에는 컴팩트로 수정화장을 할 때에 건조함을 느낄 수 있으니 그럴 때에는 안티에이징 컨실러 하나만으로도 충분히 깨끗하게 피부를 보정할 수 있습니다. 직장에서 일하는 분들은 눈 밑이 건조해질 수 있어요. 그럴 때에 컴팩트를 쓰기보다는 안티에이징 컨실러를 써주세요. 여름철에는 크림타입 제형보다는 소프트한 컴팩트파우더를 이용해서 번들거리는 피부를 정리해주시면 깔끔하게 보이는 효과를 줍니다.

워너비 알파레이디 TIP

이경민 원장의 알파레이디 화장법, 핵심 포인트 7

1. 피부는 메이크업의 시작과 끝

 자기 전엔 영양분을 듬뿍 공급해주고, 아침 화장 때 기초제품은 가볍게 발라라. 아침저녁으로 2번씩 손으로 마사지를 해주자. 셀프 마사지만으로도 화사한 피부를 유지할 수 있다.

2. 들어갈 데 들어가고, 나올 데 나온 입체 피부 만들기

 내 피부 타입과 색상, 톤에 맞는 파운데이션을 선택하자. 내 피부 톤보다 한 두 톤 밝은 컨실러로 T존, 눈 밑, 턱 밑 등 얼굴의 중심 부분을 밝혀주자. 그리고 내 피부 톤보다 한 톤 어두운 색상으로 지나치게 넓은 이마, 이마보다 발달한 하관, 길고 앞으로 나온 턱 등에 얼굴형을 감싸듯이 셰이딩(shading) 파우더를 이용하여 브러시를 이용하여 터치해준다.

 하이라이터와 셰이딩(shading)으로 작고 입체적인 얼굴로 연출할 수 있다.

3. 숨겨진 여성성, 사랑스러운 볼터치로

 약간의 홍조는 여성을 더욱 사랑스럽게 만들어 준다. 핑크, 피치 등 피부 톤에 맞는 컬러로 애플 존을 중심으로 가볍게 터치해주자. 적당한 볼터치는 피곤하고 칙칙해진 얼굴에 마법 같은 생기가 돌게 해준다. 크림, 파우더 타입 등 제형도 다양하니 피부 타입에 맞게 고른다.

4. 눈썹은 얼굴의 지붕

 얼굴형에 따라 알맞은 눈썹 모양을 다르게 연출해보자. 얼굴형의 단점

워너비 알파레이디 TIP

알파레이디 화장법의 핵심 포인트 7

을 보완해줄 수 있다. 긴 얼굴형은 일자에 가까운 완만한 모양으로 그려주고 둥근 얼굴형은 길이는 길게 아치는 약간 높게 살려서 그려준다. 너무 인위적으로 얇게 그린 눈썹은 나이 들어 보이고, 정리를 하지 않은 두꺼운 눈썹은 여성성을 잃을 수 있으니 눈썹 정리 도구를 이용하여 눈썹 모양을 디자인 해준다. 모발 컬러에 맞춰 눈썹 컬러를 선택해 보자.

5. 아이라인 0.1㎜의 과학

아이라인을 어떻게 그리느냐에 따라 눈매와 인상이 180도 달라진다. 펜슬의 컬러는 블랙을 기본으로 블랙 컬러를 속눈썹 가까이에, 다른 색을 블랙 위에 덧입혀 그라데이션하듯이 블렌딩해보자. 깊고 그윽한 눈매로 연출할 수 있다.

6. 입술 선을 살려라

입매가 깔끔하면 야무진 인상으로 보인다. 표정과도 관련이 있으니 평소에도 늘 미소를 띠도록 하자. 립스틱과 동일한 계열의 립 펜슬을 사용하여 입매를 다듬어 살짝 입 꼬리를 올려주자. 립 펜슬을 사용하지 않는다면 펜슬 컨실러로 라인 주변을 깨끗하게 정리하는 것도 하나의 포인트. 기본적으로 자기 전에 립 트리트먼트로 관리를 해주는 것도 예쁜 입술을 만드는 중요한 요소이다.

7. 깔끔함이 최고의 메이크업

아무리 아름다운 메이크업으로 연출했다고 해도, 화장이 번지거나 식

유 행 보 다 개 성

사 후 음식물이 묻어있으면 오히려 마이너스다. 센스 있는 여성이 자기연출도 잘한다는 사실을 잊지 말자.

모든여성들의멘토, 경향신문선임기자 : 유인경

실수에서

배운다

유인경은 성균관대 신문방송학과를 졸업하고, 경향신문 대중문화부 차장, 여성팀 팀장, '뉴스메이커(주간경향)' 편집장을 지냈습니다. 저서로는 『회사가 인정하는 여자들의 비밀』, 『대한민국 남자들이 원하는 것』 등이 있습니다.

알파레이디 리더십포럼이 어느새 1년을 맞았습니다. 2011년 1월부터 시작해 그동안 열한 분의 강사가 자리를 빛내 주셨습니다.

제 강연의 주제는 '실수에서 배운다'입니다. 자랑은 아니지만 저는 나이가 좀 많아요. 53세예요. 기자 생활은 1982년부터 했습니다. 전업주부로 3년 쉬었다가 경향신문에서 '생활 기사를 써 본 경험이 있고 애를 키워 본, 생활 밀착형 기사를 쓸 수 있는 여기자를 찾는다'는 분이 계셔서 저를 뽑아 놓고는, 곧바로 그 책임을 지고 퇴사하셨습니다(웃음). 그리고 저는 아직도 안 나가고 버티고 있는데, 지금까지 제가 저지른 실수만 해도 책 몇 권을 쓸 수 있어요.

저는 대한민국에서 제일 훌륭한 기자도, 글을 잘 쓰는 기자도, 상을 받은 기자도 아닙니다. 하지만 아마도 대한민국에서 가장 많은 사람을 만난 기자일 겁니다. 훌륭한 분들도 많이 만나지만, '저런 인간이 있을까' 싶은 분도 참 많이 만났어요. 상담도 많이 받고 또 해 주기도 하고요. 그래서 여러분들에게 오늘은 '이런 실수는 하지 맙시다' 하는 이야기, 거기서 배운 교훈들을 이야기하고 싶습니다.

대한민국은 여성의 나라라고 생각해요. 남자들이 기록한 '히스토리(history)'니까 역사에 장군과 왕들만 나온 것이지, 여자들이 기록한 '허스토리(herstory)'가 있다면 숱한 여성 리더들이 등장했을 거예요. 주몽 곁에는 소서노라는 리더가 있었죠. 선덕여왕과 경쟁한 미실도 있었고요. 지금 21세기만 봐도 그렇지 않습니까? 여성들 체력도 좋아졌어요. 3군 사관학교 수석 졸업, 수석 입학생도 다 여성이죠. 장미란 선수 혼자 번쩍 들면 올림픽 금메달이고, 김연아 선수 혼자 뱅그르르 돌면 세계 챔피언입니다. 신지애 선수가 공 치면 LPGA 1등이에요. 남자들은 열 몇 명이 달려 들어서 축구해 봤자 월드컵 16강만 들어도 '만세만세' 하지만요. 운전면허 시험도 이제 여성들이 더 많이 보기 시작했대요.

이런 세상이 됐는데, 이렇게 똑똑한 알파걸들이, 이렇게 체력까지 좋아진 분들이 왜 이렇게 위로 올라가지 못할까 생각해 봤습니다. 그것이 지난 1년간 함께 해 온 〈알파레이디 리더십포럼〉의 기본적인 문제의식이기도 하고요. 어째서 그 똑똑한 여학생들이 사회에 나가서 남학생들에 비해 자리를 잘 잡지 못할까.

여성들의 태도를 곰곰이 따져 볼 필요가 있다는 생각이 들었습니다. 여전히 여성에게 불평등한 요소들이 많이 남아 있는 법과 제도의 문제만은 아닐 겁니다. 그래서 여성 스스로 사회생활을 하는 태도를 점검해 보고, 고칠 것을 고치고, 그래서 남성들에게 눌리지 않으면서 즐겁고 행복하게 살아 보자며 여러 멘토들을 모시고 배우는 시간을 가졌습니다. 그동안의 강좌를 머릿속에 되새기면서, '조직사회 속에서 행복하게 살아가기 위해' 우리에게 필요한 태도를 몇 가지 키워드로 정리하겠습니다.

공 만 보 지 말 고 운 동 장 을 보 라

가장 먼저 짚어볼 키워드는 '스몰(small)'입니다. 우리는 스스로를 너무 조그맣게 봐요. 회사에 들어가도 작은 일에만 연연해요. 이게 제일 큰 덫입니다. 그릇이 작아요.

여러분이 국그릇인지 뭔지 사실 알 수 없는데, 스스로가 자신을 간장 종지로 규정합니다. 안정적으로 살고 싶다고들 하는데, 혼자 갇혀 있다고 해서 안정적인 게 아닙니다. 바람은 바깥에서 불어오니까요.

직장생활은 꽃동산, 꿈동산이 아닙니다. 정글입니다. 어디에서 하이에나가 나타날지, 표창이 날아올지 알 수 없습니다. 그런데 '랄랄라' 하면서 정글로 나왔다가 부딪치고 깨지는 사람이 너무 많습니다. <u>스스로를 좀 크게 보십시오.</u>

자신이 99%라고 주장하며 거리로 나온 사람들에게서 저는 희망을 봅니다. 그 사람들은 자기가 1%가 아니라 99%에 속하는 '루저(loser)'라는 생각에서 나왔지만, 결국은 자신도 1%와 같이 희망을 갖고 싶기 때문에 나온 것 아닐까요. 1%가 되자는 게 아니라, 자신이 1%가 아니더라도 떳떳하고 공정한 사회를 만들어 달라고 주장하는 것이라고요.

이렇게 본인을 조금 더 크게, 조금 더 넓은 바탕 위에서 생각하세요. 그런 분들이 나중에 꼭 크게 되더라고요. 시작을 무조건 크게, 허황되게 하라는 이야기가 아니라 내게 무한한 가능성이 있다고 믿어 의심치 않으셔야 된다는 거예요.

세상을 바꾼 사람은 원래부터 무엇이든 다 갖춘 사람들이 아닙니다.

스티브 잡스를 보세요. 저는 930쪽에 달하는 잡스의 전기를 읽느라고 눈이 사팔뜨기가 될 지경이었어요. 어쩜 그렇게 성격이 못됐는지. 태어나자마자 친부모가 자신을 버렸죠. 자기가 세운 회사에서 쫓겨났죠. 그런데 그 사람이 오늘날 인류를 변화시킬 수 있는 물건을 만들 수 있었던 건, 스스로를 어마어마한 천재라 생각했기 때문이에요. 그가 천재라는 것이 사실이긴 하지만, 자기 확신이 지나쳐 과대망상이라 할 만한 모습도 많더군요. 그런데 자신이 큰일을 할 거라고 믿으니까 정말로 그렇게 할 수 있었던 겁니다.

오프라 윈프리는 사실 최악의 조건으로 태어난 사람이에요. 엄마는 17세 미혼모에, 흑인에, 뚱뚱하지요. 10대 시절 친척에게 성폭력을 당해 아이를 낳았는데 바로 죽었어요. 애인에게 사랑받기 위해서 마약을 했고, 몸무게는 100kg까지 갔어요. 그런데도 윈프리는 자기가 세상 사람들과 잘 소통하고, 앞으로 너무나 잘 될 것이라 믿어 의심치 않았죠. 그러니까 지금 미국에서 가장 돈 잘 벌고, 사랑받고, 존경받는 겁니다. 그래서 쇼를 그만둔 뒤 또 다른 일을 하겠다는 꿈을 갖고 쉴 수도 있는 거죠.

자기를 크게 그리는 게 참 중요합니다. 회사에 들어가서도 마찬가지입니다. 직장, 그리고 사회생활은 그라운드 즉 운동경기장이에요. 운동경기에서 뭐가 제일 중요하죠? 규칙도 중요하지만 감독의 눈치도 봐야 해요. 감독이 어떤 사인을 보내나, 던지라고 하나, 던지지 말라고 하나, 관중은 어떤 걸 원하나.

그런데 여성들은 공만 봐요. 나한테 공이 올까, 오지 않을까만 봐요. 고스톱을 쳐도 자기패만 보죠. 남자들은 다른 사람의 패를 봅니다. 축구 경기 뒤에 물어 봅니다. 여러분들이 배운 게 뭔가요?

"공정한 게임의 중요성을 알았습니다." "페어플레이가 얼마나 중요한

지 알았습니다." 여자들은 이렇게 얘기를 해요. 골은 하나도 못 넣고 말이죠. 그런데 남자들은 "어떤 일을 하더라도 골을 넣는 게 중요하다"고 느낀다는 겁니다. 반칙을 좀 하더라도 말이죠. 남자들은 감독 눈치를 봅니다. 감독의 마음에 들면 '그 선수가 내 사인을 잘 받았지' 하고는 다음 경기에 출전시켜 주거든요.

'난 오늘 내가 하는 일만 잘 해내면 되는 거지.' '오늘 맡은 일을 다 했으니 일찍 가도 되잖아.' '일을 다 하지 못하고 야근하는 애들이 찌질한 거야.' 이러면서 일찍 퇴근하는 분들 있습니다. 그런데 그건 아니죠. 내 상사는 나한테 어떤 사인을 보내나, 심기가 어떤가, 이 회사 조직은 어떻게 돌아가는 건가, 우리 회사는 어디로 굴러가고 있나, 지금 간부진이 불경기라 하는데 과연 어떤가.

일 잘하는 여성들은 많습니다. "일로 승부하겠다"고들 합니다. 하지만 그러다 보면 결국은 '일하는 사람'일 뿐이에요. 일만 하다가 과로, 탈진, 갖은 병으로 실려 가고, 갑상선암도 생기고, 난소에 혹도 생기고, 혹부리 아줌마로 전락합니다. 그리고 세상을 원망합니다. "이렇게 열심히 했는데 돌아오는 게 이거란 말이야?"

세상을 원망하기 전에 자신의 잘못도 봐야 합니다. 큰 운동장을 보지 않았잖아요. 공만 봤잖아요. 그래서 너무 작은 일에 얽매이지 말고 본인이 처한 상황을 좀 크게 보라는 겁니다.

실수했을 때의 '태도'가 더 중요하다

'미안합니다(Sorry).' 아주 중요한 말이죠. 그런데 실수를 한 뒤 미안하다고 말하는 것도 중요하지만, 실수를 지적받았을 때의 태도가 더 중요합니다.

여성들은 칭찬을 받으면 작두를 타듯 기분이 올라갑니다. "어쩜 이렇게 완벽하게 했어." 그런 말을 들으면 "또 할까요? 감사합니다. 오늘도 야근해야지." 이렇게 '오버'를 하기도 하고요.

그런데 이렇게 의욕적이던 사람이, 잘못을 지적받는 순간 홱 돌아요. 남자들은 우선 욕설에 익숙합니다. "야, 이 자식아. 한심한 놈"이라고 해도 "다시 하겠습니다. 잘못했습니다" 합니다. 그런데 여자들한테 "야, 이 년아" 하면 국가인권위원회에 제소하거든요.

왜 이런 차이가 날까요. 남자들은 '지적받은 행위'와 자기 자신을 분리해서 생각할 줄 압니다. '내가 잘못 작성한 서류에 대해 상사가 지적을 했으니 고쳐서 다시 작성해야겠다.'

반면 여자들은 상사가 '나를 비난한다'고 생각해요. "유인경 씨, 이거 왜 이렇게 작성했어?" 하면 "저한테 왜 이러세요. 누구만 예뻐하고." 이런 식으로 확대 해석해서 흥분합니다. 혹은 어이없게도, 잘못을 고치는 대신 '귀여운 척'을 하죠. 그다지 귀엽지도 않으면서. 25세 이후에는 혀를 내밀지 마십시오. 민폐입니다(웃음).

아니면 흥분해서 "어떻게 사람들 많은 데서 저를 야단치세요?" 하면서 울어요. 마스카라 번진 채로 화장실에 가서는 사무실에 있는 후배에게 핸드폰으로 '핸드백 좀 갖다 줘' 하지요. 상사들이 '아, 이 여자에게 야단치고 지적하면 삐지겠지. 울겠지. 난리치겠지. 그냥 일감을 주지 말자' 이렇게 돼요. 중요한 일을 맡길 수가 없어요. 그래서 점점 주류에서 멀어집니다.

잘못을 지적받을 때는 그냥 "잘못했습니다." "죄송합니다." "어떻게 할까요?" 물어 보면 되는 거예요. 잘못을 지적받을 수 있습니다. 여러분이 어떻게 완벽하게 다 잘합니까. 상사가 착각할 수도 있어요. 내가 잘한 건데, 상사가 판단을 잘못했을 수도 있어요. 그러나 그럴 때 "보세요. 내가 뭘 잘못했죠?" 하면 안 됩니다. 일단 "아, 그렇습니까?" 하고 잠깐 거리를 뒀다가 "다시 해 보겠습니다" 하고 가서는 "아무리 검토해 봐도 잘못된 게 아닌 것 같은데 다시 한 번 봐 주시겠습니까?" 해 보세요. 그러면 "그랬어? 미안해" 이렇게 되겠지요.

잘못을 지적받았을 때의 태도에 따라 평가가 달라집니다. 잘못을 지적받았을 때 불평하면서 우는 사람과 "감사합니다. 정말 많이 배웠습니다" 하는 사람은 너무 다르죠. 잘못을 지적받고 그것을 자기의 양식으로 삼는 사람, 지적해 준 걸 고마워하는 사람과 그렇지 않은 사람은 차이가 나는 거예요.

야단을 치는 건 상사의 권리이자 의무입니다. 잘못을 지적해 주지 않으면 조직이 망하죠. 야단치지 않는 것은 비겁한 일이고 직무유기죠. 그리고 후배에게 애정이 있기 때문에 지적을 하는 겁니다. 애성이 없는 후배들에겐 지적하지 않아요. '쟤 삐질 텐데 내가 뭐 하러? 됐어. 내가 알아서 하자' 이렇게 돼요. 그리고 점점 일을 안 맡기죠. 이 사람은 재능이 있고, 키워 주고 싶고, 애정이 있다 생각할 때에 지적을 해 주는 거예요.

다만 잘못을 지적받은 뒤 인정을 할 때라도 그냥 무작정 "잘못했어요. 뭔지 모르지만 제가 잘못한 거 같아요"라고 하면 안 됩니다. 확실히 내가 뭘 잘못했는지를 알고 "아까 서류를 제대로 작성하지 못해 죄송합니다" 아니면 "마감 기한을 어겨서 죄송합니다. 다시 잘 할게요"까지 '풀세트'로 가야 되는 거죠. 이런 말을 잘하는 사람은 비굴한 사람이 아니고, 지혜로운 사람이죠. 루저가 아니에요. 후배들 많은 데서 야단을 맞은들, 그게 대수입니까.

'업무 밖에서' 더 가까이 다가가라

'스킨십(Skinship).' 아무하고나 프리허그(free hug) 하라는 게 아니라, 직장생활에서의 관계에 대한 이야기입니다. 그냥 "안녕하세요" 인사하는 것 하고, 명함을 주며 "안녕하세요" 인사하는 것 하고, 명함 준 다음에 악수하면서 "안녕하세요" 하는 것 하고, "아이고. 안녕하십니까" 하고 껴안는 것은 다음에 기억할 때 확 달라요. 그냥 인사하고 가면 잘 몰라요. 그런데 악수라도 한 사람은 기억을 하고, 꼭 껴안았던 사람은 향기도 기억나고, 채취도 기억납니다. 오감을 통해 알 수 있는 거예요.

이런 것이 스킨십입니다. 그런데 제가 말하는 직장생활에서의 스킨십은 업무 외의 일에서 여러분들이 얼마나 많이 참여하느냐 하는 겁니다. 저도 아주 취약한 부분이기도 하고요.

저더러 '말(斗) 술 먹게 생겼다'고들 하는데 사실 술을 한 방울도 마시지 않습니다. 술을 못 마셔서, 왜 술을 마시는지를 몰라요. 왜 배고픈지 알고 이 음식이 왜 맛있는지는 알지만, 술에는 아무 공감대가 없어요. 왜 낮에 하루 종일 함께 일한 사람과 저녁 때 또 삼겹살을 먹고, 노래방에 가서 탬버린까지 흔들어야 하는지 이해가 되지 않았어요. 하고 싶은 얘기는 업무시간에, 맑은 정신으로 "이렇게 해 주세요, 저렇게 해 주세요" 하면 충분할 것 같았습니다. 그런데 세상일이 그렇지 않더라고요. 회식도 제2의 업무라는 거죠.

또 이해가 되지 않는 일이 있었어요. 생전 본 적도 없는 상사의 아버지가 돌아가셨는데 제가 왜 가야 되냐고요. 제가 "안녕히 가세요" 한다고 돌아가신 분이 고마워하겠어요? 또 별로 예뻐하지도 않는 후배 결혼식에 내가 왜 가야 하죠? 별로 축하하고 싶지도 않은데. 그런데 이게 정말 어리석고 이기적인 일이었다는 것을 퇴직을 앞둔 오늘날 알았죠. 제가 이것만 잘 했어도 벌써 출세했어요.

시사주간지 편집장으로 일할 때, 일주일에 두세 번씩 야근을 합니다. 저는 후배들에게 고기도 사 주고, 중국집 가면 짜장면만 시키지 않고 탕수육과 난자완스도 사 줬어요. 다 제 돈으로 사 줬습니다. 그때 전 "나는 정말 복 받을 거야"라고 생각했는데, 제 남자 후임은 오자마자 술자리를 가지면서 "야, 우리 폭탄주 한 잔씩 돌리자" 하더라고요. 양주도 아니고 소주 폭탄주를 돌렸는데, 남자후배들이 폭탄주 마시고 '짤랑짤랑' 하더니 "이 소리 진짜 그리웠습니다!" 하는 거예요.

배신감을 느꼈죠. 그러다가 금방 후회했습니다. 후배들은 술이 고팠던 거예요. 목마른 사람한테 물을 줘야지, 비싸고 좋다고 갈비를 먹인들 좋아하지 않는다는 거예요. 술이 고픈 사람에게는 술을 사 주고, 나도 좀 취해선 "힘들었지?" "야, 야자타임 할까? 형!" 이렇게 했어야 됐는데……. 정말 제가 바보 같았던 거예요.

고위직에 오르는 여성들은 술을 잘 먹습니다. 노래방에 가면 아무리 서울대, 하버드대를 나온 사람들도 확 풀어져서 벽 타고 노래해요. 그래야 스킨십이 생기거든요. "전 못해요. 집안이 좀 엄격해요" 하는 분들은 '엄격한 집안'에 계속 계십시오. 그렇다고 "제가 노래 부를까요?" 하면서 먼저 탬버린 들고 설치며 오버하는 것도 안 하느니만 못합니다.

출세한 친구에게 물어 봤어요. "너는 뭘 잘해서 이렇게 빨리 출세를 했느냐?" 그 친구가 그러더군요. "네가 365일 맨 정신에 두 다리로 집에 들어갈 때, 나는 적어도 100일을 후배 등에 업혀서 들어갔다." 그동안 잃어버린 팔찌와 브로치가 몇 개인지 모른대요. 그랬으니 그 친구는 후배들에게서 "선배 리더십이 최고입니다. 역시 우리들 마음을 알아주십니다" 하는 말을 듣는 거죠.

그렇다고 제가 술 안 먹고, 노래 안 부르면서 건강을 유지했느냐? 아니에요. 저는 먹는 걸로 스트레스를 다 풀었기에 결국 거기서 거기더라고요.

노하우 아닌 노후(know-who)의 시대

회사 안에서의 스킨십만을 이야기하는 게 아닙니다. 요즘은 네트워크, 인맥이 중요하죠. 이제는 '노하우(know how)'가 아니라, '노 후(know who)'가 중요합니다. 내가 누구를 알고 있느냐가 중요한 거죠.

암에 걸린 환자는 명의를 찾아가서 빨리 수술을 받는 게 정답입니다. 명의가 누구인지는 인터넷 뒤져 보면 1분이면 나와요. 그런데 그분을 찾아가면 한 달 뒤에 진료 받으러 오라고 하고, 수술은 6개월 혹은 1년 뒤에야 가능하대요. 그러다 수술 받기도 전에 죽습니다. 그런데 그 의사선생님이 나랑 아는 분이라면 어떨까요. "선생님, 저 빨리 좀 진단을 받고 싶습니다." "예. 내일 오세요." 이렇게 됩니다. 그러면 일주일 뒤에 수술을 받을 수도 있고요. 이걸 꼭 편법이라고 생각하지 마십시오. 친한 사람은 십 분 먼저 봐 주겠다는데, 그건 의사 마음에 달린 거죠.

무슨 일이든 결국 사람이 하는 일이에요. 취재를 해도 사람을 통해 인터뷰를 하지, 자료만 보고 특종이 나올 수는 없습니다. 회사에서 상사와 얘기를 하건, 거래처 사람과 얘기를 하건 다 사람이 풀어 주는 일입니다. 사람과 친밀도를 높이게 해 주는 건 결국 스킨십이에요. 얼마나 자주 전화를 걸고, 메일을 보내고, 문자를 보내고, 생일을 챙기느냐에 달린 겁니다.

그걸 잘 하는 사람과 못 하는 사람은 무척 달라요. 12월 1일부터 크리스마스카드를 적어 보내는 사람이 있어요. 해마다 가장 고마웠던 100명을 위해 10월부터 카드를 쓰는 사람도 있어요. 자기 출세에 도움이 되는 사람들에게 보내는 것이 아닙니다. 목욕탕의 때밀이 아줌마한테 "정말 고마웠는데, 다음에는 너무 세게 밀지 마세요"라고 써서 보내는 사람이 나중에 잘 됩니다. 사람이 가장 큰 자산이에요. 누구를 잘 아느냐가 여러분들의 노후를 보장합니다.

하버드 대학을 졸업한 사람들을 상대로 60년간 추적조사를 했습니다. 똑똑한 사람들이겠죠? 그런데 공부만 잘 한다고 다 인품이 훌륭하지는 않다는 것을 우리는 강 모 의원을 통해서도 알 수 있죠. 하버드 대학을 나온 사람들의 삶을 아흔 살 넘을 때까지 조사했어요. 말년을 따뜻하고 평화롭고 아름답게 사는 사람들의 공통점이 뭐냐. 40대쯤에 풍요로운 인간관계를 형성하고 있던 사람이 잘 살더라는 거예요. 그 시절에 가정적으로도 안정되고, 친구도 많았던 사람이죠.

그런데 40대의 인간관계가 그때 갑자기 되나요? 초등학교 동창부터 관리를 잘 해야 되고, 옛날 직장동료와도 인연을 잘 이어가야죠.

이게 참 어렵습니다. 여자들은 자기보다 잘나면 "재수 없어. 안 만나." 자기보다 못나면 "저런 찌질한 애가 왜 내 친구야. 안 해." 이럽니다. 그러지 마세요. 누가, 언제, 어떻게 여러분의 좋은 인맥이 될지 알 수 없어요.

제가 후회하는 것, 그래서 여러분에게 강조하고 싶은 건 주변 사람들을 챙기라는 겁니다. 상가(喪家)에도 가고, 결혼식장도 웬만하면 가 주고, 못 갈 경우에는 봉투라도 꼭 내고요. '기브 앤 테이크'로만 생각할 수는 없는 것들이죠. 이런 것들을 잘 챙기는 사람과 챙기지 않는 사람은 정말 달라져요. 참 신기할 정도로.

여성이 가장 약한 게 정보력이에요. 남자들은 술자리에서, 혹은 담배를 피우면서 정보를 공유해요. 같이 담배를 피우라는 게 아닙니다. 다른 종류의 스킨십이 필요한 거예요. 입이 가벼운 남자들을 포섭하는 것도 방법이고, 아니면 직장에 바늘·실이나 사탕이라도 갖다 놓으세요. "셔츠 단추 떨어졌는데 실 바늘 있어요?" 할 때 딱 꺼내 놓으면 사람들이 나한테 모이게 돼요. 그럼 왔다가 괜히 민망하니까 말 한마디라도 더 해요. 여러분이 언제까지 예뻐서 '직장의 꽃'이 되겠어요? '직장의 주전자'라도 되라는 겁니다. 물 마시기 위해서라도 나를 찾아오게끔.

부 드 러 움 이 강 함 을 이 긴 다

'스위트(Sweet)'는 부드러움이죠. 21세기의 리더는 어마어마한 강렬한 리더십을 가진, 카리스마를 가진 사람이 아닙니다. 나폴레옹처럼 "나를 따르라" 한다고, 박정희 전 대통령처럼 "혁명합시다" 한다고 사람들이 따르는 게 아닙니다. 이제는 팔로어(follower·추종자)들이 '간을 보고' 결정해요.

올 봄만 해도 안철수 서울대 교수가 정치에 나서리라 생각했던 사람은 거의 없었을 겁니다. 그런데 안 교수가 갑자기 등장해 서울시장 선거에서 반전이 이뤄졌습니다. '정치를 하겠다'는 말조차 한 적 없는데, 지금은 설문조사를 하면 지지율 50%가 나와요. 지방에 있는 대학생들에게는 안 교수가 거의 신(神)이라지요. 아무도 관심 갖지 않고 찾아오지도 않는 지방에서까지 '청춘콘서트'라는 걸 열고 "여러분 힘드시죠. 어떡해요? 사실 뭐 서울대·연대·고대를 졸업해도 취직 잘 안 돼요. 정말 죄송합니다. 우리 기성세대가 잘못한 것 같습니다." 이렇게 따뜻하게 얘기해 주고, 보듬어 줍니다. 태도도 얼마나 부드러워요. 착하게 보이고. 심지어 이름도 '철수' 아닙니까.

여성에겐 이런 부드러움이 더 중요합니다. 예전에 저의 선배들 시대에는 둘러싸고 있는 사람들이 거의 다 남성이었어요. 그때는 여자들이 저처럼 화장이라도 하고 다니면 큰일 났어요. '술집 나가냐'고 했어요. 그래서 여성들이 머리도 질끈 묶고 여자인지 남자인지 정체성을 애매하게 해서 다녀야 했죠.

물론 지금 여러분들은 법적으로는 99% 평등해요. 사회 통념이 바뀌지 않았을 뿐이죠. 여성의 최고 리더십은 뭘까요? 따뜻한 '배려심'입니다. 사람들의 말을 잘 들어 주는 것이 중요합니다. 이야기를 들어 주고, 따뜻한 말로 다독거려 주면 더욱 좋겠죠. 특히 여성한테는 이런 게 필요합니다.

아무리 남녀평등, 심지어 여성우위의 세상으로 변하고 알파걸이 대세를 이룬다 해도, 대중들이 바라는 건 따뜻하고 부드러운 여성상이에요.

특히 여러분에게 강조하고 싶은 건 '아부'입니다. 이건 별 다섯 개를 붙여도 모자라요. 이게 여성들의 치명적인 약점입니다. 여자들이 애교는 떨죠. 그런데 아부는 못해요. "부장님 너무 멋지세요. 어쩜 이렇게 기사를 잘 쓰셨어요. 저번 프로젝트 짱이에요." 이런 얘기는 손발이 오그라들어서 못합니다.

그런데 남자들은 아부가 DNA에 흘러요. 대학생 때부터 그렇습니다. 남자교수들이 이사라도 한다고 해 봐요. 남학생들은 달려가서 짐 날라 주고 "옮길 것 더 없습니까?" 합니다. 여자들에게 그런 일 시키면 어떻게 될까요.

잘 보이기 위한 행동이 모두 나쁜 것은 아닙니다. '아부'라는 것은 사람의 기분을 좋게 해 주는 거죠. 아부 싫어하는 사람 없습니다. 군자도, 성인도, 부처님도, 예수님도 아부를 싫어하지는 않을 거예요. 아부를 싫어하는 사람은 한 명도 보지 못했습니다. 상사들일수록 아부에 목말라 합니다. 상사가 될 때까지 자신은 얼마나 아부를 했겠어요. 그런데 자기는 못 들으면 얼마나 억울해요(웃음).

인 생 의 재 미 를 찾 아 라

재미를 찾으셔야 해요. 그런데 '재미'가 뭘까요. 사람마다 다르겠지요. 어떤 사람들은 노래를 부를 때 신이 나고, 어떤 사람은 축구를 보면 신나고, 어떤 사람은 자원봉사가 재미있고……. 가장 중요한 것은 여러분의 일상에서 재밋거리를 찾아야 한다는 겁니다.

21세기를 바꾸고 있는 게 'TGIF(트위터·구글·아이폰·페이스북)'라고 하지요. 이게 엄격한 공식으로 나온 게 아니라 재미있기 때문에 인기를 끄는 겁니다.

구글은 검색엔진입니다. 하지만 거기에서 그치지 않고, '지도를 한 번 만들어 보자' 하면서 골목골목마다 다니며 제작한 게 '구글맵'이잖아요. 재미있지 않으면 골목마다 다니며 만든 그 지도가 무슨 의미가 있겠어요. 트위터도 마찬가지에요. 세상을 바꿔놓고 있습니다. 아이폰? 아이폰은 전화기가 아닙니다. 놀이상자입니다. 사진도 찍고, 자료도 찾고, 애플리케이션으로 게임도 하고, 나는 어떤 연예인을 닮았을까 찾아보고.

생각지도 못했던 일에서 재미를 느낄 수 있을 때가 적지 않습니다. 가장 중요한 것은 여러분 인생의 재미를 찾으라는 겁니다. 그 재미가 어디서 나오겠어요? TV 보고, 인터넷 뒤지고? 아닙니다. 재미를 찾을 수 있는 가장 큰 힘 중 하나는 '스터디(Study)', 즉 공부입니다.

꼭 책만 보라는 게 아닙니다. 지금의 20~30대는 평생 동안 일곱 가지 이상의 직업을 체험하면서 살아야 하는 세대라고 하지요. '이 회사에서 외길을 가겠다'고 해도 회사가 그렇게 놔두지 않습니다. 공무원들도 평생 따뜻한 직장에 다닐 것 같지만, 평생 그 곳에 있지는 못해요. 선생님을 하다가 소방관하는 사람도 있고, 변호사 하다가 식당을 하는 사람도 있고, 기자를 하다가 교수나 정치인이 되기도 하지요. '직장'이 아니라 '직업'을 말하는 겁니다. 직업을 일곱 가지 이상 가지려면 무엇이 필요할까요? 가장 중요한 것은, 그때마다 재미를 발견하는 겁니다.

재미를 찾는 제일 큰 원동력은 인문학적 소양입니다. 스티브 잡스, 빌 게이츠, 안철수의 공통점은 인문학에 관심이 많다는 겁니다. 유명한 패션 디자이너들을 만나 보면 하나같이 독서를 엄청나게 합니다. 성서에서부터 신학, 고전을 많이 보죠.

예를 들어볼까요. 벨기에 화가 르네 마그리트(Rene Magritte. 1898~1967)의 그림에 나오는 사람들에게는 얼굴이 없습니다. 마그리트가 어린 시절, 어머니가 강에 뛰어들어서 자살을 했답니다. 치마가 뒤집혀 올라가서 어머니 얼굴을 덮어 물에 뜬 어머니 얼굴이 보이지 않았다는 겁니다. 그것을 본 아이에게는 엄마의 '사라진 얼굴'이 트라우마가 됐던 겁니다.

그 뒤로 마그리트는 사람의 얼굴을 그리지 못하게 됐다고 합니다. 그냥 그림만 보고 지나쳐도 되지만, 우리가 이런 뒷이야기들을 알게 되면 더욱 흥미를 느끼면서 마그리트의 다른 그림들도 눈여겨보게 되겠죠. 21세기의 상류층은 샤넬 가방을 들거나 아르마니 양복을 입는 사람이 아닙니다. 문화적 체험을 얼마나 많이 하는 사람이냐에 따라 달라지는 겁니다.

여러분이 어떤 직업으로 옮긴다 하더라도, 그런 소양은 중요합니다. 콘텐츠가 많으면 기획안 한 장을 써도 남보다 잘 쓸 수 있고, 자기소개서 하나라도 품격이 달라집니다. 그뿐 아니라, 일하는 것이 재미있어지지 않겠습니까? 재미가 없으면 발전할 수도 없어요.

저는 먹는 것을 좋아합니다. 그래서 음식에 대한 책을 100권쯤 가지고 있어요. 음식을 만들기 위한 요리책이 아니라 음식의 역사에 관한 책을 많이 갖고 있습니다. 역사를 알고 음식을 먹으면 너무 행복합니다. 우리가 좋아하는 파스타는 마르코 폴로가 중국에서 가지고 온 국수를 레오나르도 다빈치가 개조해서 발명한 거라고 하네요. 김치에 고춧가루가 들어가기 시작한 지는 몇 백 년밖에 되지 않았습니다. 김치에는 항상 무채가 들어가지요. 왜지 아세요? 무가 들어가지 않으면 발효가 잘 되지 않기 때문이랍니다. 이런 지식들이 다 우리의 자산이 되는 겁니다. 〈로미오와 줄리엣〉 이야기가 나왔는데 아는 체 한답시고 "로미오는 읽었는데 줄리엣은 안 읽었다" 이러면 얘기가 안 되겠죠. 다양한 인문학적 콘텐츠를 가지셔야 해요.

교육업체 메가스터디의 손주은 대표 이야기를 해 볼까요. 몇 년 전만 해도 손 대표는 학생들에게 "학벌이 너희를 구제한다, 아무리 가난한 집에서 태어났어도 학벌만 좋으면 팔자가 바뀐다"고 했답니다. 그런데 지금은 그렇지 않다고 해요. 이제 손 대표는 "깽판을 쳐라"고 충고합니다. 공부 안 하고 멋대로 살라는 의미의 '깽판'이 아닙니다. 재주 많고 머리 좋은 친구들이 "나는 굳이 서울대에 가지 않아도 돼, 유학가지 않아도 돼. 아이디어를 낼 거야" 하면서 애플리케이션도 만들고, 창업도 하고, 사회적 기업을 운영합니다. 학벌보다 중요한 것이 콘텐츠이고, 그것은 곧 인문사회학적 교양입니다. 세상은 이렇게 바뀌고 있습니다.

꼭 대기업에 들어가서 부속품으로 살 필요 없어요. 〈개그콘서트〉에도 나오잖아요. "대기업 들어가기 너무 쉬워요. 3개 대학 중에 하나만 나오면 되고요. 20년 열심히 근무하면 회장 아들이 상무로 와요."

여러분, 대기업에서 남들 뒷바라지하기 위해 사는 거 아니지 않습니까? 그게 여러분의 목적은 아니지 않습니까? 여러분 인생의 최종목표가 삼성 전무, 현대 상무는 아니잖아요.

재미와 더불어 '긍정'의 태도가 중요합니다. 잘 되는 사람은 공부 잘하고 좋은 집안에서 태어난 사람이 아니라 스스로 잘 될 거라고 생각하는 사람이에요. 자기가 잘 될 거라고 생각하지 않는 사람이 잘 될 리가 없죠. 복권에 당첨되고 싶다고요? 그럼 먼저 복권을 사야 하잖아요. 아무것도 하지 않으면서 "내 주제에, 내 팔자에"라며 자신을 허망하게 생각하는 사람이 많습니다. 그러지 마세요. 가장 중요한 것은 스스로 희망을 갖는 것, 스스로를 긍정적으로 보는 겁니다.

행복은 무엇이며, 성공은 무엇일까요. 사람마다 기준이 있겠지요. 자기가 원하는 것을 이루는 것이 행복이지, 남들이 아직 가지 못한 길을 먼저 가고 박수를 받는 것만이 전부는 아닙니다. 그런데 자기가 원하는 일을 이룬 사람은 대부분 자신에게 긍정적이더군요. "누가 뭐래도 난 끝까지 내 갈 길을 간다"고 생각하는 분들이죠.

긍정은 긍정적인 말에서 나오는 것 같습니다. 경향신문사에서 알파레이디 리더십포럼을 시작할 때만 해도 제게는 '잘 될까, 안 될까' 하는 걱정이 있었습니다. 그러다가 생각이 바뀌었어요. '후배들이 열심히 준비했으니 잘 되겠지. 이런 좋은 강연을 들으러 오지 않는다면, 그런 사람들이 손해인 거지.' 어떠셨어요? 참가비 1만원으로 훌륭한 강사들의 이야기를 듣고, 또 먹을 것도 드렸잖아요(웃음). 이런 행사가 있다는 걸 알고, "좋은 기회네, 한 번 가 보자!" 하면서 찾아와 준 여러분, 그것도 긍정적인 자세입니다.

희망을 버리지 마세요. 99%가 바라는 꿈이라는 것, 1%를 깔아뭉개고 무조건 다 나눠 갖자는 게 아니잖습니까. 지금의 세상은 1%만이 마음껏 누릴 수 있게 굴러가는데, 나머지 99%도 제도나 불평등 때문에 꺾이는 일이 없게끔 만들자는 얘기잖아요. 우리가 원하는 '긍정적이고 진취적인 태도' 역시, 남을 밟고 앞서 나가자는 게 아닙니다. 나를 키우고, 다른 이들을 보듬고, 그러면서 재미와 행복을 느끼며 살아가는 삶인 겁니다. 그런 사람이 '알파레이디'라고 생각합니다.

마지막으로, 여러분 스스로에게 실패하고 실수할 권리를 주십시오. 실수를 해야 합니다. 실수나 실패 없이 살 수 있습니까? 실수를 하고 깨지고 넘어져야 무엇이든 얻을 수 있습니다. "괜찮아. 실수할 수 있어. 다시 하면 되는 거지." 이렇게 생각하면 됩니다.

토머스 에디슨이 1만 번의 실험 끝에 전구를 발명했다고 하지요. 에디슨은 "나는 9999번 실패한 게 아니라, 왜 안 되는지 9999번 연습을 했다"고 했답니다.

실수 하나하나에는 이유가 있고, 메시지가 있어요. 잠깐 실수하고 깨지고 다치는 것에 연연하지 마세요. 사람은 누구나 상처투성이입니다. 상처가 아물면 새살이 나옵니다. 세상의 모든 일들에는 다 메시지가 있습니다.

정의는 게으릅니다. 그래서 늦게 찾아옵니다. 그러니 실수를 하더라도 정의로운 마음만 갖고 있으면 언제나 다 제자리로 돌아오리라 믿어요. 대학에 떨어졌어도, 이력서를 몇 십 번 냈어도, 중요한 것은 마지막에 웃는 겁니다. 이 사람이 잘 살았는지는 무덤 앞에서 결정되는 거고요.

행복이 뭐냐고 물으니, 노벨경제학상을 탄 사람이 이렇게 말했어요. "행복은 복권에 당첨되거나 승진하는 게 아니라, 하루 중에 얼마나 기분 좋은 시간이 많으냐는 것이다." 최고의 커리어 우먼이 된다고 행복해지는 것이 아니라, 하루하루를 재미있게 지내는 사람이 행복합니다.

저는 끊임없이 실수를 했습니다. 쉴 새 없이 상사에게 깨지고, 나서지 말아야 할 때 나서고, 시사토론 프로그램에 출연해서 괜한 말을 했다가 '유인경 망언' 소리까지 나오고, 그래서 다시는 안 나가고……(웃음). 지금도 못하는 것 투성입니다. 매일 실수를 해요. 그래도 저는 스스로에게 너그럽습니다. 특종을 놓치면 기자들 하는 말로 "에이, 오늘 '물먹었네.' 내일은 더 잘해야지" 그래요.

그래서 오래 살 거예요. 중요한 건 여러분이 잘 버티며 100살까지 아름답게 사는 거예요. 다들 100살까지 아름답게 사세요. 감사합니다.

후기

여성이여, 야망을 가져라!

알파레이디 리더십포럼을 기획하던 때가 떠오릅니다. 벌써 1년이 훌쩍 지나갔네요.

이 포럼을 기획한 것은 경향신문 유인경 선임기자와 인터랙티브(interactive) 팀입니다. 인터랙티브팀은 독자들과 소통하고 함께 (미디어를) 만들어 간다는 취지에서 출발한 팀입니다. SNS(소셜네트워크) 활동과 블로그 운영 여러 가지 일을 하고 있지만, 그중의 한 축이 독자와 함께 하는 '인터랙티브 기획'이었습니다. 시민들과 기자가 함께 참여해 생활 속 작은 실천을 해 본 〈착한시민 프로젝트〉, 사회진출을 준비하는 젊은이들과 취업준비에서 최종면접까지의 전 과정을 함께 했던 〈청년백수 탈출기〉, 그리고 이 〈알파레이디 리더십포럼〉이었습니다.

문제의식은 단순했습니다. 알파걸, 알파걸 하는데 왜 '걸(girl)'에서 그치는 걸까. 알파레이디로 성장하는 여성은 적은 걸까. 반장·부반장은 여학생들이 많이 하는데 기업의 사장·부사장은 왜 적을까, 초등학교 선생님들은 거의 여성이라는데 왜 여자 교장선생님은 많지 않을까.

사회제도적인 차원에서의 접근도 중요하지만, 여성들이 능력을 발휘하려면 스스로의 태도를 점검해 볼 필요가 있다는 생각을 했습니다. 혹시나 나는 '부장·차장만 돼도 족하지' 하는 태도로 회사에 다니고 있는 것은 아닌지, 상사가 문제를 지적할 때 휙 토라져 나가거나 눈물 뚝뚝 떨어뜨리는 형은 아닌지, 내 맘 한구석에 '좋은 사람 만나면 시집가는 것도 한 방법이야' 하는 생각이 숨어 있는 것은 아닌지. 그런 태도, 그런 생각이 꼭 나쁘다는 것은 아닙니다. 누구도 이러저러한 인생은 잘못됐다, 바람직하지 않다 말할 수 없습니다. 다만 우리가 이 포럼에서 말하고 싶었던 것은 "알파레이디가 되고자 하는 사람이라면 이런 자세와 능력을 갖출 필요가 있다"는 것이었습니다.

인터랙티브 팀은 일간 신문사에서는 아주 드물게 전원 여기자들로 이뤄진 팀입니다. 7~19년 차의 여기자들로 구성돼 있습니다. 팀원들 스스로도 "알파레이디를 지향하며 성공적인 직장생활을 꿈꾼다"고 생각해 본 적은 없었습니다. 하지만 남성들과 공존하고 경쟁하면서 스스로를 좀 더 갈고닦아야겠다는 다짐을 해 본 적은 많았습니다. 어쩌면 이 포럼은 팀원들 모두의 마음이 모여 탄생한 것인지도 모르겠습니다.

첫 강연이 열린 것은 2010년 1월 마지막 주 수요일, 강사는 국내 최초의 여성 헤드헌터인 유순신 유앤파트너스 대표였습니다. 강연의 울림이 컸습니다. 산전수전 공중전을 다 겪어본 베테랑 사회선배의 말씀을 수첩에 빼곡히 적었습니다. 강연을 들으러온 이들의 반응도 뜨거웠습니다. 나름 사회생활 해 봤다 하는 저희 여기자들도 그랬는데, 직장에 갓 들어갔거나 이제 막 사회에 뛰어들려는 젊은 여성들은 더 그랬겠지요. 모두들 감명 받았고, 참가자들끼리 '올(ALL·Alpha Lady Leadership)넷'이라는 모임까지 만들었습니다. 올넷 친구들은 그 후 1년 동안 이 행사를 진행하는 저희 팀원들의 동지이자 친구가 되어 주었답니다.

능력에서나 탁월하신 여러 강사들을 모시고 또 이렇게 강연록을 책으로 다듬어 낼 수 있었던 것은 유인경 선임기자의 화려한 인맥 덕분이었습니다. 전 KBS 아나운서 손미나 씨는 프랑스에 체류하고 있는데, 한국에 잠시 들어와 있을 무렵 시간을 내어 좋은 강의를 해 주셨습니다. 이 책에는 손미나 씨처럼 여행작가가 되고 싶어 하는 여성들을 위한 팁을 덧붙였습니다.

카이스트의 정재승 교수는 최근의 정보통신기술 '혁신'에서 시작해 사람의 뇌 분석으로 이어지는 과학강의를 너무나도 재미있게 해 주셨습니다. 칼럼니스트 임경선 씨의 강의도 '연애 못하는 헛똑똑이'들의 심금을 울렸습니다. 우리나라 결혼률·출산율이 낮아진다고 하는데, 여기자들 중에도 헛똑똑이 '건어물녀'들이 많습니다. 책에는 재미삼아 '건어물녀 테스트'를 실었습니다.

에듀머니의 제윤경 대표이사는 여성 직장인들이 어려워하는 두 가지 즉 '사랑과 돈' 중 돈에 대한 이야기를 해 주셨습니다. 강연 전에 '알파레이디를 위한 똑똑한 재테크법'이라고 홍보를 했더니, 부동산이나 펀드 등으로 재테크하는 비법을 알려 주는 줄 알고 찾아오신 분들이 있었나 봅니다. 첫머리부터 "돈이 돈을 벌어다 준다는 환상을 깨라"는 얘기가 나오자 실망하는 기색이 역력했습니다. 하지만 이야기를 듣다 보니 저절로 고개를 주억거리게 되더군요. "운동도 안 하는데 집에는 러닝화, 워킹화, 운동화에 등산화까지……. 완전 내 얘기야!" "월급님이 로그인하셨다가 5분 만에 로그아웃하는 통장, 내 얘기잖아!" 삶의 가치관을 다시 생각해 보는 계기가 됐답니다. 국내 최고의 메이크업 전문가인 이경민 '이경민포레' 원장은 일하는 여성을 위한 화장법을 가르쳐 주셨습니다. 강연장에 나온 참가자를 연단에 올려 직접 시연을 해 주셨답니다.

MBC 아나운서 최윤영 씨는 전형적인 '엄친딸' 같으면서도 수수하고 진솔하게 아나운서가 된 과정과 화면에 나타나지 않는 노력을 이야기해 주셨고요. CJ인재원의 민희경 원장은 글로벌 커리어우먼으로 살아온 인생역정을 너무나도 솔직하게, 유머러스하게 털어놓아 박수를 받았습니다. 민 원장은 미국 뉴욕 '월가'의 금융회사에서 일하다가 한국으로 돌아와 인천경제자유구역청 투자유치본부장을 지내고 CJ에서 인재육성을 맡은 분입니다. 많은 한국 여성들에게 역할모델이 될 수 있는 분인 동시에, 또한 "과연 내가 저렇게 될 수 있을까" 하는 자괴감을 느끼게 만드는 분이죠. 그래서 책에는 국내 기업들의 '유리천장'이 얼마나 단단한지 짚어 보는 글을 추가했습니다.

저희 팀원들을 포함해, 여성 참가자들에게 엄청난 감동을 주셨던 분은 송명순 장군입니다. 전투병과에서는 처음으로 탄생한 여성 장군이어서 신문에도 많이 실렸던 분이지요. 직장생활을 하다 보면 남자들이 늘 입에 달고 사는 말이 "여자들은 군대에 안 갔다 와서 조직문화를 몰라.", "군대 한 번 가봐, 얼마나 힘든지." 이런 얘기들입니다. 그래서 '호국의 달 6월'에 송 장군을 모시고 '여성들을 위한 밀리터리 리더십'에 대해 들었습니다.

기대했던 대로 위엄 넘치고 강단 있는 모습, 그러면서도 너무나도 자상하고 엄마 같은 말씀이었습니다. 여군 장교들이 남성 병사들 커피 심부름이나 하던 시절, 그 뿌리 깊은 풍토를 뒤바꾸기까지의 지난한 싸움에 대한 이야기를 들으면서 저희도 모르게 일어나 박수를 쳤습니다. 요즘 취업난 때문에 여군·사관후보생(ROTC) 지망생들이 많다지요. 여군과 여성 ROTC 현황을 정리해서 강연 뒷부분에 덧붙였습니다.

19세기 미국 학자 윌리엄 클라크(William Smith Clark)는 메이지 시대의 일본 대학생들을 상대로 이런 말을 했지요. "소년이여, 야망을 가져라(Boys, be ambitious!)" 강연을 마무리하면서 저희는 "여성이여, 야망을 가져라(Girls, Be Ambitious!)"라는 이야기를 하고 싶었습니다. 그래서 모신 분이 영화계의 우먼파워이자 대한민국의 대표적인 '성공한 여성', 명필름의 심재명 대표였습니다.

그런데 심 대표는 오히려 "내겐 성공을 해야겠다는 야심도, 돈을 많이 벌어야겠다는 욕심도 없었다"고 합니다. 야심도 욕심도 버리고 "내가 좋아하는 영화라는 일을 열심히 해야지" 했더니 성공도 하고, 돈도 들어오더라는 겁니다. 성공이라는 목표를 저 멀리에 세워두고 '출세의 사다리'를 밟아가는 것은 20세기 드라마에나 나오는 스토리인 게지요. 1년간의 강연을 정리하면서 유인경 선임기자도 강조한 것이지만, 스스로 즐기며 일하는 것이 결국은 알파레이디로 가는 길인 것 같습니다.

더불어 모든 강사들이 입을 모아 얘기한 것은 "소통하고 공감하는 여성들만의 능력을 키우라"는 것이었습니다. 포럼에 나와 주신 멘토들과 강연을 들으러 와 주신 참가자들 모두에게서 저희도 참 많이 배웠습니다. 이 가르침들이 책을 읽는 독자들에게도 큰 도움이 되었으면 좋겠습니다.

2012년 1월
경향신문 인터랙티브 팀

ALPHA

LADY

LEADER

SHIP